McGraw-Hill's

ITALIAN

Student Dictionary

New York Chicago San Francisco Lisbon London Madrid Mexico City
Milan New Delhi San Juan Seoul Singapore Sydney Toronto

Library of Congress Cataloging-in-Publication Data

Dioguardi, Raffaele A.
  McGraw-Hill's Italian student dictionary / Raffaele Dioguardi. — 2nd ed.
     p.   cm.
  ISBN 0-07-159233-4 (alk. paper)
     1. Italian language—Dictionaries—English.   2. English language—Dictionaries—
Italian.   I. Title.   II. Title: Italian student dictionary.

  PC1640.M386   2009
  453'.21—dc22   2008024334

2 3 4 5 6 7 8 9 10 11 12 13 14 15 16 17 18 19 20 21   DOC/DOC   1 5 4 3 2

ISBN 978-0-07-159233-8
MHID   0-07-159233-4

McGraw-Hill books are available at special quantity discounts to use as premiums and sales promotions or for use in corporate training programs. To contact a representative, please visit the Contact Us pages at www.mhprofessional.com.

Also available:

McGraw-Hill's French Student Dictionary
McGraw-Hill's German Student Dictionary
McGraw-Hill's Spanish Student Dictionary
McGraw-Hill's French Student Dictionary for Your iPod
McGraw-Hill's German Student Dictionary for Your iPod
McGraw-Hill's Italian Student Dictionary for Your iPod
McGraw-Hill's Spanish Student Dictionary for Your iPod

This book is printed on acid-free paper.

Contents

Introduction	v
How to Use This Dictionary	v
The Entries	vi
Pronunciation	vii
Pronunciation Guide: Italian-English	vii
Pronunciation Guide: English-Italian	ix
Stressed Syllables in Italian Words	x
Accent Marks	xi
Capitalization	xii
Basics of Italian Grammar	xii
For More Practice	xvii
Italian-English/*Italiano-Inglese*	1
Illustrations/*Illustrazioni*	215
English-Italian/*Inglese-Italiano*	233
Appendices/*Appendici*	439
Italian Names	439
Family Members	440
The Body	440
Countries	441
Nationalities	441
Food	442
Sports	442
At the Zoo	442
Months of the Year	443
Days of the Week	443
Numbers	443
Temperature	443
Weights and Measures	444
Map	445
Top 10 Mistakes to Avoid	446

INTRODUCTION

This Italian-English bilingual dictionary is especially designed to help the English-speaking student learn basic Italian and may also be used to help the Italian-speaking student learn basic English. Approximately 3,500 main vocabulary entries have been compiled in this useful reference. To highlight idiomatic expressions and shades of meaning, the dictionary also contains hundreds of subentries.

Because beginning language students often need more than a simple translation, this dictionary also presents information on the correct usage of entry words. At least one example sentence, followed by a translation, illustrates the use of each main entry in context. Verbs are listed by their infinitive forms. The present tense of common Italian verbs is shown within the entry.

The typography of this dictionary, designed with beginning learners in mind, allows students to distinguish the various parts of the entries. Entry words are in boldface type, while parts of speech and translated sentences are in italics.

Between the Italian-English and the English-Italian portions of the dictionary, an 18-page section contains drawings illustrating 174 common words in twenty-one categories, including sports, birds, insects, food, transportation, and animals. Each drawing is labeled both in Italian and English. At the back of the book, appendices provide tables of names and other useful groups of words such as months, days of the week, parts of the body, and more.

HOW TO USE THIS DICTIONARY

This dictionary provides more information than just the simple translation of a word. Each entry will also tell you how to pronounce the word, what part of speech it is, and illustrates its use in a sentence. When a word has more than one possible translation, the most common meanings are given. Useful expressions or compounds based on the main entry are listed as subentries.

Sentences show the word used in context and provide a translation.

THE ENTRIES

In both sections of the dictionary, entries follow this basic format:

1. *Entry word.* The entry word is in boldface type. Whenever a masculine noun in Italian also has a feminine form, the feminine ending follows directly in parenthesis. The section on "Gender" below further explains gender in Italian words.
2. *Pronunciation.* To help say the entry word correctly, a simple pronunciation follows each entry. The "Pronunciation" section below explains the use of the pronunciation keys.
3. *Parts of speech.* This label, given in italics, indicates whether the entry is a noun, verb, adjective, etc. Abbreviations used for parts of speech are *n.*, noun; *pron.*, pronoun; *v.*, verb; *adj.*, adjective; *adv.*, adverb; *prep.*, preposition; *conj.*, conjunction; *art.*, article; *interj.*, interjection. The abbreviations *m.*, masculine; *f.*, feminine; *s.*, singular; and *pl.*, plural are also used.
4. *Definition.* The definition gives the basic meaning(s) of the entry word.
5. *Subentries.* Subentries often appear in boldface type to explain the meaning of words or expressions derived from the entry word. These have a definition and a label identifying the part of speech when applicable.
6. *Verb conjugation.* For Italian entry words that are common verbs, conjugations in the present tense (first, second, and third person forms for the singular and plural) are given. See the section below on "Verbs" for more information on the conjugation of Italian verbs.
7. *Illustrative sentences.* A sample sentence shows the correct use of the entry or a subentry word. Many entries have more than one sentence to illustrate different meanings or uses of the entry word.
8. *Translation.* Every illustrative sentence is translated into English or Italian as appropriate.

The following is an example of an entry in the
Italian-English section:

giocare [joKAHre] *v.* • to play
  giocare a carte • to play cards
    gioco   giochiamo
    giochi   giocate
    gioca   giocano
Lui gioca bene al football.
He plays football well.

The English-Italian section follows the same format,
except that verbs are not conjugated in the entries. Here
is an example of an English-Italian entry:

play, to [PLEI] *v.* • giocare
  to play (a game) *v.* • fare una partita
  to play (a musical instrument) *v.* • suonare
  to put on a play • mettere in scena un dramma
  play (theater) *n.* • dramma, il
  playground *n.* • cortile di ricreazione
We went to the theater to see the play.
Siamo andati al teatro per vedere un dramma.

The children enjoyed the playground in the park.
I bambini si sono divertiti nel cortile di ricreazione al parco.

PRONUNCIATION

Each main entry is followed by a pronunciation guide.
The pronunciation guide provided for each Italian word
in the Italian-English section is geared toward a student
who is a native speaker of English, based on a pronunciation system intended to be familiar to English speakers.
Similarly, the pronunciation provided for each English
word in the English-Italian section is geared toward a
student who speaks Italian, employing a system intended
to be familiar to Italian speakers.

PRONUNCIATION GUIDE: ITALIAN-ENGLISH

Below is a description of the symbols used to represent
Italian sounds in the pronunciations, along with examples
and explanation, as needed.

The syllable receiving primary stress is indicated in capital letters. Double consonants in lower case letters can be slightly longer than single consonants. Double consonants where one consonant is in lower case and the other is in upper case (e.g., tT) are always longer than single consonants.

In some cases, hyphens have been inserted at syllable breaks for clarity.

Pronunciation

Symbol:	Word(s):	Example(s):	As in English:
ah/AH	abbastanza	ahbbahSTAHNzah	father
aw/AW	moda	MAWdah	law
ay/AY*	che	KAY	say
b/B	barba	BAHRbah	babble
ch/CH	circo, felice	CHEERko, feyLEEche	church
d/D	dividere	deeVEEdere	daddy
e/E	bello	BELlo	bell
ee/EE	pipa, cinque	PEEpah, CHEENkwe	cheek
ey/EY*	mela	MEYlah	they
f/F	fine	FEEne	fife
g/G	gara, ghiaccio	GAHrah, GYAHtcho	garden
j/J	giorno, gesso	JORno, JEYSso	join, genius
k/K	caro, chi, macchia	KAHro, KEE, MAHKkyah	keep
l/L	lana	LAHnah	last
ly/LY	figlia	FEELyah	million
m/M	momento	moMENto	moment
n/N	nonna	NAWNnah	nanny
ng/NG	triangolo	treeAHNgolo	tongue
ny/NY	lagnarsi	lahNYAHRsee	pinion
o/O	nome	NOHme	comb, shown
oo/OO	subito, culla	SOObeeto, KOOLlah	lose, too
p/P	pane	PAHne	pepper
r/R**	raro	RAHro	rather
s/S	sera	SEYrah	seldom, certain
sh/SH	sci	SHEE	sheet, ash

t/T	tórta	TORtah	tatter
ts/TS	zuppa	TSOOPpah	its
v/V	vita	VEEtah	vigor
w/W	buono	BWOno	wand
y/Y	più	PYOO	yes
z/Z	rosa	RAWzah	zipper

* ay/AY and ey/EY represent the same sound. ay/AY was used in cases where the ey/EY symbol would have been misleading, e.g., **che** (KAY is used, not "KEY").

** r/R was used to represent the r-sound in Italian words. Please note, however, that the quality of r in Italian is often different from r in English, especially in the initial and final positions.

PRONUNCIATION GUIDE: ENGLISH-ITALIAN

Below is a description of the symbols used to represent English sounds in the pronunciations, along with examples and explanation, as needed.

The syllable receiving primary stress is indicated in capital letters.

NOTE: Symbols in *italic type* represent sounds or letter combinations that are not found in native Italian words. For these, no Italian word is given.

		Pronunciation	
Symbol:	*Word:*	*Example:*	*As in Italian:*
ə/ə	above, but	əBəV, BəT	
ər/əR	bird, word, butter	BəRD, WəRD, BəTər	
a/A	father, park	FAdhər, PARK	comprare
a/A	cat	KAT	
ai/AI	bite	BAIT	
au/AU	loud	LAUD	
b/B	boy	BOI	babbo
ch/CH	church	CHəRCH	baciare
d/D	dog	DOG	disordine
dg/DG	judge	DGəDG	

dh/DH	the	*DHə*	
	(voiced th)		
e/E	w<u>e</u>t	WET	me<u>zz</u>o
ei/EI	l<u>a</u>te	LEIT	dolch<u>e</u>
f/F	<u>f</u>un	F*Ə*N	<u>f</u>acile
g/G	<u>g</u>ift	G*I*FT	ger<u>g</u>o
h/H	<u>h</u>ow	*HAU*	
i/I	<u>ea</u>t	IT	cuc<u>i</u>na
i/I	<u>i</u>t	*I*T	
j/J	<u>y</u>es	*J*ES	pi<u>ù</u>
k/K	<u>kick</u>	K*I*K	cu<u>cch</u>iaio
l/L	<u>l</u>ip	L*I*P	lu<u>gl</u>io
m/M	<u>mom</u>	MAM	<u>mamm</u>a
n/N	<u>n</u>ot, Swede<u>n</u>	NAT, SWIdn	<u>nonn</u>a
ng/NG	ri<u>ng</u>	RI*NG*	
o/O	f<u>o</u>ld	FOLD	bocca
o/O	l<u>aw</u>	L*O*	
oi/OI	b<u>oy</u>	B*OI*	
p/P	<u>p</u>ool	PUL	<u>p</u>ipa
r/R*	<u>r</u>oad, mo<u>r</u>e	ROD, M*O*R	<u>r</u>ipetere
s/S	<u>s</u>ister	S*I*Stər	<u>s</u>essanta
sh/SH	<u>sh</u>ip	*SHI*P	
t/T	<u>t</u>oo	TU	tu<u>tt</u>o
th/TH	<u>th</u>in	*THI*N	
u/U	b<u>oo</u>t	BUT	s<u>u</u>bito
u/U	p<u>u</u>t	P*U*T	
v/V	<u>v</u>ery, tele<u>v</u>ision	VERi, TEL*ə*vizhən	<u>v</u>aso
w/W	<u>w</u>ater	WAtər	b<u>u</u>ono
z/Z	<u>z</u>ebra, rea<u>s</u>on	ZIbrə, RIzən	<u>z</u>an<u>z</u>ara
zh/ZH	mea<u>s</u>ure	MEZHər	

*r/R was used to represent the *r*-sound in English words. Please note, however, that the quality of *r* in Italian is often different from *r* in English, especially in the initial and final positions.

STRESSED SYLLABLES IN ITALIAN WORDS

There are no fixed rules to indicate which is the stressed syllable in an Italian word. The stress (shown in the pronunciation in capital letters) may fall:

1. On the last vowel (*parole tranche*), in which case it is marked by an accent, as in *caffé* (kahfFE), *città* (cheetTAH), and *libertà* (leebeyrTAH).
2. On the next to the last syllable *(parole piane)*, as in *libro* (LEEbro) and *castello* (kahSTELlo).
3. On the third from the last syllable *(parole sdrucciole)*, as in *medico* (MEdeeko) and *esercito* (eySERcheeto).
4. On the fourth from the last syllable *(parole bisdrucciole)*, as in *Austria* (AH-oo-stree-ah).

Accent Marks

Sometimes an accent mark is used on certain words in written Italian to indicate where the stress falls. There are two common accent marks that appear with Italian letters. The acute accent (é, ó), *l'accento acuto*, is used to distinguish the different sounds of *e* or *o* in words that have the same spelling but different meanings depending on the sound of *e* or *o*. The accented *é* and *ó* are *close vowels*, pronounced with less of a space between the tongue and the roof of the mouth than open *e* and *o*, written without the accent. Examples:

accétta	ax	*légge*	law
accetta	he accepts	*legge*	he reads
rósa	chewed	*vólto*	face
rosa	rose	*volto*	turned

The other accent used is the grave accent (à, ì, ò, ù), *l'accento grave*. It is used:

1. Any time the stress falls on the last syllable of a word. Examples: *virtù* (virtue), *bontà* (goodness), and *finì* (he finished).
2. In monosyllables ending in a diphthong. Examples: *ciò* (that, it), *già* (already), *più* (more), and *può* (can).
3. In some monosyllable words to distinguish them from different words with the same spelling:

dì	day	*è*	is
di	of	*e*	and
sì	yes	*tè*	tea
si	himself	*te*	you

Capitalization

Capital letters are not used as often in Italian as they are in English. The following types of words are not capitalized in Italian unless they fall at the beginning of the sentence: days of the week, months of the year, adjectives of nationality, names of languages, and titles of address *(signore, signora, signorina)* except when they are abbreviated *(Sig.; Sig.ra; Sig.na)*. So, for example, the words *lunedi, gennaio,* and *italiano* are not capitalized in Italian, but their equivalents in English—Tuesday, January, and Italian—are capitalized.

Basics of Italian Grammar

Gender

All Italian nouns (words for people, places, things, or ideas) have a gender. That is, they are considered either masculine or feminine. With few exceptions, nouns that end in *-o* or in *-ore* are masculine, and nouns that end in *-a* or in *-ione* are feminine. While the words for *boy (il ragazzo)* and *man (l'uomo)* are masculine and those for *girl (la ragazza)* and *woman (la donna)* are feminine, there are words for which neither the meaning nor the ending provides clues about the gender. The gender for these words must be memorized. In this dictionary, the gender for each main entry noun is indicated by the definite article or, where necessary, is given in parenthesis after the word.

Definite Articles

Definite articles come before nouns and indicate a definite person, place, or thing. Generally, Italian definite articles can be translated into the English word *the.* In Italian, definite articles indicate masculine or feminine gender and singular or plural number of the noun they modify. The definite articles in Italian are as follows:

Il is used with masculine singular nouns that begin with a consonant. Examples: *il libro, il cane, il ragazzo.*

La is used with feminine singular nouns that begin with a consonant. Examples: *la penna, la lezione, la ragazza.*

L' is used with masculine or feminine singular nouns that begin with a vowel. Examples: *l'anno, l'animale, l'erba, l'abitudine.*

Lo is used with masculine singular nouns that begin with the letters *gn* or an "impure *s*" (*s* followed by another consonant) or the letter *z*. Examples: *lo gnomo, lo stadio, lo zio.*

I is used with masculine plural nouns that begin with a consonant. Examples: *i libri, i cani, i ragazzi.*

Le is used with feminine plural nouns that begin with a consonant or a vowel. Examples: *le penne, le lezioni, le amiche.*

Gli is used with masculine plural nouns that begin with a vowel or the letters *gn*, an "impure *s*", or the letter *z*. Examples: *gli animali, gli zii.*

The entries for Italian nouns in this dictionary include the definite article for each. If a noun begins with a vowel and therefore takes *l'* as its definite article, the gender will be indicated in parenthesis as masculine *(m.)* or feminine *(f.)*.

Adjectives

Adjectives in Italian differ from adjectives in English in two basic ways. First, the vast majority of Italian adjectives come after, rather than before, the nouns they describe, as in *il libro nero* (in English: "the black book"). As you study Italian, you will learn the rules that determine whether an adjective goes before or after the noun it describes.

The second basic characteristic of adjectives in Italian is that they agree in gender and number with the nouns they describe. This means that the adjective will change form depending on whether the noun it describes is masculine or feminine, singular or plural. Usually, but not always, this means that the ending of the adjective changes.

Italian has three classes of adjectives. Some use four different endings, depending on the gender and number of the noun they modify:

masculine singular	*alto*	*il ragazzo alto*
feminine singular	*alta*	*la signorina alta*
masculine plural	*alti*	*i ragazzi alti*
feminine plural	*alte*	*le signorine alte*

The second class of adjectives has only two different endings, singular and plural:

masculine and feminine singular
facile *il libro facile*
   la lezione facile
masculine and feminine plural
facili *i libri facili*
   le lezioni facili

A third class of adjectives, of which there are only a few, never changes its ending. Some of these adjectives are *arancione, blu, marrone,* and *rosa.* Examples: *l'abito marrone, le scarpe marrone.*

Prepositions

Prepositions usually come before a noun or a pronoun. Some English prepositions and their Italian equivalents are the following: of *(di)*; to, at *(a)*; from *(da)*; in *(in)*; with *(con)*; on *(su)*; through *(per)*; between *(tra)*; until *(fino a)*. Since there are many ways to use prepositions, this dictionary provides numerous examples of expressions in which prepositions appear, as well as using them correctly and naturally in many of the example sentences.

Adverbs

Unlike adjectives, adverbs do not change form to reflect gender and number. In most cases in Italian, an adverb describing a verb follows the verb in the sentence. An adverb describing an adjective or another adverb precedes the adjective or adverb in the sentence. Examples:

Noi camminiamo <u>lentamente</u>. *Luisa è <u>molto</u> alta.*
We walk slowly. Louise is very tall.

Verbs

The most basic form of a verb is called an infinitive (for example, to run, *correre*; to be, *essere*). In this dictionary, Italian verbs are listed by their infinitives. Italian, like English, has both regular and irregular verbs.

The regular verbs in Italian are divided into three groups according to the ending of their infinitives. The vowel in the ending of the infinitive tells how the verb is to be conjugated, that is, changed in form to show different tenses, person, number, etc. These three groups are called the *first conjugation*, verbs ending in -*are* (*parlare*, to speak); the *second conjugation*, verbs ending in -*ere* (*vendere*, to sell); and the *third conjugation*, verbs ending in -*ire* (*dormire*, to sleep).

Verbs change forms to tell you who is performing an action or when it is being performed. The forms of regular verbs follow consistent patterns, so that if you know how to conjugate one regular verb (those ending in -*are*, -*ere*, -*ire*), you can conjugate the others. When a common Italian verb is a main entry in this dictionary, you will find its present tense forms in the entry.

To conjugate a regular verb, begin by removing the -*are*, -*ere*, or -*ire* infinitive ending. Thus, *parlare* (to speak) becomes *parl-*, *vendere* (to sell) becomes *vend-*, and *dormire* (to sleep) becomes *dorm-*. Next, add the appropriate ending to the verb stem. Notice the endings (underlined below) on conjugated Italian verbs. (Because the pronouns *io, tu, lui, lei, noi, voi,* and *loro* are used in a consistent way with verbs, they have not been given with the conjugations appearing in the dictionary entries.)

The conjugated forms of *parlare* (to speak) are:

(io)	*parl<u>o</u>*	I speak	*(noi)*	*parl<u>iamo</u>*	we speak
(tu)	*parl<u>i</u>*	you [sing.] speak	*(voi)*	*parl<u>ate</u>*	you [pl.] speak
(lui, lei)	*parl<u>a</u>*	he, she speaks	*(loro)*	*parl<u>ano</u>*	they speak

The conjugated forms of *vendere* (to sell) are:

(io)	*vendo*	I sell	*(noi)*	*vendiamo*	we sell
(tu)	*vendi*	you [sing.] sell	*(voi)*	*vendete*	you [pl.] sell
(lui, lei)	*vende*	he, she sells	*(loro)*	*vendono*	they sell

The conjugated forms of *dormire* (to sleep) are:

(io)	*dormo*	I sleep	*(noi)*	*dormiamo*	we seep
(tu)	*dormi*	you [sing.] sleep	*(voi)*	*dormite*	you [pl.] sleep
(lui, lei)	*dorme*	he, she sleeps	*(loro)*	*dormono*	they sleep

Verbs ending in *-ire* are divided into two categories. Some are conjugated just as *dormire*, above; a few others, such as *capire* (to understand), take the same endings as *dormire* but also show the letters *-isc-* between the stem and the ending in all singular forms and in the third person plural (*loro, they*) form.

The conjugated forms of *capire* are:

(io)	*capisco*	I understand	*(noi)*	*capiamo*	we understand
(tu)	*capisci*	you [sing.] understand	*(voi)*	*capite*	you [pl.] understand
(lui, lei)	*capisce*	he, she understands	*(loro)*	*capiscono*	they understand

Some verbs are called reflexive verbs because they describe an action that a subject does to himself or herself. For these, the infinitive form ends in *-rsi*, and they are conjugated with a reflexive pronoun. For example, *lavarsi* (to wash oneself) is conjugated:

(io)	*mi lavo*	I wash myself	*(noi)*	*ci laviamo*	we wash ourselves
(tu)	*ti lavi*	you [sing.] wash yourself	*(voi)*	*vi lavate*	you [pl.] wash yourselves
(lui, lei)	*si lava*	he washes himself; she washes herself	*(loro)*	*si lavano*	they wash themselves

Some verbs can be used either in their simple form or in the reflexive form. For example, a form of *lavare* (to wash) would be used if the subject were washing a car, some clothing, etc.; but a form of *lavarsi* would be used to indicate that the subject was bathing himself or herself.

Irregular verbs do not follow the consistent patterns that regular verbs do. The forms for each irregular verb must be learned individually. As with regular verbs, common irregular verbs in this dictionary have present tense forms given in their entries. Examples are *avere* (to have), *dare* (to give), and *essere* (to be).

FOR MORE PRACTICE

A special section, "Top 10 Mistakes to Avoid," appears at the end of the book. These pages cover the most common mistakes made by students learning Italian grammar. Each mistake is illustrated by several sample sentences from the book. You can test yourself by guessing the answer and referring to the dictionary entry for the correct response (the entry word is in bold). Whether you are part of a class or studying on your own, you are sure to find this quick reference a useful tool in improving your written Italian.

Italian—English / *Italiano—Inglese*

A

a [AH] *prep.* • at; to
   a causa di • because of
Lei è a casa.
She is at home.

Do il regalo a mia sorella.
I give the present to my sister.

Non si lavora a causa dello sciopero.
We don't work because of the strike.

abbasare [ahbbahSAHre] *v.* • to lower
   abbasso   abbassiamo
   abbassi   abbassate
   abbassa   abbassano
Abbassiamo la voce quando andiamo in chiesa.
We lower our voices when we go into church.

abbastanza [ahbbahSTAHNzah] *adv.* •
   enough
Grazie, ho mangiato abbastanza.
Thank you, I have had enough to eat.

abbigliamento, l' [ahbbeelyeeahMENto] *n.* •
   clothing
Siamo andati a un negozio di abbigliamento.
We went to a clothing store.

abito, l' *(m.)* [AHbeeto] *n.* • suit; dress;
   clothes *(pl.)*
Ho comprato un nuovo abito oggi.
I bought a new suit today.

abitudine, l' *(f.)* [ahbeeTOOdeene] *n.* •
   custom; habit
Ha l'abitudine di prendere un bicchiere di latte prima di
   andare a letto.
It's his custom to drink a glass of milk before bedtime.

Alzarsi presto è una buona abitudine.
To get up early is a good habit.

accadere [ahkkahDEYre] *v.* • to happen
   accade; accadono *(pl.)* • it happens
Non so cosa sia accaduto dopo che sono partito.
I don't know what happened after I left.

accanto [ahkKAHNto] *prep.* • beside
   accanto a • alongside
Il cane mi siede accanto.
My dog sits beside me.

accento, l' *(m.)* [ahtCHENto] *n.* • accent
L'accento è sulla prima sillaba.
The accent is on the first syllable.

acceso [ahtCHEYzo] *adj.* • on; lit
Il forno è acceso.
The oven is on.

accettare [ahtcheytTAHre] *v.* • to accept
Accettiamo il regalo.
We accept the gift.

acchiappare [ahkkyahPAHre] *v.* • to catch
Io tiro la palla e Michele l'acchiappa.
*I am going to throw the ball and Michael is going to catch
   it.*

Sempre prendo un raffreddore d'inverno.
I always catch a cold in winter.

acero, l' *(m.)* [AHchero] *n.* • maple
Questa foglia è di acero o quercia?
Is this leaf from a maple or an oak?

acqua, l' *(f.)* [AHKwah] *n.* • water
  acqua minerale, l' • mineral water
Ho sete. Posso avere un bicchiere di acqua?
I'm thirsty. May I have a glass of water?

acquario, l' *(m.)* [ahKWAHryo] *n.* •
  aquarium
Nell'acquario c'è una grande varietà di pesci.
The aquarium has a large variety of fish.

acro (-a) [AHKro] *adj.* • sour
Il succo di limone è acro.
Lemon juice is sour.

ad alta voce [ahd AHLtah VOche] *adv.* •
  aloud
Ripeti queste frasi ad alta voce.
Repeat these sentences aloud.

addobbare [ahddobBAHre] *v.* • to decorate
Addobbo la stanza con i posters.
I decorate my room with posters.

addormentato (-a) [ahddormeynTAHto] *adj.*
  • asleep
Si è addormentato sul sofà.
He fell asleep on the couch.

adesso [ahDESso] *adv.* • now
Il professore dice che possiamo andare ora.
The teacher says we can leave now.

adolescenza, l' *(f.)* [ahdoleySHENzah] *n.* •
  adolescence
L'adolescenza è l'età di imparare e maturare.
Adolescence is a time to learn and mature.

adolescente, l' *(m., f.)* [ahdoleySHENte] *n.* •
teenager
Ha un figlio adolescente a scuola.
His son is a teenager in high school.

adoperare [ahdopeyRAHre] *v.* • to run; to
operate; to use
Non so adoperare la macchina.
I don't know how to run the machine.

aerea [ahEYreah] *adj.* • aerial
linea aerea • airline
per via aerea • by air mail
La linea aerea dell'Italia è Alitalia.
Alitalia is the Italian airline.

aeroplano, l' *(m.)*; aereo, l' *(m.)*
[aheyrawPLAHno; ahEYreo] *n.* • airplane;
plane
Andiamo in Francia in aeroplano.
We're going to France by airplane.

aeroporto, l' *(m.)* [aheyrawPAWRto] *n.* •
airport
L'aeroplano è arrivato all'aeroporto in orario.
The plane landed at the airport on time.

affari, gli [ahfFAHree] *n.* • business
uomo d'affari, l' • businessman
donna d'affari, la • businesswoman
Questo negozio fa molto affare d'estate.
This store does a lot of business in the summer.

affrettarsi [ahffreyTAHRsee] *v.* • to hurry
avere fretta • to be in a hurry
affrettati! • Hurry!
mi affretto   ci affrettiamo
ti affretti   vi affrettate
si affretta   si affrettano

Ci affrettiamo per prendere il treno.
We are hurrying to catch the train.

Non c'è fretta.
There is no hurry.

aggiungere   [ahdJYOONjere]   *v.*   •   to add
   aggiungo   aggiungiamo
   aggiungi   aggiungete
   aggiunge   aggiungono
Per l'ospite aggiugeremo un coperto a tavola.
We'll add a place setting at the table for our guest.

aggiustare   [ahdjyoosTAHre]   *v.*   •   to repair;
  fix
Il meccanico ha aggiustato la macchina.
The mechanic repaired our car.

agnello, l' *(m.)*   [ahnYELlo]   *n.*   •   lamb
  coscia d'agnello   •   leg of lamb
Gli agnelli stanno vicino alle loro madri.
The lambs stay close to their mothers.

ago, l' *(m.)*   [AHgo]   *n.*   •   needle
La sarta ha bisogno di ago e filo.
A seamstress needs a needle and thread.

agosto   [ahGAWsto]   *n.*   •   August
Mio fratello è nato in agosto.
My brother was born in August.

aguzzo (-a)   [ahGOOTtso]   *adj.*   •   pointed
Questo bastone ha la punta aguzza.
This club has a pointed end.

aiutare   [ahyooTAHre]   *v.*   •   to help
  Aiuto!   *interj.*   •   Help!
   aiuto   aiutiamo
   aiuti   aiutate
   aiuta   aiutano

Aiuto mio padre a preparare il pranzo.
I help my dad prepare dinner.

ala, l' *(f.)* [AHlah] *n.* • wing
L'uccello vola con le ali.
The bird flies with its wings.

albergo, l' *(m.)* [ahlBEYRgo] *n.* • hotel
Il nostro albergo è vecchio.
Our hotel is old.

albero, l' *(m.)* [AHLbero] *n.* • tree
Andiamo sotto l'ombra di quest'albero.
Let's go under the shade of this tree.

albicocca, l' *(f.)* [ahlbeeKAWKkah] *n.* •
apricot
Le albicocche sono più piccole delle pesche.
Apricots are like peaches but smaller.

alfabeto, l' *(m.)* [ahlfahBEto] *n.* • alphabet
I bambini inparano l'alfabeto all'asilo infantile.
Children begin to learn the alphabet in kindergarten.

allegro (-a) [ahlLEYgro] *adj.* • cheerful
I bambini erano tutti allegri alla festa.
The children were in a cheerful mood at the party.

allenatore, l' *(m.)* [ahlleynahTOre] *n.* •
coach
Il nostro allenatore ha l'orario delle partite.
Our coach has the game schedule.

allora [ahlLORah] *adv.* • then
Allora scoppió in lacrime.
At that moment, she burst into tears.

altalena, l' *(f.)* [ahltahLEYnah] *n.* • swing
Nel parco ci sono le altalene per i bambini.
There are swings for the children in the park.

altezza, l' *(f.)* [ahlTEYTtsah] *n.* • height
Qual'è l'altezza di questo edificio?
What is the height of this building?

alto (-a) [AHLto] *adj.* • high; tall; loud
altoparlante, l' *(m.)* *n.* • loud speaker
Queste montagne sono alte.
These mountains are high.

Se tocca la volta deve essere alto.
He must be tall if he can reach the ceiling.

altro (-a) [AHLtro] *adj.* • other; another
altrimenti *adv.* • otherwise
Questo libro è mio; l'altro è il tuo.
This book is mine; the other is yours.

Mi serve un'altra ora per finire il lavoro.
I need another hour to finish the work.

alunno, l' *(m.)*, **alunna, l'** *(f.)* [ahLOONno;
ahLOONnah] *n.* • pupil; student
Gli alunni alzano la mano prima di parlare.
The pupils raise their hands before speaking.

alzare [ahlTSAHre] *v.* • to raise
alzo	alziamo
alzi	alzate
alza	alzano

In classe alziamo la mano prima di parlare.
We raise our hands in class before speaking.

alzarsi [ahlTSAHRsee] *v.* • to get up; to
stand up
mi alzo	ci alziamo
ti alzi	vi alzate
si alza	si alzano

La mattina mi alzo alle sette.
In the morning I get up at seven.

amare [ahMAHre] *v.* • to love
 amore, l' *(m.)* *n.* • love
 essere innammorato (-a) • to be in love
 amarsi • to love each other
Amiamo i genitori
We love our parents.

Il nostro amore è durato molto tempo.
Our love lasted a long time.

ambasciatore, l' *(m.)* [ahmbahshahTOre] *n.* •
 ambassador
L'ambasciatore lavora all'ambasciata.
The ambassador works at the embassy.

ambasciata, l' *(f.)* [ahmbahSHAHtah] *n.* •
 embassy
Se perdi il passaporto telefona l'ambasciata.
Call the embassy if you lose your passport.

ambedue [ambeDOOwe] *pron.* • both
Ambedue vanno al cinema.
They are both going to the movies.

ambulanza, l' *(f.)* [ahmbooLAHNtsah] *n.* •
 ambulance
L'ambulanza porta gli ammalati all'ospedale.
The ambulance takes sick people to the hospital.

America, l' *(f.)* [ahMEreekah] *n.* • America
 Nordamerica; America Settentrionale;
 America del Nord *n.* • North America
 Sudamerica; America del Sud *n.* • South
 America
 America Centrale *n.* • Central America
Molte persone in America hanno gli antenati in Europa.
Many people in America have ancestors from Europe.

americano (-a) [ahmereeKAHno] *adj.* •
 American

La musica americana è popolare in tutto il mondo.
American music is popular around the world.

amicizia, l' *(f.)* [ahmeecheeTSEEah] *n.* •
friendship
La nostra è un amicizia intima.
Ours is a close friendship.

amico, l' *(m.)*, **amica, l'** *(f.)* [ahMEEko] *n.* •
friend
amichevole *(m., f.)* *adj.* • friendly
Sono andato a cinema con un amico.
I went to the movie with a friend.

ammalato (-a) [ahmmahLAHto] *adj.* • sick
Sto a letto quando sono ammalato.
I stay in bed when I am sick.

ammettere [ahmMEYTtere] *v.* • admit

ammetto	ammettiamo
ammetti	ammettete
ammette	ammettono

Ammettono di aver fatto uno sbaglio.
They admit that they made a mistake.

ananasso, l' *(m.)* [ahnahNAHSso] *n.* •
pineapple
In Hawaii si coltivano gli ananassi.
They grow pineapples in Hawaii.

anatra, l' *(f.)* [AHnahtrah] *n.* • duck
Ci sono delle anatre nel laghetto.
There are some ducks on the pond.

anche [AHNGke] *adv.* • also; too
Voglio conoscere anche i nuovi studenti.
I also want to meet the new students.

Anche Monica vuole venire.
Monique wants to come, too.

ancora [ahngKOrah] *adv.* • still; yet
  ancora di più • more and more
Si ricorda ancora il mio nome dopo tanti anni.
He still remembered my name after many years.

Non sono ancora qui?
Aren't they here yet?

andare [ahnDAHre] *v.* • to go; to ride
  andare a cavallo • to ride a horse
  andare in bicicletta • to ride a bike
  andar via • to run away
    vado   andiamo
    vai   andate
    va   vanno
Andremo a casa presto.
We'll be going home soon.

Andiamo in centro in macchina.
Let's ride downtown in the car

Quando il cane entra, il gatto va via.
When the dog comes in, the cat runs away.

anello, l' *(m.)* [ahNELlo] *n.* • ring
Porta un anello alla mano sinstra.
She is wearing a ring on her left hand.

angelo, l' *(m.)* [AHNjelo] *n.* • angel
Maria canta come un angelo.
Marie sings like an angel.

angolo, l' *(m.)* [AHNGolo] *n.* • corner
Come si chiama il negozio all'angolo di quella strada?
What is the name of the store on the corner?

animale, l' *(m.)* [ahneeMAHle] *n.* • animal
  animale domestico, l' • pet
Il veterinario cura gli animali.
A veterinarian takes care of animals.

Hai un cane come animale domestico?
Do you have a dog as a pet?

anniversario, l' *(m.)* [ahnneeverSAHryo] *n.* •
anniversary (wedding)
L'anniversario di nozze dei miei genitori è l'8 agosto.
My parents' wedding anniversary is August 8.

anno, l' *(m.)* [AHNno] *n.* • year
Capodanno, il • New Year's Day
Quanti anni hai? • How old are you?
E il primo anno che studio l'italiano.
I am in my first year of Italian.

annoiare [ahnnoYAHre] *v.* • to tease; to
annoy; to bore

annoio	annoiamo
annoi	annoiate
annoia	annoiano

Non annoiare tua sorella!
Don't tease your sister!

annunzi publicitari [ahnnoonTSEE
poobleecheeTAHree] *n.* • want ads
Ogni giorno leggo gli annunzi publicitari.
Every day I read the want ads.

annunziare [ahnnoonTSEEahre] *v.* • to
announce
annunzio, l' *(m.)* *n.* • announcement
Possiamo annunziare i nostri progetti ai tuoi genitori?
Should we announce our plans to your parents?

antenato, l' *(m.)* [ahnteyNAHto] *n.* • ancestor
I miei antinati vennero dall'Italia.
My ancestors come from Italy.

antico (-a) [ahnTEEko] *adj.* • ancient
Visiteremo i ruderi di Roma.
We're going to visit the ancient ruins in Rome.

antipasto, l' *(m.)* [ahnteePAHsto] *n.* •
  appetizer
Ti piacerebbe un antipasto prima del pranzo?
Would you like an appetizer before your main course?

ape, l' *(f.)* [AHpe] *n.* • bee
Le api fanno il miele.
Bees make honey.

aperto (-a) [ahPEYRto] *adj.* • open
Il museo è aperto.
The museum is open.

appartamento, l' *(m.)* [ahppahrtahMENto] *n.*
  • apartment
Hanno un grande appartamento.
They have a big apartment.

appartenere [ahppahrteyNEYre] *v.* • to
  belong (to)
appartengo	apparteniamo
appartieni	appartenete
appartiene	appartengono

Questa valigia appartiene a mio padre.
This suitcase belongs to my father.

appetito, l' *(m.)* [ahppeTEEto] *n.* • appetite
Dopo la ginnastica ha un grande appetito.
After I exercise I have a big appetite.

appigionare [ahppeejawNAHre] *v.* • to rent
Appigioni questa casa o è tua?
Do you rent this home or own it?

appuntamento, l' *(m.)* [ahppoontahMENto] *n.*
  • appointment
Ho un appuntamento dal medico alla nove.
I have a doctor's appointment at 9 o'clock.

aprile *(m.)* [ahPREEle] *n.* • April
pesce d'aprile, il • April Fool
Il mio compleanno è in aprile.
My birthday is in April.

aprire [ahPREEre] *v.* • to open
apertura, l' *(f.)* *n.* • opening

apro	apriamo
apri	aprite
apre	aprono

Apri la finestra e fa entrare il vento.
Open the window and let in the breeze.

aquila, l' *(f.)* [ahKWEElah] *n.* • eagle
L'aquila è un uccello rapace.
The eagle is a bird of prey.

aquilone, l' *(m.)* [ahkweeLOne] *n.* • kite
Deve tirar vento per far volare l'aquilone.
It must be windy to fly a kite.

aragosta, l' *(f.)* [ahrahGOstah] *n.* • lobster
Quest'aragosta è assolutamente squisita.
This lobster is absolutely delicious.

arancia, l' *(f.)* [ahRAHNchah] *n.* • orange
succo d'arancia • orange juice
Queste arance sono succose e dolci.
These oranges are juicy and sweet.

argento, l' *(m.)* [ahrJENto] *n.* • silver
è d'argento • made of silver
Mia madre ha un anello d'argento.
My mother has a silver ring.

aria, l' *(f.)* [AHreeah] *n.* • air
C'è troppofumo nell'aria.
There is too much smoke in the air.

aria condizionata, l' *(f.)* [AHreeah kondeetseeoNAHtah] *n.* • air-conditioned
Questo teatro ha l'aria condizionata.
This movie theater is air-conditioned.

aritmetica, l' *(f.)* [ahreetMEteekah] *n.* • arithmetic
I bambini studiano l'aritmetica.
The children are studying arithmetic.

armadio, l' *(m.)* [ahrMAHdeeo] *n.* • closet
Mette il cappotto nell'armadio.
He puts his coat in the closet.

arrabbiato (-a) [ahrrahbBYAHto] *adj.* • angry
Quando Giovanni è arrabbiato, grida.
When John is angry, he yells.

arrestare [ahrreysTAHre] *v.* • to arrest

arresto	arrestiamo
arresti	arrestate
arresta	arrestano

Il poliziotto arresta il criminale.
The policeman arrests the criminal.

arrivare [ahrreeVAHre] *v.* • to arrive

arrivo	arriviamo
arrivi	arrivate
arriva	arrivano

Non arrivare tardi.
Don't arrive too late!

arrivederci [ahrreeveyDEYRchee] *interj.* • good-bye
Gina ha detto arrivederci.
Gina said good-bye.

arrivo, l' *(m.)* [ahrREEvo] *n.* • arrival
Aspettiamo l'arrivo dell'aereo.
We are waiting for the plane's arrival.

arrossire [ahrrosSEEre] *v.* • to blush
Riccardo arrossisce quando tutti lo guardano.
When everyone looks at Richard, he blushes.

arrostire [ahrrosTEEre] *v.* • to roast
arrosto di manzo, l' *(m.)* *n.* • roast beef
Per cena arrostiamo un tacchino.
We are roasting a turkey for dinner.

arte, l' *(f.)* [AHRte] *n.* • art
Il balletto è un'arte.
Ballet is an art.

artista, l' *(m., f.)* [ahrTEEStah] *n.* • artist
Mi piacciono i disegni di quest'artista.
I like this artist's drawings.

ascensore, l' *(m.)* [ahsheynSOre] *n.* •
elevator
L'edificio ha due ascensori.
The building has two elevators.

asciugamano, l' *(m.)* [ahshoogahMAHno] *n.* •
towel
asciugamano da bagno, l' *(m.)* • bath towel
Mi serve un asciugasmano asciutto.
I need a dry towel.

asciutto (-a) [ahSHOOTto] *adj.* • dry
asciugare *v.* • to dry
Prendi un asciugamano asciutto dallo stipetto.
Get a dry towel from the closet.

ascoltare [ahskolTAHre] *v.* • listen (to)
Abbiamo ascoltato attentamente alle indicazioni.
We listened carefully to the directions.

Asia, l' *(f.)* [AHzeeah] *n.* • Asia
Mio zio viaggia spesso in Asia.
My uncle often travels in Asia.

asilo, l' (infantile) [ahZEElo] *n.* •
kindergarten
La mia sorellina va all'asilo.
My little sister goes to kindergarten.

asino, l' *(m.)* [ahZEEno] *n.* • donkey
L'asino ha le orecchie più lunghe del cavallo.
A donkey has longer ears than a horse.

asparagi, gli *(pl.)* [ahsPAHrahjee] *n.* •
asparagus
Gli asparagi sono lunghi e verdi.
Asparagus is long and green.

aspettare [ahspeytTAHre] *v.* • to wait
sala d'aspetto, la *n.* • waiting room

aspetto	aspettiamo
aspetti	aspettate
aspetta	aspettano

Aspetterò nella sala d'aspetto.
I'm going to wait in the anteroom.

aspirapolvere, l' *(m.)* [ahspeerahPOLvere] *n.*
• vacuum cleaner
passare l'aspirapolvere *v.* • to vacuum
L'aspirapolvere pulisce i tappeti.
The vacuum cleaner gets the dirt out of the rugs.

Chi passa l'aspirapolvere a casa tua?
Who vacuums at your house?

assaggiare [ahssahdJYAHre] *v.* • to taste

assaggio	assaggiamo
assaggi	assaggiate
assaggia	assaggiano

Assaggia questo formaggio. È veramente buono!
Taste this cheese! It's really good!

assegno, l' [ahsSEYNyo] *n.* • check (bank)
Pagherò il conto con un assegno.
I will pay the bill with a check.

assente *(m., f.)* [ahsSENte] *adj.* • absent
La metà della classe è assente oggi.
Half the class is absent today.

assenza, l' *(f.)* [ahsSENtsah] *n.* • absence
Ha fatto molte assenze a scuola.
He has too many absences from school.

assicurazione, l' *(f.)* [ahsseekoorahTSYOne] *n.*
• insurance
Noi abbiamo l'assicurazione per la macchina e la casa.
We have insurance for the house and the car.

assistente, l' *(m., f.)* [ahsseesTENte] *n.* •
assistant
Pietro fa l'assistente in un laboratorio.
Peter is an assistant in a laboratory.

astronauta, l' *(m., f.)* [ahstroNAHootah] *n.* •
astronaut
Gli astronauti devono essere intelligenti.
Astronauts have to be intelligent.

Atlantico, l' [ahtLAHNteeko] *n.* • Atlantic
Abito vicino l'oceano Atlantico.
I live near the Atlantic Ocean.

atleta, l' *(m., f.)* [ahtLEtah] *n.* • athlete
atletico (-a) • *adj.* • athletic
Si deve essere un buon atleta per giocare al calcio.
You must be a good athlete to play soccer.

attentamente [ahttentahMENte] *adv.* •
carefully
Quando le strade sono bagnate guiderai attentamente.
When the roads are wet you must drive carefully.

attenzione, l' *(f.)* [ahttenTSYOne] *n.* •
attention

fare attenzione *v.* • to pay attention to
attenzione! *interj.* • Be careful! (watch out)
Attenzione! Il cane morde!
Be careful! The dog bites!

Gli studenti fanno attenzione al professore.
The students pay attention to the teacher.

atterraggio, l' *(m.)* [ahtteyRAHDjo] *n.* •
landing
L'atterraggio è riuscito.
The landing was successful.

attore, l' *(m.)*; **attrice, l'** [ahtTOre; ahtTREEche]
n. • actor; actress
Come si chiama l'attore di quel nuovo film?
What's the name of the actor in that new film?

attrarre [ahtTRAHRre] *v.* • to attract
Lo zucchero attrae le mosche.
Sugar attracts flies.

attraversare [ahttrahversAHre] *v.* • to cross
I bambini devono attraversare la strada con un adulto.
Children must cross the street with an adult.

aula, l' *(f.)* [AH-oo-lah] *n.* • classroom
Quanti studenti ci sono in questa aula?
How many children are in the classroom?

Australia, l' *(f.)* [ah-oo-STRAHL-yah] *n.* •
Australia
australiano (-a) *n.; adj.* • Australian
Molti animali strani abitano in Australia.
Many unusual animals live in Australia.

Austria, l' *(f.)* [AH-oo-stree-ah] *n.* • Austria
austriaco (-a), l' *n.; adj.* • Austrian
Il tedesco è la lingua nazionale dell'Austria.
German is the national language of Austria.

auto, l' *(m.)*; **automobile, l'** *(f.)*   [AH-oo-to;
  ah-oo-to-MAW-bee-le]   *n.*   •   auto(mobile); car
Abbiamo un nuovo automobile.
We have a new automobile.

autobus, l' *(m.)*   [AH-oo-to-boos]   *n.*   •   bus (city
  bus, schoolbus)
Aspettiamo l'autobus alla stazione.
We are waiting for the bus at the depot.

autore, l' *(m., f.)*   [ah-oo-TO-re]   *n.*   •   author
Il mio autore preferito è Hemingway.
My favorite author is Hemingway.

autostrada, l' *(f.)*   [ah-oo-to-STRAH-dah]   *n.*   •
  highway
L'autostrada è larga.
The highway is wide.

autunno, l' *(m.)*   [ah-oo-TOON-no]   *n.*   •
  autumn
Le foglie sono belle in autunno.
The leaves are beautiful in autumn.

avanti   [ahVAHNtee]   *adv.; prep.; interj.*   •
  forward; ahead; in front of
Avanti a me c'erano due porte.
There were two doors in front of me.

avaro (-a)   [ahVAHro]   *adj.*   •   stingy
È troppo avaro per condividere il cibo con gli altri.
He is too stingy to share his food with the others.

avena, l' *(f.)*   [ahVEYnah]   *n.*   •   oats
Il cavallo mangia l'avena.
The horse is eating oats.

avere   [ahVEYre]   *v.*   •   to have; to get
  avere bisogno   •   to need

avere fame • to be hungry
avere freddo • to be cold (person)
avere paura • to be frightened
avere ragione • to be right
avere sete • to be thirsty
avere sonno • to be sleepy
avere torto • to be wrong
aver paura • to be afraid; to be frightened

ho	abbiamo
hai	avete
ha	hanno

Hai tempo per leggere questa lettera?
Do you have time to read this letter?

Ha paura dei ragni.
He is afraid of spiders.

aviogetto, l' *(m.)* [ahvyoJETto] *n.* • jet
Gli aviogetti sono più veloci degli aerei.
Jets are faster than propeller planes.

avventura, l' *(f.)* [ahvveynTOOrah] *n.* •
adventure
Attraversare l'Atlantico in una barca a vela è una grande
avventura.
Crossing the Atlantic in a sailboat is a great adventure!

avvicinarsi [ahvveecheeNAHRsee] *v.* • to
approach; to go near
Il cane si avvicina al gatto.
The dog is approaching the cat.

avvocato, l' *(m.)*; **avvocatessa, l'** *(f.)*
[ahvvoKAHto; ahvvokahTEYSsah] *n.* •
lawyer
Gli avvocati stanno in corte.
The lawyers are at the court house.

B

babbo, il [BAHBbo] *n.* • dad; daddy
Dove lavora il tuo babbo?
Where does your dad work?

baciare [bahCHAHre] *v.* • to kiss
  un bacio *n.* • a kiss
    bacio   baciamo
    baci   baciate
    bacia   baciano
Mi baciò.
He kissed me.

Ti do un bacio sulle gote.
I'll give you a kiss on the cheek.

baffi, i *(pl.)* [BAHFfee] *n.* • mustache
Mio padre ha i baffi.
My dad has a mustache.

bagagli, i *(m., pl.)* [bahGAHLyee] *n.* •
  baggage; luggage
Hanno transportato i bagagli nell'hotel.
They carried their baggage into the hotel.

bagnato (-a) [bahNYAHto] *adj.* • wet
I miei capelli sono ancora bagnati dalla doccia.
My hair is still wet from the shower.

bagno, il [BAHnyo] *n.* • bath; bathroom
  bagno a sole, il • sunbath
Lei ha fatto un bagno dopo il lavoro per riposarsi.
She took a long bath to relax after work.

Dov'è il bagno?
Where is the bathroom?

ballare [bahlLAHre] *v.* • to dance
ballo	balliamo
balli	ballate
balla	ballano

Frequentiamo lezioni per imparare a ballare.
We took classes to learn to dance.

bambinaia, la [bahmbeeNAHyah] *n.* • baby sitter
La bambinaia è occupata.
The baby sitter is busy.

bambino, il [bahmBEEno] *n.* • child; baby
Come si chiama il bambino?
What is the child's name?

bambola, la [BAHMbolah] *n.* • doll
casa della bambola, la *n.* • dollhouse
La mia sorellina mette la bambola sul letto.
My little sister puts her dolls on her bed.

banana, la [bahNAHnah] *n.* • banana
La scimmia mangia una banana.
The monkey is eating a banana.

banca, la [BAHNkah] *n.* • bank
banchiere, il *n.* • banker
bancomat, il *n.* • automatic teller
Fa il versamento alla banca all'angolo della strada.
Deposit your money at the bank on the corner.

banco, il [BAHNko] *n.* • desk
banco, il *n.* • student's desk
Mio figlio ha il banco.
My son has a desk.

bandiera, la [bahndeeEYrah] *n.* • flag
La bandiera americana è rossa, bianca, e azzurra.
The American flag is red, white, and blue.

bar, il [BAHR] *n.* • bar; café
Incontriamoci al bar in fondo alla strada.
Let's meet at the café on the corner.

barba, la [BAHRbah] *n.* • beard
   barbiere, il *n.* • barber
Mio padre ha la barba.
My dad has a beard.

barca, la [BAHRkah] *n.* • boat
   barca a vela, la *n.* • sailboat
Andiamo a péscare in barca.
We take a boat to go fishing.

barzelletta, la [bahrtseylLEYTtah] *n.* • joke
Tutti ridono quando lui racconta le barzellette.
They all laugh when he tells a joke.

baseball, il [BEYSbawl] *n.* • baseball
Ci sono abbastanza giocatori per giocare a baseball?
Do we have enough players to play baseball?

basso (-a) [BAHSso] *adj.* • short; low
La bambina è troppo bassa per raggiungere lo scaffale in
   alto.
The little girl is too short to reach the top shelf.

Il muro è basso.
The wall is low.

battere [BAHTtere] *v.* • to beat
La loro squadra ci ha battuto ogni anno.
Their football team beats us every year.

battersi [BAHTteyrsee] *v.* • to fight
I miei fratellini si battono sempre.
My little brothers fight all the time.

becco, il [BEKko] *n.* • beak
Gli uccelli aprono i semi con il becco.
The bird cracks seeds with its beak.

Belgio, il [BELjyo] *n.* • Belgium
  belga *n.; adj.* • Belgian
Nel Belgio si parla Francese e Fiammingo.
They speak French and Flemish in Belgium.

bello (-a) [BELlo] *adj.* • beautiful; nice; fine
Lei ha sempre un bel sorriso.
She always has a nice, friendly smile.

Fa bel tempo.
It's nice out.

Abbiamo passato una bella giornata alla spiaggia.
We had a fine day at the beach.

bene [BEne] *adv.* • fine; well
  Sto bene. • I am well.
  tanto bene quanto • as well as
Mi sento bene ora.
I am feeling fine now.

Maria suona il piano molto bene.
Mary plays the piano very well.

benvenuto [benveyNOOto] *adj.; interj.* •
  welcome
Benvenuti a casa nostra!
Welcome to our home!

benzina, la [benZEEnah] *n.* • gasoline
  distributore di benzina • gas pump
L'automobile ha bisogno di benzina.
Our car needs gasoline.

bere [BEYre] *v.* • drink
  bevo   beviamo
  bevi   bevete
  beve   bevono

Beve come una spugna.
He drinks like a fish.

berretto, il [beyrRETto] *n.* • cap
Tutti i membri della mia squadra portano lo stesso
  berretto.
All the members of my team wear the same caps.

bestia, la [BEStyah] *n.* • beast (animal)
Gli animali selvaggi mi fanno paura.
Wild beasts scare me.

bevanda, la [beyVAHNdah] *n.* • beverage;
  soft drink
Che bevanda preferisci?
What would you like as a beverage?

bianco (-a) [BYAHNGko] *adj.* • white
La carta è bianca.
The paper is white.

biblioteca, la [beebleeoTEkah] *n.* • library
  bibliotecario, il *n.* • librarian
Riporterò questi libri alla biblioteca.
I am going to take these books back to the library.

bicchiere, il [beekkeeAYre] *n.* • glass (for
  drinking)
Il bicchiere è colmo.
The glass is full.

biciancole, le [beeCHANkole] *n.* • seesaw
Ci sono le biciancole nel parco.
There is a seesaw in the park.

bicicletta, la [beecheeKLETtah] *n.* • bicycle;
  bike
Non lasciare fuori la bicicletta quando piove.
Don't leave your bicycle outside when it's raining.

biglietto, il [bilYETo] *n.* • ticket
  biglietto di andata e ritorno, il *n.* • round trip ticket
  biglietteria, la *n.* • ticket office
Hai i biglietti per il dramma?
Do you have the tickets for the play?

biologia, la [beeoloGEEah] *n.* • biology
Mia sorella studia biologia all'università.
My sister studies biology at the university.

biondo (-a) [BYONdo] *adj.* • blond
I due ragazzini sono biondi.
The two little boys are blond.

birilli, giocar a [geeohKAHR a beeREELlee] *v.*
  • to go bowling
I ragazzi giocano a birilli ogni sabato.
The boys go bowling every Saturday.

biscotto, il [beesKOTto] *n.* • cookie
Abbiamo fatto i biscotti per gli ospiti.
We baked cookies for our guests.

bistecca, la [beesTEKkah] *n.* • steak
La bistecca mi piace cotta media.
I would like my steak done medium.

blu *(m., f.)* [BLOO] *adj.* • blue
Mio padre porta il vestito blu oggi.
My father is wearing his blue suit today.

bocca, la [BOKkah] *n.* • mouth
Il dentista mi ha detto di aprire molto la bocca.
The dentist told me to open my mouth wide.

borsa, la [BORsah] *n.* • briefcase; bag
  borsetta, la • handbag; purse
Ha lasciato la borsa in ufficio.
She left her briefcase at the office.

bottega, la [botTEYgah] *n.* • shop
Cosa vendono alla bottega?
What do they sell in that shop?

bottiglia, la [botTEELyah] *n.* • bottle
Il vino di solito si vende in bottiglie.
Wine is usually sold in bottles.

bottone, il [botTOne] *n.* • button
Non mi piace cucire i bottoni.
I don't like to sew buttons.

bouquet, il [booKAY] *n.* • bouquet
I miei fiori preferiti sono nel bouquet.
My favorite flowers are in the bouquet.

boutique, la [booTEEK] *n.* • boutique
Mio cugino lavora in questa boutique.
My cousin is a clerk in this boutique.

bracciale, il [brahtCHAHle] *n.* • bracelet
Porta diversi bracciali sul braccio sinistro.
She is wearing several bracelets on her left arm.

braccio, il [BRAHTcho] *n.* • arm
   a braccetto • arm in arm
Lei porta cinque bracciali sul braccio destro.
She is wearing five bracelets on her right arm.

brillare [breelLAHre] *v.* • to shine
A notte le stelle brillano.
The stars shine at night.

brocca, la [BRAWKkah] *n.* • pitcher
Mesci il latte dalla brocca, per favore.
Pour some milk from the pitcher, please.

brodo, il [BRAWdo] *n.* • soup
Il brodo caldo è buono d'inverno.
Hot soup is good in the winter.

bruciare [brooCHAHre] *v.* • to burn
In autunno bruciamo le foglie.
We burn leaves in autumn.

bruco, il [BROOko] *n.* • caterpillar
Il bruco si trasforma in una farfalla.
A caterpillar changes into a butterfly.

brunetta; bruna [brooNETtah; BROOnah] *n.*
• brunette
Mia madre è brunetta.
My mother is brunette.

brutto (-a) [BROOTto] *adj.* • ugly
Violetto è un brutto colore per la casa.
Purple is an ugly color for a house.

buco, il [BOOko] *n.* • hole
Non cadere in questo grande buco!
Don't fall in this big hole!

buio (-a) [BOOyo] *adj.* • dark
Fuori c'è il buio.
It's dark out.

buon giorno [BWON JORno] *interj.* • Hello
Buon giorno, mi chiamo Filippo.
Hello, my name is Philip.

buon mercato, a [BWON meyrKAHto] *adv.* •
  cheap(ly); inexpensive
Abbiamo comprato una macchina usata a buon mercato.
We bought a used car for a cheap price.

buono (-a) [BWOno] *adj.* • good
  buona fortuna • good luck
  buon giorno • good day
  buona notte • good night
Lei riceve sempre buoni punti.
She always gets good grades.

burro, il [BOORro] *n.* • butter
Pietro mette il burro sul pane.
Peter puts butter on his bread.

bussare [boosSAHre] *v.* • to knock
    busso   bussiamo
    bussi   bussate
    bussa   bussano
Aldo ha bussato alla porta.
Aldo knocked on the door.

busta, la [BOOStah] *n.* • envelope
Piega la lettera e mettila nella busta, per favore.
Fold the letter and put it in an envelope, please.

C

cacciare [kahtCHAHre] *v.* • to hunt
  cacciatore, il *n.* • hunter
Alcuni si servono dell'arco e freccia per cacciare i cervi.
Some people use a bow and arrow to hunt deer.

cadere [kahDEYre] *v.* • to fall
    cado   cadiamo
    cadi   cadete
    cade   cadono
Non cadere sul ghiaccio.
Don't fall on the ice.

caffè, il [kahfFE] *n.* • coffee; café;
  coffee-house
  una tazza di caffè • a cup of coffee
  caffè all'aperto, il *n.* • sidewalk café
Metto lo zucchero nel caffè.
I put sugar in my coffee.

cagnolino, il [kahnyoLEEno] *n.* • puppy
Il cane ha quattro cagnolini.
The dog has four puppies.

calcio, il [kahlCHO] *n.* • soccer
Il calcio sta divenendo popolare negli Stati Uniti.
Soccer is becoming popular in the U.S.

calcolatrice, la [kahlkolahTREEche] *n.* •
calculator
Usa la calcolatrice per verificare l'addizione.
Use a calculator to check your addition.

caldo (-a) [KAHLdo] *adj.* • hot
Attenzione! Il forno è caldo.
Be careful! The oven is hot!

Fa caldo.
It is warm outside.

calendario, il [kahleynDAHryo] *n.* • calendar
C'è un calendario appeso al muro.
There is a calendar on the wall.

calore, il [kahLOre] *n.* • heat
Senti il calore del fuoco?
Do you feel the heat of the fire?

calza, la [KAHLtsah] *n.* • stocking
Sono asciutte queste calze?
Are these stockings dry?

calzino, il [kahlTSEEno] *n.* • sock
Sono abbinati questi calzini?
Do these two socks go together?

calzoni corti [kahlTSOnee KORtee] *n.* •
shorts
Portiamo i calzoni corti quando fa caldo.
We wear shorts when it's hot.

cambiare [kahmBYAHre] *v.* • to change
  cambio, il *n.* • change (money)
    cambio   cambiamo
    cambi   cambiate
    cambia   cambiano
Lui cambia sempre idea.
He always changes his mind.

cameriere, il; cameriera, la [kahmereeYERe;
  kahmereeYERah] *n.* • waiter; waitress
Abbiamo lasciato la mancia al cameriere.
We left a tip for the waiter.

camicetta, la [kahmeeCHETtah] *n.* • blouse
Questa camicetta va con questa gonna?
Does this blouse go with this skirt?

camicia, la [kahMEEchah] *n.* • shirt
Al lavoro porta camicia e cravatta.
He wears a shirt and tie to work.

camion, il [KAHmyon] *n.* • truck
  camionista, il *n.* • truck driver
Mio zio guida un camion.
My uncle drives a truck.

cammello, il [kahmMELlo] *n.* • camel
I cammelli sopravvivono nel deserto senza acqua.
Camels can live without water in the desert.

camminare [kahmmeeNAHre] *v.* • to walk
  fare una passeggiata • to take a walk
    cammino   camminiamo
    cammini   camminate
    cammina   camminano
Camminiamo piano.
We walk slowly.

campagna, la [kahmPAHnyah] *n.* • country
  (opposite of city)

Mio nonno abita in campagna.
My grandfather lives in the country.

campana, la [kahmPAHnah] *n.* • bell
 campanello, il *n.* • doorbell
C'è una campana sul campanile.
There is a bell in the church's steeple.

campeggio, il [kahmPAYjo] *n.* • camp
Quando vai al campeggio?
When are you going to summer camp?

camper, il [KAHMper] *n.* • camper
 fare il campeggio • to go camping
Vado al campeggio con la mia famiglia in agosto.
I go camping with my family in August.

campo, il [KAHMpo] *n.* • field
Le pecore sono nel campo.
The sheep are in the field.

Canada, il [KAHnahdah] *n.* • Canada
 canadese *(m., f.)* *n.; adj.* • Canadian
Il Canada è al nord degli Stati Uniti.
Canada is north of the United States.

cancellare [kahnchelLAHre] *v.* • to erase

cancello	cancelliamo
cancelli	cancellate
cancella	cancellano

Cancello gli sbagli con la gomma.
I erase my mistakes with an eraser.

candela, la [kahnDEYlah] *n.* • candle
Accendi la candela per favore.
Can you light the candles, please?

cane, il [KAHne] *n.* • dog
Abbiamo un cane e un gatto.
We have a dog and a cat.

canguro, il [kahnGOOro] *n.* • kangaroo
I canguri vivono in Australia.
Kangaroos live in Australia.

cantante, il [kahnTAHNte] *n.* • singer
E un bravo cantante.
He is a good singer.

cantare [kahnTAHre] *v.* • to sing

canto	cantiamo
canti	cantate
canta	cantano

La classe ha cantato una canzone alla fine dello spettacolo.
The class sang a song at the end of the show.

canzone, la [kahnTSOne] *n.* • song
Il professore di musica ci ha insegnato una nuova canzone.
The music teacher taught us a new song.

caparbio (-a) [kahPAHRbyo] *adj.* • stubborn
Dicono che le capre siano caparbie.
They say that goats are stubborn.

capelli, i *(pl.)* [kahPEYLlee] *n.* • hair
capigliatura, la *n.* • hairdo
spazzola da capelli, la *n.* • hairbrush
taglio di capelli, il *n.* • haircut
Mia sorella ha i capelli lunghi.
My sister has long hair.

capire [kahPEEre] *v.* • to understand

capisco	capiamo
capisci	capite
capisce	capiscono

Capisco il tedesco, ma non so scriverlo.
I understand German, but I can't write it.

capitale, la [kahpeeTAHle] *n.* • capital
Washington, D.C. è la capitale degli Stati Uniti.
Washington, D.C. is the capital of the United States.

cappello, il [kahpPELlo] *n.* • hat
Porta il cappello per coprirsi la testa.
He wears a hat to cover his head.

cappotto, il [kahpPAWTto] *n.* • coat
Questo cappotto è molto caldo.
This coat is very warm.

capra, la [KAHprah] *n.* • goat
L'agricoltore alleva pecore e capre.
The farmer raises sheep and goats.

caramella, la [kahrahMELlah] *n.* • lollipop;
candy
Ai bambini piacciono le caramelle.
Children like lollipops.

Non mangiare troppe caramelle prima del pranzo.
Don't eat too much candy before dinner.

cardinale, il [kardeeNAHle] *n.* • cardinal
Il cardinale è un uccello rosso.
The cardinal is a red bird.

carino (-a) [kahREEno] *adj.* • cute; pretty
Questo cagnolino è carino.
This puppy is so cute.

Che veste carina!
What a pretty dress!

carne, la [KAHRne] *n.* • meat
Sento l'odore della carne arrosto nel forno.
I can smell the meat roasting in the oven.

caro (-a) [KAHro] *adj.* • dear; expensive
   mio caro *n.* • old pal
La lettera comoncia: "Cara mamma, mi manchi."
The letter began, "Dear Mom, I miss you."

carota, la [kahRAWtah] *n.* • carrot
Il coniglio mangia la carota.
The rabbit is eating a carrot.

carriera, la [kahr-ree-YEY-rah] *n.* • career
Quale carriera sceglierai?
What career are you going to choose?

carrozzino, il [kahrrotTSEEno] *n.* • baby
carriage
Il bambino è nel carrozzino.
The baby is in the carriage.

carta, la [KAHRtah] *n.* • card; paper
foglio di carta, il • a sheet of paper
carta igienica, la • toilet paper
Il mio fratellino impara a giocare a carte.
My little brother is learning to play cards.

Mi serve un po' di carta per disegnare.
I need some paper to draw on.

carta geografica, la [KAHRtah
jeyoGRAHfeekah] *n.* • map
C'è una carta geografica dell'Italia sulla parete.
There is a map of Italy on the wall.

cartolina postale, la [kahrtoLEEnah posTAHle]
n. • postcard
Durante la gita ho mandato una cartolina a casa.
I sent a postcard home during my trip.

cartone animato, il [kahrTOne ahneeMAHto]
n. • cartoon (animated)
Walt Disney ha creato molti cartoni animati.
Walt Disney created many cartoons.

casa, la [KAHsah] *n.* • house
a casa • at home

accudire alle faccende di casa • to do housework

Fate come a casa vostra. • Make yourself at home.

tornare a casa • to come home

Hanno una grande casa con dodici stanze.
They have a big house with twelve rooms.

Mia sorella arriva a casa alle sei di sera.
My sister gets home at six in the evening.

casolare, il [kahsoLAHre] *n.* • barn
Il gufo abita in questo vecchio casolare.
An owl lives in this old barn.

cassetta, la [kahsSETtah] *n.* • box; cassette (tape)
  cassetta postale, la • mailbox
Ho cassette di molte canzoni.
I have cassettes of many songs.

cassettone, il [kahssetTOne] *n.* • dresser
Na camera da letto c'è un cassettone.
There's a dresser in the bedroom.

castello, il [kahSTELlo] *n.* • castle
Il ré viveva in un grande castello.
The king lived in a large castle.

castoro, il [kahSTOro] *n.* • beaver
I castori costruiscono barriere sul fiume.
Beavers build dams across the river.

caviglia, la [kahVEELyah] *n.* • ankle
Ha male a una caviglia.
He has a sore ankle.

cattivo (-a) [kahtTEEvo] *adj.* • bad; naughty; mean
La raccolta è cattiva quest'anno.
The harvest is bad this year.

Il cane da guardia sembra cattivo.
The guard dog looks mean.

Questo bambino a volte fa il cattivo.
This little boy is naughty sometimes.

cavaliere, il [kahvahlYEYre] *n.* • knight
Nella biblioteca ho letto di cavalieri e armi.
I read about knights and armor at the library.

cavallo, il [kahvVAHLlo] *n.* • horse
  corsa di cavalli, la *n.* • horse race
  ferro di cavallo, il *n.* • horseshoe
Ho cavalcato il cavallo fuori della stalla.
I rode my horse out of the barn.

cavolfiore, il [kahvolFYOre] *n.* • cauliflower
Il cavolfiore è la mia verdura preferita.
Cauliflower is my favorite vegetable.

cavolo, il [kahVOlo] *n.* • cabbage
Le lepri mangiano i cavoli nel giardino.
Rabbits are eating the cabbages in our garden.

c'e; ci sono [CHE; CHEE sono] *v. phrase* •
  there is; there are
Ci sono due macchine nel garage.
There are two cars in the garage.

cenare [cheyNAHre] *v.* • to dine
  cena, la *n.* • dinner
Stasera ceniamo dal nostro amico.
We are dining at our friend's house tonight.

cento [CHENto] *adj.* • hundred
Ci sono cento anni in un secolo.
There are one hundred years in a century.

centrale *(m., f.)* [cheynTRAHle] *adj.* •
  central

centro, il *n.* • center
Questo negozio è nella parte centrale della città.
This store is in the central part of town.

cercare [cherKAHre] *v.* • to look for; to
search for
cerco	cerchiamo
cerchi	cercate
cerca	cercano
Cerchiamo un appartamento.
We are looking for an apartment.

certo (-a) [CHERto] *adj.* • certain
certo! *interj.* • of course
Sono certo che vengono stasera.
I'm certain that they are coming tonight.

cervello, il [cherVELlo] *n.* • brain
Il cranio protegge il cervello.
The skull protects the brain.

cervo, il [CHERvo] *n.* • deer
Ci sono i cervi nel bosco.
There are deer in these woods.

cestino, il [cheySTEEno] *n.* • wastebasket;
garbage can
Metti la carta nel cestino.
Put the paper in the garbage can.

cetriolo, il [cheytreeOHlo] *n.* • cucumber
A Carlo piace l'insalata di cetrioli.
Charles likes cucumber salad.

che [KAY] *pron.* • who; whom
che cosa • what
L'uomo che abbiamo visto alla stazione insegna alla mia
scuola.
*The man whom we saw at the station teaches in my
school.*

Che cosa vuoi?
What do you want?

chi? [KEE] *pron.* • who
Chi vuole giocare a calcio?
Who wants to play soccer?

chiamare [kyahMAHre] *v.* • to call

chiamo	chiamiamo
chiami	chiamate
chiama	chiamano

Mamma ci chiama quando il pranzo è pronto.
Mom calls us when dinner is ready.

chiamarsi [kyahMAHRsi] *v.* • to be called
(name)
   chiamato *past. part.* • named
   mi chiamo • my name is
Come ti chiami?
What is your name?

chiaro (-a) [KYAHro] *adj.* • clear; light
   chiaro, il *n.* • light
La tua spiegazione non è chiara.
Your explanation is not clear.

chiave, la [KYAHve] *n.* • key; wrench
Non posso aprire la porta senza la chiave.
I can't open the door without a key.

chiedere [KYEYdere] *v.* • to ask (for)

chiedo	chiediamo
chiedi	chiedete
chiede	chiedono

Chiedi il caffè alla cameriera.
Ask the waitress for more coffee.

chiesa, la [KYEYsah] *n.* • church
Molta gente va in chiesa la domenica.
Many people go to church on Sunday.

chilometro, il [keeLOmetro] *n.* • kilometer
Quanti chilometri ci sono da New York a Chicago?
How many kilometers are there between New York and
Chicago?

chimica, la [KEEmeekah] *n.* • chemistry
Insegno chimica e fisica al liceo.
I teach chemistry and physics at the high school.

chiocciola, la [KYOTcholah] *n.* • snail
Al ritorante puoi ordinare chiocciole.
You can order snails in this restaurant.

chiodo, il [KYOdo] *n.* • nail
Appendi il quadro a quel chiodo.
Hang the picture on that nail.

chirurgo, il [keeROORgo] *n.* • surgeon
  intervento chirurgico, l' *(m.)* *n.* • surgery
Il chirurgo lavora in ospedale.
The surgeon works at the hospital.

chitarra, la [keeTAHRrah] *n.* • guitar
La chitarra ha sei corde.
This guitar has six strings.

chiudere [KYOOdere] *v.* • to close; to shut
  chiudere a chiave • to lock
  chiuso (-a) *adj.* • closed
    chiudo   chiudiamo
    chiudi   chiudete
    chiude   chiudono
Chiudi la porta, per favore.
Close the door, please.

Chiudi la porta a chiave quando parti?
Do you lock your house when you leave?

ciao! [CHAHo] *interj.* • Hi!
Ciao! Come stai?
Hi! How are you?

cibo, il [CHEEbo] *n.* • food
Compriamo il cibo al negozio di generi alimentari.
We buy food at the grocery store.

cieco (-a) [CHYEko] *adj.* • blind
La mia nonna è quasi cieca.
My grandmother is almost blind.

cielo, il [CHYElo] *n.* • sky
 grattacielo, il • skyscraper
Il sole brilla, il cielo è azzurro, fa bel tempo!
The sun shines, the sky is blue, the weather is great!

ciglia, le [CHEElyah] *n.* • eyelashes
Ha ciglia nere e folte.
She has thick, black eyelashes.

ciliegia, la [cheeLYEYjah] *n.* • cherry
Abbiamo raccolto le ciliegie dall'albero.
We picked cherries from the tree.

cigno, il [CHEENyo] *n.* • swan
I cigni hanno une collo lungo.
Swans have long necks.

cima, la [CHEEmah] *n.* • top; peak
La porta sta in cima alla scale.
The door is at the top of the stairs.

Cina, la [CHEEnah] *n.* • China
 cinese *(m., f.)* *n.; adj.* • Chinese
Un giorno spero di visitare la Cina.
I hope to visit China someday.

cinema, il [CHEEnemah] *n.* • movie; movies;
 movie theater
Andiamo a cinema per vedere un nuovo film.
We're going to the movie theater to see a new movie.

cinquanta [cheenKWAHNtah] *adj.* • fifty
Cinquanta dollari è caro per una maglia.
Fifty dollars is expensive for a sweater.

cinque [CHEENkwe] *adj.* • five
Un nichelio vale cinque centesimi.
A nickel is worth five cents.

cintura, la [cheenTOOrah] *n.* • belt
  cintura di sicurezza, la • safety-belt
Mi serve una cintura con questa gonna.
I need a belt with this skirt.

Allaccia la cintura di sicurezza.
Fasten your safety-belt.

cioccolata, la [chokkoLAHtah] *n.; adj.* •
  chocolate
Mi piacciono i cioccolatini.
I like chocolate candy.

cipolla, la *(f.)* [cheePOLlah] *n.* • onion
Affettare le cipolle mi fa uscire le lacrime.
Slicing onions makes my eyes water.

circa [CHEERkah] *adv.* • about
Sono circa le tre.
It's about three o'clock.

circo, il [CHEERko] *n.* • circus
Il circo rimane in città una settimana.
The circus is in town for a week.

circolo, il [CHEERkolo] *n.* • circle
Andrea traccia un circolo sulla carta.
Andrew is drawing a circle on the paper.

città, la [cheetTAH] *n.* • city
  in città • in town
Vuoi abitare in città o in campagna?
Do you want to live in the city or in the country?

cittadino, il [cheetTAHdeeno] *n.* • citizen
Sono cittadino degli Stati Uniti.
I am a citizen of the United States.

clarinetto, il [klahreeNETto] *n.* • clarinet
Mia sorella suona il clarinetto.
My sister plays the clarinet.

classe, la [KLAHSse] *n.* • class; classroom
Quanti studenti ci sono in questa classe?
How many students are in this class?

coccinella, la [kotcheeNELla] *n.* • ladybug
Le coccinelle honno le macchie nere.
Ladybugs have black spots.

coccodrillo, il [kokkoDREELlo] *n.* •
crocodile
I coccodrilli vivono vicino ai fiumi e alle paludi.
Crocodiles live near rivers and swamps.

cocomero, il [koKOmero] *n.* • watermelon
I cocomeri sono molto grandi.
Watermelons are very large.

coda, la [KOdah] *n.* • tail
Il cane muove la coda (scodizzola) quando è felice.
The dog wags his tail when he is happy.

cogliere [KOLyeyre] *v.* • to pick; to gather
colgo   cogliamo
cogli   cogliete
coglie   colgono
Non mi piace cogliere le fragole.
I don't like to pick strawberries.

cognome, il [koNYOme] *n.* • name (last)
Qual'è il tuo cognome?
What's your last name?

colazione, la [kolahTSYOne] *n.* • lunch
   fare colazione • to have lunch
   ora di colazione, l' *(f.)* *n.* • lunch time
   colazione, la (prima) • breakfast
A colazione abbiamo preso brodo e panini.
We had soup and sandwiches for lunch.

Fai colazione ogni mattina?
Do you eat breakfast every morning?

colla, la [KAWLlah] *n.* • paste
Usa la colla per attaccare le foto sulla carta.
Use the paste to keep the pictures on the paper.

collana, la [kolLAHnah] *n.* • necklace
Mi piace la tua collana.
I like your necklace.

collare, il [kolLAHre] *n.* • collar (dog)
Il cane ha un collare rosso.
The dog has a red collar.

colletto, il [kolLETto] *n.* • collar (clothes)
Questo colletto è troppo stretto.
This collar is too tight.

collezione, la [kolleyTSYOnE] *n.* • collection
Mio fratello fa la collezione di monetine.
My brother has a collection of coins.

collina, la [kolLEEnah] *n.* • hill
Andiamo a slittare su questa collina d'inverno.
We go sledding on this hill in the winter.

collo, il [KAWLlo] *n.* • neck
Questa camicia è troppo stretta intorno al collo.
This shirt is too tight around my neck.

colore, il [koLOre] *n.* • color; paint
Quali sono i colori dell'arco baleno?
What are the colors of the rainbow?

colpa, la [KOLpah] *n.* • fault
E colpa mia che siamo in ritardo.
It is my fault that we are late.

colpevole *(m., f.)* [kolPEYvole] *adj.* • guilty
La giuria decide se l'imputato è colpevole.
The jury decides if the defendant is guilty.

colpire [kolPEEre] *v.* • to hit
colpo, il *n.* • knock; blow
   colpisco   colpiamo
   colpisci   colpite
   colpisce   colpiscono
Puoi colpire la palla?
Can you hit the ball?

coltello, il [kolTELlo] *n.* • knife
coltello da tasca • pocket knife
Metto i coltelli affianco ai cucchiai.
I put the knives next to the spoons.

coltivare [kolteeVAHre] *v.* • to grow
Coltivo legumi nel giardino.
I grow vegetables in my garden.

comando, il [koMAHNdo] *n.* • command
L'ufficiale da il comando ai soldati.
The officer gives commands to the soldiers.

come [KOme] *adv.* • how; like; as
come se • as if
Adesso capisco come si fa!
Now I understand how you do that!

Lo amo come un fratello.
I love him as if he were a brother.

comignolo, il [koMEEnyolo] *n.* • chimney
Gli uccelli hanno fatto il nido sul comignolo.
Some birds have made their nest in our chimney.

commesso, il; commessa, la [komMEYSso; komMEYSsah] *n.* • salesman; saleswoman
Mio cugino è commesso in questo negozio.
My cousin is a salesman in this store.

comodo (-a) [KOmodo] *adj.* • comfortable
Questa poltrona è molto comoda.
This easy chair is very comfortable.

comodino, il [komoDEEno] *n.* • nightstand
Nella camera da letto c'è un comodino.
There is a nightstand in the bedroom.

compact disc, il [komPAHKT deesk] *n.* • compact disc (CD)
I compact disc costano molto.
Compact discs are expensive.

compagnia, la [komPAHNyeeah] *n.* • company
Il mio babbo lavora per una grande compagnia.
My dad works for a large company.

compagno, il; compagna, la [komPAHnyo] *n.* • pal
E un mio vecchio compagno.
He is an old pal of mine.

competizione, la [kompeyteeTSYOne] *n.* • competition
competere *v.* • to compete
La nostra squadra non ha paura della competizione.
Our team is not afraid of competition.

compiti in casa [KAWMpeetee en KAHsah] *n.* • homework
Stiamo finendo i compiti.
We are finishing our homework.

compito, il [KAWMpeeto] *n.* • assignment
Noi abbiamo un lungo compito nella classe di storia.
We have a long assignment for history class.

compleanno, il [kohmpleyAHNno] *n.* •
birthday
Buon Compleanno! *interj.* • Happy
Birthday!
Quando è il tuo compleanno?
When is your birthday?

completamente [kompletahMENte] *adv.* •
completely
Ho letto le indicazioni completamente.
I read the instructions completely.

completo (-a) [komPLEYto] *adj.* • complete;
full
completo, il *n.* • suit (of clothes)
Siamo al completo?
Are we all here?

complimento, il [kompleeMENto] *n.* •
compliment
A ognuno piace ricevere complimenti.
Everyone likes to receive compliments.

comporre [komPAWRre] *v.* • to arrange
compongo	componiamo
componi	componete
compone	compongono

Con questi fiori ho composto una ghirlanda.
With these flowers I arranged a garland.

comportarsi [kompawrTAHRsi] *v.* • to
behave
comportarsi male • behave badly
mi comporto	ci comportiamo
ti comporti	vi comportate
si comporta	si comportano

Questi ragazzi sanno comportarsi bene nel ristorante.
These children know how to behave in a restaurant.

comprare [komPRAHre] *v.* • to buy

compro	compriamo
compri	comprate
compra	comprano

Compriamo i legumi al mercato.
We buy our vegetables at the market.

computer, il [komPYOOter] *n.* • computer
Si possono fare giochi con il computer.
You can play games on the computer.

comune *(m., f.)* [koMOOne] *adj.* • common
  comune, il *n.* • city hall
Questa malattia è comune tra i bambini. .
This disease is quite common in children.

comunque [koMOONkwe] *adv.* • however
Perdo sempre; comunque, continuo a giocare!
I always lose; however, I keep playing!

con [KON] *prep.* • with
  con cura • with care
Joelle va a ballare con gli amici.
Joelle is going dancing with her friends.

concerto, il [konCHERto] *n.* • concert
Vado al concerto con gli amici.
I am going to the concert with my friends.

conchiglia, la [konKEELyah] *n.* • shell
Cerco le conchiglie sulla spiaggia.
I look for shells on the beach.

condotta, la [konDOTtah] *n.* • behavior
E un asempio di buona condotta.
He is an example of good behavior.

coniglio, il [koNEELyo] *n.* • rabbit
I conigli hanno mangiato la lattuga nel giardino.
The rabbits ate all our lettuce from the garden.

connettere [konNETtere] *v.* • to connect
Connetti le due parti così.
You connect the two parts like that.

conoscere [koNOshere] *v.* • to know
(people); to be acquainted with

conosco	conosciamo
conosci	conoscete
conosce	conoscono

Conosci i vicini di casa?
Are you acquainted with your neighbors?

conservare [konserVAHre] *v.* • to keep
Conservai la calma.
I kept my temper.

consigliere, il [konseelYEYre] *n.* • adviser
Il presidente ha molti consiglieri.
The president has several (close) advisers.

contare [konTAHre] *v.* • to count
La mia sorellina sa contare fino a 100.
My little sister can count to 100.

contenere [konteyNEYre] *v.* • to contain

contengo	conteniamo
contieni	contenete
contiene	contengono

Questo libro contiene molti fatti interessanti.
This book contains many interesting facts.

continente, il [konteeNENte] *n.* • continent
L'Africa e l'Asia sono grandi continenti.
Africa and Asia are huge continents.

continuare [konteeNOOahre] *v.* • to continue
Continuiamo a leggere finchè finiamo.
Let's continue reading until we finish.

conto, il [KONto] *n.* • bill; check (restaurant)
Il cameriere ci porta il conto.
The waiter brings us the bill.

contrario, il [konTRAHryo] *n.* • opposite
Dici che preferisci i cani ai gatti. Per me è il contrario.
You say that you prefer dogs to cats. For me it is the opposite.

contro [KONtro] *prep.* • against
L'altra squadra è contro di noi.
The other team is against us.

conversazione, la [konveyrsahTSYOne] *n.* • conversation
Una conversazione con Maria è sempre piacevole.
A conversation with Mary is always fun.

coperta, la [koPERtah] *n.* • blanket; bedspread; cover (lid)
coprire *v.* • to cover
coperto (-a) *adj.* • covered
Questa coperta è calda.
This blanket is warm.

Uso una bella coperta gialla sul letto.
I use a beautiful yellow bedspread.

copiare [koPYAHre] *v.* • to copy
copia, la *n.* • copy
Copiamo le domande scritte sulla lavagna.
We are copying the questions that are on the blackboard.

coraggioso *(m.)* [korahdJOso] *adj.* • brave; courageous

I poliziotti sono molto coraggiosi.
Police officers are very brave.

corno, il [KORno] *n.* • French horn
Mi piacerebbe imparare a suonare il corno.
I'd like to learn how to play the French horn.

coro, il *(m.)* [KAWro] *n.* • choir
Il coro canta molto bene.
This choir sings very well.

corona, la [koROnah] *n.* • crown
La regina porta la corona.
The queen wears a crown.

corpo, il [KAWRpo] *n.* • body
Gli studenti medici studiano il corpo umano.
Medical students study the human body.

correggere [korREDjere] *v.* • to correct
  correggo   correggiamo
  correggi   correggete
  corregge   correggono
Correggiamo gli sbagli.
We correct the mistakes.

correre [korREre] *v.* • to run; to jog
  corro   corriamo
  corri   correte
  corre   corrono
Corri o perderai l'autobus.
Run or you'll miss the bus!

corretto (-a) [korRETto] *adj.* • correct
E corretta questa risposta?
Is this answer correct?

corso, il [KORso] *n.* • boulevard; avenue
Conosci il corso Vittorio Emanuele?
Are you familiar with Victor Emanuel Boulevard?

corso, il [KORso] *n.* • course
Quale corso segui a scuola?
Which course are you taking in school?

corteccia, la [korTEYTchah] *n.* • crust
Mi piace la corteccia del pane.
I like the crust on French bread.

cortese *(m., f.)* [korTEYse] *adj.* • polite
Questi bambini sono molto cortesi.
These children are very polite.

cosa, la [KAWsah] *n.* • thing
Ho molte cose da fare.
I have too many things to do.

Cosa?
What (did you say)?

così [koSEE] *adv.; conj.; adj.* • so; thus; such
(adj.)
   così così • so-so
   e così via • and so on
Ha detto così.
He said so.

costa, la [KAWstah] *n.* • shore; seashore
Abitano vicino alla costa.
They live near the shore.

costare [kosTAHre] *v.* • to cost
   costo, il *n.* • cost
   costare poco • to be inexpensive
   costare caro • to be expensive
Quanto costa questa giacca?
How much does this jacket cost?

costruire [kostrooEEre] *v.* • to construct; to
   build

costruisco   costruiamo
costruisci   costruite
costruisce   costruiscono
I falegnami costruiscono una nuova casa.
The carpenters are constructing a new house.

costume da bagno, il   [cawSTOOme dah
   BAHnyo]   *n.*   •   bathing suit
Il mio costume da bagno è rosso.
My bathing suit is red.

cotoletta, la   [kotoLETtah]   *n.*   •   cutlet (chop)
Vorrei una cotoletta di maiale, per favore.
I would like a pork cutlet, please.

cotone, il   [koTOne]   *n.*   •   cotton
Questa camicia è fatta di cotone.
The shirt was made of cotton.

crauti, il   [KRAHootee]   *n.*   •   sauerkraut
Il crauti si fa col cavolo.
Sauerkraut is made with cabbage.

cravatta, la   [krahVAHTtah]   *n.*   •   necktie
Ti piace portare la cravatta?
Do you like to wear a tie?

credenza, la   [creyDENtsah]   *n.*   •   cupboard
Metto i piatti nella credenza.
I put the dishes away in the cupboard.

credere   [KREYdere]   *v.*   •   to believe
   credo   crediamo
   credi   credete
   crede   credono
Credo che il racconto è vero.
I believe that the story is true.

credibile *(m., f.)*   [kreyDEEbeele]   *adj.*   •
   believable

Quello che dici non è credibile.
What you say is not believable.

cruciverba, la [kroocheeVERbah] *n.* •
crossword puzzle
Questa cruciberba è facile.
This crossword puzzle is easy.

crudo (-a) [KROOdo] *adj.* • raw
Puoi mangiare le carote crude o cotte.
You can eat carrots raw or cooked.

cubo, il [KOObo] *n.* • cube
Il cubo è un solido con sei superficie quadrate congruenti.
A cube is a solid having six congruent square faces.

cucchiaio, il [kookKYAHyo] *n.* • spoon
Quanti cucchiai ci stanno sulla tavola?
How many spoons are there on the table?

cucina, la [kooCHEEnah] *n.* • kitchen
Facciamo colazione nella cucina.
We eat lunch in the kitchen.

cucinare [koocheeNAHre] *v.* • to cook
Abbiamo cucinato un pranzo particolare per il tuo
compleanno.
We cooked a special dinner for your birthday.

cucire [kooCHEEre] *v.* • to sew

cucio	cuciamo
cuci	cucite
cuce	cuciono

Sai cucire con la macchina da cucire?
Can you sew with the sewing machine?

cucitrice, la [koocheeTREEchey] *n.* • stapler
Prestami la cucitrice, per favore.
Please lend me the stapler.

cugino, il; cugina, la [kooJEEno] *n.* • cousin
Mio cugino ha la mia stessa età.
My cousin is the same age as I am.

culla, la [KOOLlah] *n.* • cradle
La madre mette il bambino nella culla.
The mother puts her baby in the cradle.

cuocere [KWAWchere] *v.* • to bake
  cuoco, il *n.* • the cook
    cuocio (cuoco)   c(u)ociamo
    cuoci   c(u)ocete
    cuoce   c(u)ocono
Il fornaio cuoce il pane nel forno.
The baker bakes bread in his oven.

cuore, il [KOOwore] *n.* • heart
Quando corri il cuore batte più forte.
When you run, your heart beats fast.

curioso (-a) [koorYOso] *adj.* • curious
Si dice che i gatti siano curiosi.
They say that cats are curious.

cuscino, il [kooSHEEno] *n.* • pillow
Ho messo il cuscino sul letto.
I put the pillow on my bed.

D

da [DAH] *prep.* • from
  da quando? • since when?
  da solo • by oneself
Vengono da Australia.
They are coming from Australia.

dama, la [DAHmah] *n.* • checkers
Gioco a dama con la mia sorellina.
I play checkers with my little sister.

Danimarca, la [dahneeMAHRkah] *n.* •
Denmark
danese *n.; adj.* • Danish
La Danimarca è un paese dell'Europa settentrionale.
Denmark is a country in northern Europe.

dappertutto [dahppeyrTOOTto] *adv.* • all
over; everywhere
C'è acqua dappertutto.
There is water all over.

dare [DAHre] *v.* • to give
dare un esame • to take a test
dare pedate • to kick

do	diamo
dai	date
dà	danno

Per favore dammi l'opportunità di parlare.
Please give me a chance to speak.

Mi dà pedate sotto il tavolo.
He is kicking me under the table.

data, la [DAHtah] *n.* • date
Qual'è la data del tuo appuntamento?
What date is your appointment?

dattilografare [dahtteelograhFAHre] *v.* • to
type
dattilografo, il *n.* • typist
macchina dattilografica, la *n.* • typewriter
Ho imparato a dattilografare col computer.
I learned to type on the computer.

davanti [dahVAHNtee] *prep.* • front (in front
of)

Il professore è in piedi davanti la classe.
The teacher is standing in front of the class.

debole *(m., f.)* [DEYbole] *adj.* • weak
Gli uccellini sono molto deboli.
The baby birds are weak.

decisione, la [decheeSYOne] *n.* • decision
Allontanarmi dalla famiglia è stata una decisione difficile.
Moving away from my family was a difficult decision.

dente, il [DENte] *n.* • tooth
  avere un mal di dente • to have a toothache
Il dentista mi ha guarito il mal di dente.
The dentist fixed my sore tooth.

dentifricio, il [deynteeFREEchyo] *n.* •
  toothpaste
Sempre uso il dentifricio.
I always use toothpaste.

dentista, il [denTEEstah] *n.* • dentist
Vado dal dentista due volte all'anno.
I go to the dentist twice a year.

dentro [DEYNtro] *adv.* • inside; indoors
Ecco un vecchio baule. Cosa c'è dentro?
Here is an old trunk. What is inside?

Quando fa cattivo tempo, stiamo dentro.
When the weather is bad, we stay indoors.

deserto, il [deySERto] *n.* • desert
Nel deserto fa molto caldo.
It is very hot in the desert.

desiderare [deyseedeyRAHre] *v.* • to wish
  desiderio, il *n.* • a wish
    desidero   desideriamo
    desideri   desiderate
    desidera   desiderano

Signore, cosa desidera ordinare?
What do you wish to order, sir?

destro (-a) [DEStro] *adj.* • right
   a destra • to the right (of)
Molte persone scrivono con la mano destra.
Most people write with their right hand.

deviazione, la [deyveeahTSYOne] *n.* •
   detour
Abbiamo seguito le tabelle per la deviazione.
We followed the signs for the detour.

di [DEE] *prep.* • of; by
   di giorno • by day
A Francesca piacerebbe un pezzo di tórta.
Francine would like a piece of cake.

di mattina [dee mahtTEEnah] *adv.* • a.m.
Vado a scuola alla otto di mattina.
I go to school at 8 a.m.

di nuovo [dee NWAWvo] *adv.* • again; once
   again; once more
Vieni a trovarci di nuovo, per favore.
Please come to visit us again.

dicembre *(m.)* [deeCHEMbre] *n.* • December
Dicembre è l'ultimo mese dell'anno.
December is the last month of the year.

diciannove [deechahnNOve] *adj.* • nineteen
Ce ne siamo diciannove nel circolo italiano.
There are nineteen of us in the Italian club.

diciassette [deechahSETte] *adj.* • seventeen
Ho incominciato l'università a diciassette anni.
I was only seventeen when I started college.

diciotto [deeCHOTto] *adj.* • eighteen
Ne siamo diciotto in questa classe.
There are eighteen of us in this class.

dieci [DEE-EY-chee] *adj.* • ten
Ci sono dieci anni in un decennio.
There are ten years in a decade.

dieta, la [DEE-ey-tah] *n.* • diet
  a dieta • on a diet
Hai perduto peso con questa dieta?
Did you lose weight on your diet?

dietro, il [deeYEYtro] *n.* • back; behind
L'interruttore sta dietro la porta.
The light switch is at the back of the door.

difficile *(m., f.)* [deefFEEcheele] *adj.* •
  difficult
E un incarico difficile.
This assignment is difficult.

dimenticare [deementeeKAHre] *v.* • to
  forget
    dimentico   dimentichiamo
    dimentichi   dimenticate
    dimentica   dimenticano
Non dimenticare di fare i compiti!
Don't forget to do your homework!

dire [DEEre] *v.* • to say
  vale a dire • that is to say
    dico   diciamo
    dici   dite
    dice   dicono
Sai dire "Hello" in italiano?
Can you say "Hello" in Italian?

dirigere [deeREEjere] *v.* • to direct
  diretto (-a) *adj.* • direct

dirigo	dirigiamo
dirigi	dirigete
dirige	dirigono

Il vigile dirige il traffico.
The police officer is directing traffic.

dirimpetto [deereemPETto] *prep.* • across (from); opposite
Abitano dirimpetto alla scuola.
They live across from the school.

disastro, il [deeSAHstro] *n.* • disaster
Il crollo dell'aereo è stato un gran disastro.
The plane crash was a great disaster.

disco, il [DEEsko] *n.* • record
Suona il disco sul vecchio giradischi.
Play the record on the old phonograph.

discorso, il [deeSKORso] *n.* • speech
  fare un discorso *v.* • to give a speech
Il tuo discorso è molto chiaro.
Your speech is very clear.

disegnare [deeseyNYAHre] *v.* • to draw
  disegno, il *n.* • drawing
Puoi disegnare quello che hai visto?
Can you draw a picture of what you saw?

disonesto (-a) [deesoNESto] *adj.* • dishonest
Il ragazzo disonesto ha detto un'altra bugia.
The dishonest boy told another lie.

disordine, il [deeSORdeene] *n.* • mess
  mettere in disordine • to make a mess
Metti a posto questo disordine nella tua camera.
Please clean up the mess in your room.

dispiacersi [deespyahCHEYRsee] *v.* • to be sorry

Mi dispiace di essere in ritardo.
I am sorry I am late.

distanza, la [deeSTAHNzah] *n.* • distance
distante *(m., f.)* *adj.* • distant
La distanza tra New York e Roma è circa 3,500 miglia.
The distance between New York and Rome is about 3,500 miles.

distendere [deeSTENdere] *v.* • to extend
Pietro distende la mano a Maria.
Peter extends his hand to Marie.

distruggere [deesTROODjere] *v.* • to destroy

distruggo	distruggiamo
distruggi	distruggete
distrugge	distruggono

Il vulcano distrusse la città di Pompei.
A volcano destroyed the city of Pompeii.

disturbare [deestoorBAHre] *v.* • disturb
Non disturbare Paolo, sta dormendo!
Do not disturb Paul, he is asleep!

disturbo, il [deeSTOORbo] *n.* • trouble
Sta avendo disturbi con la macchina.
He is having trouble with his car.

dito del piede, il [DEEto del peeYEde] *n.* • toe
Le dita del piede mi fanno male perché le scarpe sono strette.
My toes hurt from the tight shoes.

dito, il [DEEto] *n.* • finger
Non mangiare con le dita!
Don't eat with your fingers!

divano, il [deeVAHno] *n.* • couch; sofa
Siediti sul divano.
Sit down on the couch.

diventare [deevenTAHre] *v.* • to become
divento diventiamo
diventi diventate
diventa diventano
Il tuo comportamento diventa sempre peggio.
Your behavior is becoming worse and worse.

diverso (-a) [deeVERso] *adj.* • different
Le sue idee sono molto diverse dalle mie.
His ideas are very different from mine.

divertente [deeverTENte] *adj.* • fun; funny
per divertimento • for fun
Questo giuoco è molto divertente.
This game is lots of fun.

divertirsi [deeverTEERsi] *v.* • to have fun (a
good time); to amuse oneself; to enjoy oneself
mi diverto ci divertiamo
ti diverti vi divertite
si diverte si divertono
Ci divertiamo sempre alla spiaggia.
We always have fun at the beach.

dividere [deeVEEdere] *v.* • to share; to divide
divido dividiamo
dividi dividete
divide dividono
Dividiamo questo pezzo di tórta.
We can share this serving of cake.

dizionario, il [deetsyoNAHryo] *n.* •
dictionary
Cercherò questo vocabolo nel dizionario.
I am going to look up this word in the dictionary.

doccia, la [DAWTchah] *n.* • shower
Preferisci una doccia al bagno?
Do you prefer a shower or a bath?

dodici [DOdeechee] *adj.* • twelve
Il mio amico ha dodici anni.
My friend is twelve years old.

dolce, il [DOLche] *n.* • pastry; dessert
dolce *adj.* • sweet
Nancy comprerà i dolci alla pasticceria.
Nancy is going to buy the pastries at the bakery.

Questa frutta è dolce.
This fruit is sweet.

dollaro, il [DAWLlahro] *n.* • dollar
Il giornale costa un dollaro.
The newspaper costs one dollar.

dolore, il [doLOre] *n.* • pain
doloroso (-a) *adj.* • painful
Il giocatore di tennis ha un dolore nella spalla.
The tennis player has a pain in his shoulder.

domanda, la [doMAHNdah] *n.* • question
fare una domanda • to ask a question
Puoi ripetere la domanda?
Can you repeat the question?

domani [doMAHnee] *adv.* • tomorrow
dopodomani • day after tomorrow
Dove andiamo domani?
Where are we going tomorrow?

domenica [doMEYneekah] *n.* • Sunday
Domenica andremo dalla nonna.
We are going to Grandma's on Sunday.

domestica, la [doMESteekah] *n.* • maid
La domestica accudisce alle faccende di casa.
The maid does the housework.

domino [DAWmeeno] *n.* • dominoes
Sai giocare a domino?
Do you know how to play dominoes?

donna, la [DAWNnah] *n.* • woman
Quella donna è la mia professoressa.
That woman is my teacher.

dono, il [DOno] *n.* • gift
Al tuo compleanno ricevi doni.
You get gifts on your birthday.

dopo [DOpo] *adv.; prep.* • after
Parto dopo di te.
I'm going to leave after you.

dormire [dorMEEre] *v.* • to sleep
  addormentarsi • to fall asleep
  dormire fino a tardi • to sleep late
    dormo   dormiamo
    dormi   dormite
    dorme   dormono
Hai dormito bene la notte scorsa?
Did you sleep well last night?

dotato (-a) [doTAHto] *adj.* • gifted
È un musicista dotato.
He's a gifted musician.

dove [DOve] *adv.* • where
  di dove • where from
Dove sono le mie scarpe?
Where are my shoes?

dovere [doVEYre] *v.* • must; to have to
    devo (debbo)   dobbiamo
    devi   dovete
    deve   devono (debbono)
Dobbiamo partire per le otto.
We must leave by eight o'clock.

dozzina, la [dotTSEEnah] *n.* • dozen
Mio fratello va a comprare una dozzina di uova.
My brother is going to buy a dozen eggs.

drago, il [DRAHgo] *n.* • dragon
Il cavaliere combatte con il drago.
The knight is fighting a dragon.

dramma, il [DRAHMmah] *n.* • play (theater)
   mettere in scena un dramma • to put on a
   play
Siamo andati al teatro per vedere un dramma.
We went to the theater to see the play.

drogheria, la [drogeyREEyah] *n.* • grocery
   store
Hai fatto degli acquisti alla nuova drogheria?
Have you shopped at the new grocery store?

due [DOOwe] *adj.* • two
   due alla volta • two at a time
La nostra famiglia ha due macchine.
Our family owns two cars.

due volte [DOOwe VAWLte] *adv.* • twice
Mangia solamente due volte al giorno.
He eats only twice a day.

durante [dooRAHNte] *prep.* • during
Non parlare durante il discorso!
Don't talk during the speech!

duro (-a) [DOOro] *adj.* • hard
Spaccare legna è un lavoro duro.
Chopping wood is very hard work.

E

e [AY] *conj.* • and
Paolo e Veronica vanno al mercato.
Paul and Veronica are going to the fair.

eccellente *(m., f.)* [aytchaylLENte] *adj.* •
   excellent
Lei è stata premiata per il suo lavoro eccellente.
She was rewarded for her excellent work.

ecco [EKko] *adv.* • here is; here are
Ecco il libro che cercavi.
Here is the book you were looking for.

eccetto [aytCHETto] *prep.* • except
Tutti partono eccetto io!
Everyone else can leave except me!

edifizio, l' *(m.)* [aydeeFEEtseeo] *n.* • building
Ci sono molti uffici in quest'edifizio.
There are many offices in this building.

egli; esso; lui [AYL-yee; AYSso; LOOee] *pron.*
   • he; him; it
Lui è l'uomo con la maglione rossa.
He is the man with the red sweater.

elastico (-a) [ayLAHSteeko] *n.; adj.* • elastic
L'elastico nella manica è troppo stretto.
The elastic in the sleeve is too tight.

elefante, l' *(m.)* [aylayFAHNte] *n.* • elephant
Questi elefanti vengono dall'Africa.
These elephants come from Africa.

elenco, l' *(m.)* [ayLENko] *n.* • list
Ho un lungo elenco di faccende da fare.
I have a long list of errands to run.

elettrico (-a) [ayLETtreeko] *adj.* • electric
Ti radi col rasoio elettrico?
Do you shave with an electric razor?

elicottero, l' *(m.)* [ayleeKOTtayro] *n.* •
   helicopter

Vedi l'elicottero sopra di noi?
Do you see the helicopter above us?

elmetto, l' *(m.)* [aylMETto] *n.* • helmet
Quando vai in motocicletta devi portare l'elmetto.
You must wear a helmet when riding a motorcycle.

energico (-a) [ayNERjeeko] *adj.* • energetic
energia, l' *(f.)* *n.* • energy
Questi bambini sono tutti energici!
These children are so energetic!

entrare [aynTRAHre] *v.* • to come into; to
enter; to go into
entro	entriamo
entri	entrate
entra	entrano

Ora entrano in classe.
They are coming into the classroom now.

entrata, l' *(f.)* [AYNtrahtah] *n.* • entrance
Dov'è l'entrata del museo?
Where is the entrance to the museum?

entusiasmo, l' *(m.)* [ayntooSYAHSmo] *n.* •
enthusiasm
entusiastico (-a) *adj.* • enthusiastic
Dimostri grande entusiasmo per le nuove materie.
You show a lot of enthusiasm for new subjects.

erba, l' *(f.)* [ERbah] *n.* • grass
L'erba è molto alta in questo prato.
The grass is very tall in this field.

erbivendolo, l' *(m.)* [erbeeVENdolo] *n.* •
grocer
L'erbivendolo vende frutta e legumi.
The grocer sells fruits and vegetables.

errore, l' *(m.)* [ayrROre] *n.* • error
Non ci sono errori nei miei compiti.
There aren't any errors in my homework.

esame, l' *(m.)* [aySAHme] *n.* • exam; test
dare un esame • to take a test
riuscire all'esame • to pass a test
Il professore ci ha dato un esame alla fine del corso.
The teacher gave an exam at the end of the course.

esempio, l' *(m.)* [aySEMpyo] *n.* • example
per esempio • for example
Il tuo comportamento serve da esempio agli altri.
Your behavior sets an example for the others.

esercito, l' *(m.)* [aySEYRcheeto] *n.* • army
Questa nazione ha un forte esercito.
This country has a powerful army.

esercizio, l' *(m.)* [aysayrCHEEtsyo] *n.* •
exercise
Devo fare dieci esercizi di matematica.
I have to do ten math exercises.

esperienza, l' *(f.)* [ayspayrYENzah] *n.* •
experience
Ha tre anni di esperienza in questo lavoro.
He has three years of experience on this job.

esploratore, l' *(m.)* [aysplorahTOre] *n.* •
scout
I miei fratelli sono piccoli esploratori.
My brothers are Boy Scouts.

essere [ESsere] *v.* • to be
chi è? • Who is it?
Che ore sono? • What time is it?
Quant'è in tutto? • How much is that?
essere fortunato (-a) • to be lucky
essere in anticipo • to be early

essere in ritardo • to be late
essere bocciato • to fail a test
sono   siamo
sei   siete
è   sono
Siamo in ritardo per l'autobus?
Are we late for the bus?

L'acqua è fredda.
The water is cold.

essi; esse; loro [aysSEE; AYSse; LAWro] *pron.*
• they; them
Dove sono (loro)?
Where are they?

esso; essa; lo; la [AYSso; AYSsa; LOH; LAH]
pron. • it
suo (-a) *adj.* • its
Dov'è (esso)? Non lo vedo.
Where is it? I don't see it.

estate, l' [aySTAHte] *n.* • summer
Quest'estate faremo le vacanze in Canada.
This summer we're spending our vacation in Canada.

esteriore [aystayRYOre] *adj.; n.* • exterior
Giovanni vernicia l'esteriore della casa.
John is painting the exterior of the house.

estraneo (-a) [aySTRAHnayo] *n.* • stranger
E un estraneo.
He is a stranger.

estremo (-a) [aySTRAYmo] *adj.* • extreme
Le condizioni del tempo sul monte Everest sono estreme.
Weather conditions on Mt. Everest are extreme.

età, l' [ayTAH] *n.* • age
L'infanzia è l'età dell'innocenza.
Childhood is the age of innocence.

Europa, l' *(f.)* [ayooRAWpah] *n.* • Europe
  europeo (-a) *n.; adj.* • European
Quest'estate viaggeranno in Europa.
They will travel in Europe this summer.

evento, l' *(m.)* [ayVENto] *n.* • event
L'apertura dei giuochi olompici è sempre un grande
  evento.
The opening of the Olympic Games is always a big event.

evitare [ayveeTAHre] *v.* • to avoid
  evito   evitiamo
  eviti   evitate
  evita   evitano
Mio fratello evita tutti i servizi quando puo'.
My brother avoids working whenever he can.

F

fabbrica, la [FAHBbreekah] *n.* • factory
Che cosa costruiscono in questa fabbrica?
What do they make in this factory?

faccenda, la [fahtCHENdah] *n.* • errand
Ho delle faccende da fare in città.
We have errands to run in town.

faccia, la [FAHTchah] *n.* • face
Che faccia bella!
What a beautiful face!

facile *(m., f.)* [FAHcheele] *adj.* • easy
Questi esercizi sono troppo facili.
These exercises are too easy.

fagioli, i *(pl.)* [faJOlee] *n.* • beans
Per pranzo mangeremo pasta e fagioli.
We are having pasta and beans for dinner.

fagiolini, i [fahjoLEEnee] *n.* • string beans
Mi piace l'insalata di fagiolini.
I like a string bean salad.

falegname, il [fahleyNYAHme] *n.* • carpenter
I falegnami costruiscono la casa.
The carpenters are building a house.

falso (-a) [FAHLso] *adj.* • false
La risposta è vera o falsa?
Is the answer true or false?

famiglia, la [fahMEELyah] *n.* • family
Tutta la famiglia è insieme per le feste.
The whole family is together for the holidays.

famoso (-a) [fahMOso] *adj.* • famous
Questo ristorante è famoso per i frutti di mare.
This restaurant is famous for its seafood.

fango, il [FAHNgo] *n.* • mud
Le scarpe sono coperte di fango.
His shoes are covered with mud.

fantasma, il [fahnTAHSmah] *n.* • ghost
Credi ai fantasmi?
Do you believe in ghosts?

fare (see also *farsi*) [FAHre] *v.* • to do; to make
  fare attenzione • to be careful
  fare felice • to make happy
  fare gli acquisti • to go shopping
  fare l'alpinismo • to go mountain climbing
  fare la maglia • to knit

fare l'autostop • to hitchhike
fare le valigie • to pack (your bags)
fare male (a) • to hurt
fare parte di • to be part of
fare una passeggiata • to take a walk
fare il bagno • to take a bath
fare una partita • to play (a game)
Fa bel tempo. • It is nice out.
far divertire • to amuse
far paura • to scare
fatto di • made of

faccio (fo)	facciamo
fai	fate
fa	fanno

Faremo il nostro lavoro.
We are going to do our work.

Faccio il letto ogni mattina.
I make my bed every morning.

Questa maglia è fatta di lana.
This sweater is made of wool.

Fa' attenzione!
Watch out!

Sta mattina ho fatto gli acquisti.
This morning I went shopping.

Mia madre mi fa una maglia.
My mother is knitting me a sweater.

Un'estate mio padre ha fatto l'autostop attraverso la
    Francia.
One summer my father hitchhiked through France.

Faccio le valigie in un'ora.
I can pack my bags in one hour.

Non posso camminare perché i piedi mi fanno male.
I can't walk because my feet hurt.

La letturatura fa parte dei miei studi.
Literature is part of my studies.

Il pagliaccio fa divertire la bambina.
The clown amuses the little girl.

Il cane che abbaia fa paura al bambino.
The barking dog scared the baby.

farfalla, la [fahrFAHLlah] *n.* • butterfly
Il bimbo cerca di acchiappare la farfalla.
The child tries to catch the butterfly.

farina, la [fahREEnah] *n.* • flour
Ci vuole la farina per fare il pane.
You need flour to make bread.

farmacia, la [fahrmahCHEEyah] *n.* • drugstore
  farmacista *(m., f.)* *n.* • pharmacist
La mia nonna compra le medicine in farmacia.
My grandmother buys her medicine at the drugstore.

farsi la barba [FAHRsee lah BAHRbah] *v.* •
  to shave
La mattina il babbo si fa la barba.
Dad shaves in the morning.

farsi male [FAHRsee MAHle] *v.* • to injure
Si è fatto male al ginocchio giocando a calcio.
She injured her knee playing soccer.

farsi prestare [FAHRsee preysTAHre] *v.* •
  to borrow (from)
Vuole farsi prestare sempre la mia macchina.
He always wants to borrow my car.

fattoria, la [fahttoREEyah] *n.* • farm
Questa fattoria produce granturco e grano.
This farm produces corn and wheat.

febbraio [feybBRAHyo] *n.* • February
Febbraio è il mese più corto dell'anno.
February is the shortest month.

febbre, la [FEBbre] *n.* • fever
Spesso si ha la febbre con l'influenza.
Often you get a fever with the flu.

felice *(m., f.)* [feyLEEche] *adj.* • happy
felicità *n.* • happiness
Felice Compleanno! *interj.* • Happy Birthday!
Sono felice quando ricevo un buon punto.
I am happy when I get a good grade.

felicitazioni [feyleecheetahTSYOnee] *interj.* •
congratulations
Felicitazioni! Hai vinto il premio.
Congratulations! You won the prize.

fermarsi [feyrMAHRsee] *v.* • to stop
mi fermo   ci fermiamo
ti fermi   vi fermate
si ferma   si feramano
Fermiamoci a una stazione di rifornimeto.
Let's stop at the gas station.

feroce *(m., f.)* [feyROche] *adj.* • ferocious
Questo cane sembra feroce.
This dog looks ferocious.

ferro, il [FERro] *n.* • iron
ferro da stiro, il *n.* • iron (appliance)
è di ferro • made of iron
Il ferro è un metallo.
Iron is a metal.

ferrovia, la [ferroVEEah] *n.* • railroad
Questa ferrovia è molto lunga.
This railroad is very long.

festa, la [FEStah] *n.* • holiday; party;
celebration
Non c'è scuola durante le feste.
We have no school on holidays.

Fanno festa stasera.
They are having a party tonight.

fetta, la [FETtah] *n.* • slice
Ti piacerebbe una fetta di prosciutto?
Would you like a slice of ham?

fiaba, la [FYAHbah] *n.* • fairy tale
Ai ragazzi piacciono le fiabe.
Children enjoy fairy tales.

fiammifero, il [fyahmMEEfero] *n.* • match
Hai un fiammifero per accendere il fuoco?
Do you have a match to light the fire?

fidanzato (-a) [feedahnTSAHto] *n.; adj.* •
  engaged
È stata fidanzata un anno prima di sposarsi.
She was engaged for a year before she married.

Il mio fidanzato vuole le nozze a giugno.
My fiancé wants the wedding in June.

fieno, il [FYEno] *n.* • hay
Il bestiame ha mangiato il fieno che gli abbiamo dato.
The cattle ate the hay we gave them.

fiera, la [FYErah] *n.* • fair
Passeremo la giornata alla fiera.
We are going to spend the day at the fair.

figlia, la [FEELyah] *n.* • daughter
Madre e figlia si somigliano molto.
The mother and daughter look very much alike.

figliastro, il [feelYAHstro] *n.* • stepson
  figliastra, la *n.* • stepdaughter
Quella coppia ha un figliastro.
That couple has a stepson.

figlio, il [FEELyo] *n.* • son
Il nonno e la nonna hanno sei figli.
Grandpa and grandma have six sons.

fila, la [FEElah] *n.* • row
Al teatro ci sono trenta file di sedili.
There are thirty rows of seats in the theater.

film, il [FEELM] *n.* • film
Al cinema danno un vecchio film.
There is an old film playing at the theater.

filo, il [FEElo] *n.* • thread
Ci serve il filo per cucire.
You need thread to sew.

finalmente [feenahlMEYNte] *adv.* • finally;
at last
Finalmente ho terminato il progetto.
I'm finally done with my project.

fine, il [FEEne] *n.* • goal; end
Qual'è il fine di questo progetto?
What is the goal of this project?

Mangiamo il dolce alla fine del pranzo.
We eat dessert at the end of the meal.

finestra, la [feeNEStrah] *n.* • window
Guarda dalla finestra e vedi se c'è.
Look out the window and see if he's here.

finire [feeNEEre] *v.* • to finish

finisco	finiamo
finisci	finite
finisce	finiscono

Ho finito i compiti alle ventidue.
I finished my homework at 10:00 p.m.

fino a [FEEno ah] *prep.* • until
Studio fino alle quattro.
I study until four o'clock.

fioco (-a) [FYAWko] *adj.* • dim
La luce in questa stanza è fioca.
The light in this room is too dim.

fiore, il [FYOre] *n.* • flower
Questi fiori crescono nel bosco.
These flowers grow in the woods.

fischiare [feesKYAHre] *v.* • to whistle
Insegno il mio fratellino a fischiare.
I am teaching my little brother to whistle.

fisica, la [FEEseekah] *n.* • physics
Nella classe di fisica abbiamo studiato le leggi di Newton.
We studied Newton's laws in physics class.

fiume, il [FYOOme] *n.* • river
I migliori terreni sono vicino al fiume.
The best farmland is near the river.

flauto, il [FLAH-OO-to] *n.* • flute
Gina suona il flauto.
Gina plays the flute.

focaccia, la [foKAHTchah] *n.* • pie
Come dolce mi piace la focaccia.
I like pie for dessert.

foglia, la [FAWLyah] *n.* • leaf
Le foglie sono belle d'autunno.
The leaves are beautiful in the fall.

foglio, il [FAWLyo] *n.* • sheet
  foglio di carta, il *n.* • sheet of paper

La maestra mi ha dato un foglio di carta.
The teacher gave me a sheet of paper.

folla, la   [FAWLlah]   *n.*   •   crowd
C'è molta folla alla partita.
There is a big crowd at the game.

fondo, il   [FONdo]   *n.*   •   bottom
Metti le cose più pesanti in fondo alla scatola.
Put the heavier things in the bottom of the bag.

fontana, la   [fonTAHnah]   *n.*   •   fountain
C'è una bella fontana al centro del paese.
There is a pretty fountain in the middle of the village.

football (americano), il   [FOOTbawl]   *n.*   •
   football
   giocare al football (americano)   •   to play
      football
Mio fratello gioca al football (americano).
My brother plays football.

forbici, le *(pl.)*   [FAWRbeechee]   *n.*   •   scissors
Hai bisogno di forbici per tagliare la stoffa.
You need sharp scissors to cut through cloth.

forchetta, la   [forKAYTtah]   *n.*   •   fork
Hai messo a tavola i coltelli e le forchette.
Did you put out the knives and forks?

foresta, la   [foREStah]   *n.*   •   forest
La foresta ha molti pini.
The forest has many pine trees.

forma, la   [FORmah]   *n.*   •   shape
Guarda la forma di quella nuvola.
Look at the shape of that cloud.

formaggio, il [forMAHDjo] *n.* • cheese
tramezzino di prosciutto e formaggio •
grilled ham and cheese
Il Gruyere è il mio formaggio preferito.
Gruyere is my favorite cheese.

formica, la [forMEEkah] *n.* • ant
Le formiche sono insetti laboriosi.
Ants are hard-working insects.

fornello, il [forNELlo] *n.* • stove
Il ragu cuoce sul fornello.
The sauce is cooking on the stove.

forno, il [FORno] *n.* • oven; bakery
fornaio, il *n.* • baker
forno a microonda, il • microwave oven
Il pane si cuoce nel forno.
The bread is baking in the oven.

forse [FORse] *adv.* • perhaps
Forse puoi aiutarmi a trovare la strada.
Perhaps you can help me find the way.

forte *(m., f.)* [FAWRte] *adj.* • strong; loud
Quest'atleta è molto forte.
This athlete is very strong.

Ho sentito un forte rumore.
I heard a loud noise.

fortuna, la [forTOOnah] *n.* • luck
buona fortuna! *interj.* • Good luck!
essere fortunato (-a) • to be lucky
Hai avuto fortuna al casinò?
Did you have any luck at the casino?

foto, la [FAWto] *n.* • photo(graph)
fotografo, il *n.* • photographer

Lei ha vecchie foto dei nostri nonni.
She has old photos of our great-grandparents.

fra [FRAH] *prep.* • between
Abito fra Milano e Torino.
I live between Milan and Turin.

fragola, la [FRAHgolah] *n.* • strawberry
Ecco la marmellata di fragole per metterla sul pane.
Here is some strawberry jam for your bread.

Francia, la [FRAHNchah] *n.* • France
   francese *n.; adj.* • French
Puoi trovare Dijon sulla carta geografica della Francia?
Can you find Dijon on a map of France?

francobollo, il [frahnkoBOLlo] *n.* • stamp
   (postage)
Mia sorella colletta i francobolli.
My sister collects stamps.

fratello, il [frahTELlo] *n.* • brother
Il mio fratello maggiore frequenta l'università.
I have an older brother who is in college.

freccia, la [FRAYTchah] *n.* • arrow
Giovanni tira la freccia al bersaglio.
John is shooting an arrow at the target.

freddo (-a) [FRAYDdo] *adj.* • cold
Fa freddo d'inverno.
It's cold in the winter.

frequentare [fraykwenTAHre] *v.* • attend
Frequentano il liceo.
They are attending high school.

fresco (-a) [FRAYsko] *adj.* • cool; fresh
   fa fresco • It's cool out.

Una bevanda fresca è buona durante una giornata calda.
A cool drink is welcome on a hot day.

Questi legumi sono freschi?
Are these vegetables fresh?

frigorifero, il [freegoREEfero] *n.* • refrigerator
Il latte è nel frigorifero.
The milk is in the refrigerator.

frittata, la [freetTAHtah] *n.* • omelet
Ci vogliono le uova per fare la frittata.
We need eggs to make an omelet.

frittella, la [freetTELlah] *n.* • pancake
Mi piacciono le frittelle per colazione.
I love pancakes for breakfast.

frutta, la [FROOTtah] *n.* • fruit
Frutta e legumi sono buoni per la salute.
Fruits and vegetables are good for your health.

fuggire [foodJEEre] *v.* • to run away; to flee;
to escape

fuggo	fuggiamo
fuggi	fuggite
fugge	fuggono

Quando il cane entra, il gatto fugge.
When the dog comes in, the cat runs away.

fulmine, il [FOOLmeene] *n.* • lightning
Durante la tempesta il fulmine ha colpito la torre.
Lightning struck the tower in the storm.

fumare [fooMAHre] *v.* • to smoke
fumo, il *n.* • smoke
vietato fumare • no smoking

fumo	fumiamo
fumi	fumate
fuma	fumano

I miei genitori non fumano.
My parents do not smoke.

fune, la [FOOne] *n.* • rope
Questa fune si usa per legare.
This rope is used for tying.

fungo, il [FOONgo] *n.* • mushroom
Vuoi i funghi freschi nell'insalata?
Do you want fresh mushrooms on your salad?

funzionare [foontseeoNAHre] *v.* • to run; to
  work (function)
funziono	funzioniamo
funzioni	funzionate
funziona	funzionano
L'automobile funziona con la benzina.
The car runs on gasoline.

fuoco, il [FWAWKko] *n.* • fire
  fuoco pirotecnico *n.* • fireworks
Ho acceso i fuoco con un fiammifero.
I started the fire with a match.

fuori [FWAWree] *adv.* • out; outside
Per favore vieni fuori così ti vediamo meglio.
Please come out so we can see you better.

furgoncino, il [foorgonCHEEno] *n.* • van
Prendiamo il furgoncino per distribuire le merci.
We take our own van to deliver the merchandise.

furioso (-a) [fooRYOso] *adj.* • furious
Se non pulisco la mia camera, mia madre diventa furiosa.
If I don't clean my room my mother will be furious.

futuro, il [fooTOOro] *n.* • future
Il futuro di questo negozio è promettente.
The future of this business is promising.

G

gabinetto, il [gahbeeNETto] *n.* • toilet
Il vaso del gabinetto è rotto.
The toilet bowl broke.

gallina, la [gahlLEEnah] *n.* • hen
Queste galline proteggono i loro pulcini.
These hens are protecting their chicks.

gallo, il [GAHLlo] *n.* • rooster
Il gallo ci sveglia la mattina.
The rooster wakes us up in the morning.

gamba, la [GAHMbah] *n.* • leg
La ballerina ha belle gambe.
The dancer has beautiful legs.

gamberetto, il [gahmbeRETto] *n.* • shrimp
Quando andiamo al ristorante, generalmente ordino
i gamberetti.
When we go to this restaurant, I usually order shrimp.

gara, la [GAHrah] *n.* • contest
Ho vinto il primo premio della gara.
I won first prize in the contest.

garage, il [gahRAHje] *n.* • garage
Il babbo mette la macchina nel garage.
Dad is parking the car in the garage.

garofano, il [gahrOHfahno] *n.* • carnation
I garofani hanno un bel profumo.
Carnations smell good.

gas, il [GAHS] *n.* • gas
Abbiamo una stufa a gas.
We have a gas stove.

gassosa, la [gahsSOsah] *n.* • soda
(carbonated drink)
Mio padre mette la gassosa nel vino.
My father puts soda in the wine.

gatto, il [GAHTto] *n.* • cat
gattino, il *n.* • kitten
Il gatto è il nostro animale domestico.
We have a cat for a pet.

gelato, il [jeyLAHto] *n.* • ice cream
Prendiamo un gelato come dolce.
We are having ice cream for dessert.

geloso (-a) [jeyLOso] *adj.* • jealous
Il nostro gatto è geloso del nuovo gattino.
Our cat is jealous of our new kitten.

gemelli, i *(pl.)* [jeyMELlee] *n.* • twins
Mia sorella ha i gemelli.
My sister has twin boys.

generale *(m., f.)* [jeyneyRAHle] *adj.* • general
Ho le indicazioni generali, ma per favore, dammi i
particolari.
I have general directions, but please give me details.

generoso (-a) [jeyneyROso] *adj.* • generous
I miei nonni sono molto generosi.
My grandparents are very generous.

genitori, i *(pl.)* [jeyneeTOree] *n.* • parents
I miei genitori festeggiano il loro anniversario.
My parents are celebrating their anniversary.

gennaio [jaynNAHyo] *n.* • January
C'è la neve a gennaio.
We have snow here in January.

gente, la [JENte] *n.* • people
Dove si sederà tutta quella gente?
Where are all those people going to sit?

gentile *(m., f.)* [jeynTEEle] *adj.* • gentle; kind
   gentiluomo, il *n.* • gentleman
   gentilmente *adv.* • gently
L'infermiera è molto gentile.
The nurse is very gentle.

geografia, la [jeyograhFEEah] *n.* • geography
Ho imparato le carte geografiche nella classe di geografia.
I learned about maps in geography class.

geometria, la [jeyomeyTREEah] *n.* •
   geometry
Mi piace la geometria più dell'algebra.
I like geometry better than algebra.

gergo, il [JEYRgo] *n.* • slang
Il gergo dello studente è divertente.
Student slang is very funny.

Germania, la (see also *tedesco*) [jeyrMAHnyah]
   n. • Germany
Gli antenati di mio padre vennero dalla Germania.
My father's ancestors come from Germany.

gesso, il *(m.)* [JAYSso] *n.* • chalk
Il professore scrive sulla lavagna con il gesso.
The teacher writes on the blackboard with chalk.

ghiacciare [gyahtCHAHre] *v.* • to freeze
D'inverno la pioggia ghiaccia sulla strada.
In winter, the rain freezes on the roads.

ghiaccio, il [GYAHTcho] *n.* • ice
    pezzo di ghiaccio *n.* • ice cube
C'è ghiaccio nel frigorifero.
There is ice in the freezer.

già [JAH] *adv.* • already
Mio fratello è già grande.
My brother is already grown up.

giacca, la [JAHKkah] *n.* • jacket
    giacca a vento *n.* • ski jacket
Fa fresco, prendi la giacca.
It is cool, so take a jacket.

giacchè [JAHKkay] *adv.* • since
Giacchè sei quì, stai a colazione.
Since you are here, stay for lunch!

giallo (-a) [JAHLlo] *adj.* • yellow
    giallo, un *n.* • mystery novel
Maria ha una camicetta gialla.
Mary has a yellow blouse.

Giappone, il [jahpPOne] *n.* • Japan
    giapponese *n.; adj.* • Japanese
Il Giappone è una nazione isola in Asia.
Japan is an island country in Asia.

giardino, il [jahrDEEno] *n.* • garden
Questi fiori sono del nostro giardino.
These flowers are from our garden.

gigante, il [jeeGAHNte] *n.* • giant
C'è un gigante in questa fiaba.
There is a giant in this fairy tale.

ginocchio, il [jeeNOKkyo] *n.* • knee
La gamba mi fa male dal ginocchio in giù.
My leg hurts from the knee down.

giocare [joKAHre] *v.* • to play
  giocare a carte • to play cards
    gioco   giochiamo
    giochi   giocate
    gioca   giocano
Lui gioca bene al football.
He plays football well.

giocattolo, il [joKAHTtolo] *n.* • toy
Il bambino vuole giocattoli per il suo compleanno.
The child wants toys for his birthday.

gioco, il [JAWko] *n.* • game; play
I bambini si sono divertiti con i giochi d'abilità.
The children enjoyed the games of skill.

gioia, la [JAWyah] *n.* • joy
Il bambino grida dalla gioia.
The child shouts with joy.

gioiello, il [joYELlo] *n.* • jewel
  gioielliere, il *n.* • jeweler
La corona della regina è coperta di gioielli.
The queen's crown is covered with jewels.

giornale, il [jorNAHle] *n.* • newspaper
  giornale umoristico, il *n.* • comic strip
Molte persone leggono il giornale sul treno.
Many people read the newspaper on the train.

giorno, il [JORno] *n.* • day
  ogni giorno • every day
  È giorno. • It's daytime.
  giorno feriale • day off
In quale giorno arriverà?
What day is she going to arrive?

giostra, la [JAWstrah] *n.* • merry-go-round
Ti piace andare in giostra?
Do you like to ride the merry-go-round?

giovane [JOvahne] *adj.* • young
  gioventù, la *n.* • youth
È ancora una donna giovane.
She is still a young woman.

giovedì [joveDEE] *n.* • Thursday
Questa classe c'è il martedì e il giovedì.
The class meets on Tuesday and Thursday.

giraffa, la [jeeRAHFfah] *n.* • giraffe
Le giraffe hanno un collo molto lungo.
Giraffes have very long necks.

girare [jeeRAHre] *v.* • to stir; to turn

giro	giriamo
giri	girate
gira	girano

Il babbo gira il brodo.
Dad is stirring the soup.

Gira la carne per cuocerla dall'altra parte.
Turn the meat over and cook the other side.

girasole, il [jeerahSOle] *n.* • sunflower
Con i girasoli si fa l'olio.
They make oil from sunflowers.

giro, il [JEEro] *n.* • tour
Facciamo un giro di Melbourne.
We are taking a tour of Melbourne.

giù [jeeOO] *adv.* • down
  laggiù *adv.* • down there
Non guardare giù.
Don't look down!

giudice, il [JOOdeeche] *n.* • judge
Il giudice istruisce la giuria.
The judge instructs the jury.

giugno [JOOnyo] *n.* • June
Il loro anniversario di nozze è a giugno.
Their wedding anniversary is in June.

gladiolo, il [glahDEEolo] *n.* • gladiola
I gladioli crescono d'estate.
Gladiolas grow during the summer.

goffo (-a) [GAWFfo] *adj.* • awkward; clumsy
I primi passi del bambino sono goffi.
The baby took its first awkward steps.

gola, la [GOlah] *n.* • throat
Riccardo ha un mal di gola.
Richard has a sore throat.

golf, il [GAWLF] *n.* • golf
prato di golf, il *n.* • golf course
D'estate giochiamo al golf.
We play golf in the summer.

gomito, il [GOmeeto] *n.* • elbow
Per favore togli i gomiti dalla tavola.
Please keep your elbows off the table!

gomma, la [GOMmah] *n.* • tire
è di gomma • made of rubber
L'automobile ha una gomma bucata.
The car has a flat tire.

Queste ruote sono di gomma.
These tires are made of rubber.

gonna, la [GONnah] *n.* • skirt
Lei porta una gonna nuova alla festa.
She is wearing a new skirt to the party.

gorilla, il [goREELlah] *n.* • gorilla
Questo gorilla mi fa paura.
This gorilla scares me!

gota, la [GAWtah] *n.* • cheek
Martina ha sempre le gote rosee!
Martine always has rosy cheeks!

governo, il [goVERno] *n.* • government
Il sindaco è il capo del governo comunale.
The mayor is the head of the city's government.

grande *(m., f.)* [GRAHNde] *adj.* • big; large;
  great
  più grande • bigger
L'elefante è un animale molto grande.
The elephant is a very big animal.

Abraham Lincoln fu uno dei grandi presidenti americani.
Abraham Lincoln was one of the great U.S. presidents.

grano, il [GRAHno] *n.* • wheat
Il pane si fa con farina di grano.
The bread is made with wheat flour.

granturco, il [grahnTOORko] *n.* • corn
Questo granturco viene dal nostro giardino.
This corn comes from our garden.

grasso, il [GRAHSso] *adj.* • fat
L'esercizio ti aiuta a perdere il grasso.
Exercise will help you lose fat.

Grecia, la [GREchyah] *n.* • Greece
  greco (-a) *n.; adj.* • Greek
Atene è la capitale della Grecia.
Athens is the capital of Greece.

grembiale, il [greymBYAHle] *n.* • apron
La mia nonna si mette il grembiale quando cucina.
My grandmother wears an apron when she cooks.

gridare [greeDAHrey] *v.* • to shout; to
  scream

grido	gridiamo
gridi	gridate
grida	gridano

I bambini gridano quando giocano a baseball.
The children shout when they play baseball.

Ho gridato quando mi son fatto male il pollice.
I screamed in pain when I banged my thumb.

grigio (-a) [GREEjo] *adj.* • gray
La barba del nonno è grigia.
My grandpa's beard is gray.

grillo, il [GREELlo] *n.* • cricket
D'estate ascoltiamo i grilli durante la notte.
In the summertime we hear crickets at night.

grotta, la [GROTtah] *n.* • cave
I pipistrelli vivono nelle grotte.
Bats live in caves.

gruppo, il [GROOPpo] *n.* • group
Gli studenti escono dalla classe in gruppo.
The students leave class in groups.

guadagnare [gwahdahNYAHre] *v.* • to earn

guadagno	guadagniamo
guadagni	guadagnate
guadagna	guadagnano

Cerco un impiego per guadagnare soldi.
I am looking for a job to earn money.

guancia, la [gooAHNcha] *n.* • cheek
Ha sempre le guancie rosee.
She always has rosy cheeks.

guanto, il [GWAHNto] *n.* • glove
Questi due guanti non sono lo stesso.
These two gloves don't match.

guardare [gwahrDAHre] *v.* • to watch; to look at
   guardo   guardiamo
   guardi   guardate
   guarda   guardano
Guardiamo un nuovo programma alla televisione.
We are watching a new show on T.V.

guardia, la [GWAHRdyah] *n.* • guard
  guardare *v.* • to guard
La banca ha una guardia vicino alla porta.
The bank has a guard at the door.

guardiano, il [gwahrDYAHno] *n.* • custodian
Il guardiano lavora di notte.
The custodian works at night.

guerra, la [GWEYRrah] *n.* • war
Questa gente fa dimostrazione contro la guerra.
These people are demonstrating against war.

gufo, il [GOOfo] *n.* • owl
Un gufo vive su quest'albero.
An owl lives in this tree.

guidare [gweeDAHre] *v.* • to drive; to lead
   guido   guidiamo
   guidi   guidate
   guida   guidano
Lei guida cinque miglia per andare a lavorare.
She drives about five miles to work.

La guida guida i turisti attraverso il castello.
The guide leads the tourists through the castle.

H

hockey [AHkee] *n.* • hockey
  giocare a hockey *v.* • to play hockey

Giochiamo a hockey sul lago quando è ghiacciato.
We play hockey on the pond when it's frozen.

hostess, l' *(f.)* [OStes] *n.* • airline stewardess
L'hostess ci porta le bevanda.
The airline stewardess brings our drinks.

hotel, l' *(m.)* [oTEL] *n.* • hotel
Il nostro hotel è molto vicino alla stazione.
Our hotel is very near the station.

I

idea, l' *(f.)* [eeDEYah] *n.* • idea
Consultare la cartina è una buona idea.
Checking the map is a good idea.

ignoto (-a) [eeNYAWto] *adj.* • unknown
L'identità del ladro è ignota.
The thief's identity was unknown.

il; lo; la; l'; i; gli; le [EEL; LO; LAH; EE; LYEE;
LEY] *def. art.* • the
Ho letto i due libri.
I read the two books.

imbarazzare [eembahrahtTSAHre] *v.* •
embarrass
Quando lo imbarazzano, arrossisce.
When someone embarrasses him, he blushes.

imbrogliare [eembrolYAHre] *v.* • to cheat
Non gioco più con questi ragazzi perché imbrogliano.
*I don't play with these children any more because they
cheat.*

immaginare [eemmahjeeNAHre] *v.* • to
imagine
Immagina come si sente!
Can you imagine how she must feel?

immediatamente [eemmeydyahtahMEYNte]
adv. • immediately
Vengo immediatamente se hai bisogno di aiuto.
I will come immediately if you need help.

immondizia, l' *(f.)* [eemmonDEEtsyah] *n.* •
garbage
Metti l'immondizia nel cestino.
Put garbage into the can.

imparare [eempahRAHre] *v.* • to learn; to
learn how
imparare a memoria • to learn by heart
imparo   impariamo
impari   imparate
impara   imparano
S'impara molto quando si viaggia.
You learn many things when you travel.

impaziente *(m., f.)* [eempahTSYENte] *adj.* •
impatient
Quando Giovanni ha fretta, è impaziente.
When John is in a hurry, he is impatient.

impermeabile, l' *(m.)* [eempermeyAHbeele] *n.*
• raincoat
Quando piove porto un impermeabile.
When it rains I wear a raincoat.

impiegato, l' *(m., f.)* [eemPYEYgahto] *n.* •
employee
La compagnia ha dieci impiegati.
The company has ten employees.

impiego, l' *(m.)* [eemPYEYgo] *n.* • job
Hai trovato un impiego per l'estate?
Have you found a job for the summer?

importante *(m., f.)* [eemporTAHNte] *adj.* •
important
È importante che tu ci riesca.
It's important that you do not fail.

in [EEN] *prep.* • in; into; by
in macchina • by car
in aereo • by plane
in caso di • in case of
in questo modo • in this way
Lei mette le chiavi in tasca.
She puts her keys in her pocket.

Metti il burro nella padella.
Put the butter into the frying pan.

inatteso (-a) [eenahtTEYso] *adj.* •
unexpected
Questo invito è inatteso.
This invitation is unexpected.

incantato (-a) [eenkahnTAHto] *adj.* •
delighted
È incantata di visitare gli amici.
She is delighted to visit her friends.

incendio l' [eenCHENdeeo] *n.* • fire
pompa d'incendio *n.* • firetruck
Non temo l'incendio.
I'm not afraid of fire.

inchiostro, l' *(m.)* [eenKYOStro] *n.* • ink
Non c'è più inchiostro nella penna!
There's no more ink in my pen!

incollare [eenkolLAHre] *v.* • to glue; to paste
Abbiamo incollato la copertina al libro.
We glued the cover back on the book.

incominciare [eenkomeenCHAre] *v.* • to
begin; to start
A che ora incomincia il cinema?
What time does the movie begin?

incompleto (-a) [eencomPLEYto] *adj.* •
incomplete
Se il tuo lavoro è incompleto, finiscilo per favore.
If your work is incomplete, please finish.

incontrare [eenkonTRAHre] *v.* • to meet
incontro	incontriamo
incontri	incontrate
incontra	incontrano
A volte incontro gli amici al bar.
Sometimes I meet friends at this café.

incorretto (-a) [eenkorRETto] *adj.* • incorrect
In questo esame ho tre risposte incorrette.
I have three incorrect answers on this test.

incredibile *(m., f.)* [eenkreyDEEbeele] *adj.* •
unbelievable
E un racconto incredibile.
That's an unbelievable story.

indicare [eendeeKAHre] *v.* • to indicate; to
show; to point out
indico	indichiamo
indichi	indicate
indica	indicano
Puoi indicarmi la strada corretta?
Can you indicate the correct route?

La guida ci indica il Campanile di Giotto.
The guide points out Giotto's Tower to us.

indirizzo, l' *(m.)* [eendeeREETtso] *n.* •
address
Qual'è il tuo indirizzo?
What is your home address?

indovinare [eendoveeNAHre] *v.* • to guess
Indovina quanti anni ho?
Can you guess how old I am?

indumenti *(pl.)* [eendooMEYNtee] *n.* •
clothes
Ho comprato nuovi indumenti e scarpe per il viaggio.
I bought new clothes and shoes for my trip.

industria, l' *(f.)* [eenDOOstreeah] *n.* •
industry
Hollywood è il centro dell'industria cinematografica degli
   Stati Uniti.
Hollywood is the center of the U.S. movie industry.

infelice *(m., f.)* [eenfeLEEche] *adj.* •
unhappy; sad
È infelice quando sta sola.
She is unhappy when she is alone.

infermiere, l' *(m.)*; **infermiera, l'** *(f.)*
[eenferMYEYre] *n.* • nurse
L'infermiere lavora in ospedale.
The nurse works in the hospital.

influenza, l' *(f.)* [eenflooENtsah] *n.* • flu
Non è divertente avere l'influenza.
It's no fun to have the flu.

informazione, l' *(f.)* [eenformahTSYOne] *n.* •
information
Se non lo sai, chiedi informazioni.
If you don't know, ask for information.

ingannare [eengahnNAHre] *v.* • to deceive
Il tuo racconto non inganna la polizia.
Your story won't deceive the police.

ingegnere, l' *(m.)* [eegeynYEYre] *n.* • engineer
Mio fratello è ingegnere.
My brother is an engineer.

Inghilterra, l' *(f.)* [eengeelTERrah] *n.* •
England
inglese, l' *(m., f.)* *n.; adj.* • English
Londra e Manchester sono città in Inghilterra.
London and Manchester are cities in England.

iniezione, l' *(f.)* [eenyetsYOne] *n.* • shot;
injection
Il dottore mi fa un'iniezione.
The doctor gives me a shot.

innocente *(m., f.)* [eennoCHENte] *adj.* •
innocent
Non è giusto punire gli innocenti con i colpevoli.
It is unfair to punish the innocent with the guilty.

insalata, l' *(f.)* [eensahLAHtah] *n.* • salad
Giulia prende un'insalata per colazione.
Julia has a salad for lunch.

insegnare [eenseyNYAHre] *v.* • to teach
Mia madre insegna al liceo.
My mother teaches high school.

insetto, l' *(m.)* [eenSETto] *n.* • insect
La retina tiene fuori gli insetti.
The screen keeps the insects out.

insieme [eenSYEme] *adv.* • together
I due amici si siedono insieme.
The two friends sit together.

insistere [eenseesTEYre] *v.* • to insist
    insisto   insistiamo
    insisti   insistete
    insiste   insistono
Insiste che ha ragione.
He insists that he is right.

insolito (-a) [eenSAWleeto] *adj.* • unusual
L'aglio è un sapore insolito per gelato.
Garlic is an unusual flavor for ice cream.

insudiciare [eensoodiCHAHre] *v.* • to soil
Non insudiciare il tappeto con codeste scarpe sporche!
Don't soil the rug with your dirty shoes!

intelligente *(m., f.)* [eentelleeJENte] *adj.* •
   intelligent; smart
Quale animale è il più intelligente?
Which animal is the most intelligent?

intendersi [eenTENdeyrsee] *v.* • to agree
S'intendono su tutto.
They agree on everything.

interesse, l' *(m.)* [eenteyREYSse] *n.* • interest
  interessante *(m., f.)* *adj.* • interesting
  interessarsi *v.* • to be interested in
Mio fratello s'interessa alla chimica.
My brother is interested in chemistry.

internazionale *(m., f.)* [eenteyrnahTSYOnahle]
  adj. • international
Questa settimana c'è una conferenza internazionale a
  Washington, D.C.
There is an international conference in Washington, D.C.
  this week.

intero (-a) [eenTEYro] *adj.* • entire
L'intera famiglia è a casa per le feste.
Our entire family is home for the holiday.

interprete, l' *(m., f.)* [eenTEYRprete] *n.* •
interpreter
Lavora da interprete alle Nazioni Unite.
She works as an interpreter at the United Nations.

interrompere [eenteyrROMpere] *v.* • to
interrupt

interrompo	interrompiamo
interrompi	interrompete
interrompe	interrompono

Interrompe sempre la nostra conversazione.
He always interrupts our conversations.

intorno [eenTORno] *prep.* • around
I bambini sono tutti intorno a me.
The children are all around me.

invece [eenVEYche] *adv.* • instead
Invece di prendere il treno, viaggeremo in aereo.
Instead of taking the train, we'll fly.

inverno, l' *(m.)* [eenVERno] *n.* • winter
D'inverno andiamo a sciare.
In winter we go skiing.

invitare [eenveeTAHre] *v.* • to invite
invito, l' *(m.)* *n.* • invitation

invito	invitiamo
inviti	invitate
invita	invitano

Invitiamo tutti gli amici alla festa.
We're inviting all our friends to the party.

io [EEo] *pron.* • I
Io voglio uscire con i miei amici.
I want to go out with my friends.

io stesso [eeo STAYSso] *pron.* • myself
Ho fatto quel vestito io stesso.
I made that dress myself.

ippopotamo, l' *(m.)* [eeppoPAWtahmo] *n.* •
hippopotamus
L'ippopotamo sta nel fiume.
The hippopotamus stands in the river.

iris, l' *(f.)* [EErees] *n.* • iris
L'iris è un fiore delicato.
The iris is a delicate flower.

isola, l' *(f.)* [EEsolah] *n.* • island
Hai visitato mai un'isola dei Caraibi?
Have you ever visited a Caribbean island?

ispezionare [eespetsyoNAHre] *v.* • to inspect
ispettore, l' *(m.)* *n.* • inspector
ispezione, l' *(f.)* *n.* • inspection
Ispeziona il suo lavoro con diligenza.
He inspects his work with care.

istante, l' *(m.)* [eeSTAHNte] *n.* • instant
La luce ha lampeggiato solo per un istante.
The light flashed for only an instant.

istruttore, l' *(m.)* [eestrootTOre] *n.* • instructor
Il mio istruttore di sci è bravissimo.
My ski instructor is great!

Italia, l' *(f.)* [eeTAHlyah] *n.* • Italy
italiano (-a) *n.; adj.* • Italian
Sulla carta geografica, l'Italia ha la forma di uno stivale.
On a map, Italy is shaped like a boot.

Un ristorante italiano dovrebbe avere il caffè espresso.
An Italian restaurant should have espresso.

J

jeans, i *(pl.)* [JEENZ] *n.* • jeans
Preferisco portare i jeans quando viaggio.
I prefer to wear jeans when I travel.

L

là; li; ci [LAH; LEE; CHEE] *adv.* • there
 lassù • over there; up there
Pronto. Tuo padre è là?
Hello, is your dad there?

labbra, le *(pl.)* [LAHBbrah] *n.* • lips
D'inverno ho le labbra abboreate.
I have dry lips in the winter.

lacrima, la [LAHkreemah] *n.* • tear
Ha le lacrime agli occhi.
She has tears in her eyes.

ladro, il [LAHdro] *n.* • thief; robber
Il ladro è fuggito attraverso la finestra.
The thief escaped through the window.

lagnarsi [lahNYAHRsee] *v.* • to complain
   mi lagno   ci lagniamo
   ti lagni   vi lagnate
   si lagna   si lagnano
Si lagna sempre del tempo.
He is always complaining about the weather.

lago, il [LAHgo] *n.* • lake
Andiamo a nuotare nel lago.
We are going swimming in the lake.

lampada, la [LAHMpahdah] *n.* • lamp
Per favore accendi la lampada.
Please turn on the lamp

lampone, il [lahmPOne] *n.* • raspberry
Mi piacciono i lamponi freschi.
I love fresh raspberries.

lana, la [LAHnah] *n.* • wool
  di lana *adj.* • woolen
Dov'è la mia maglia di lana?
Where is my wool sweater?

lanciare [lahnCHAHre] *v.* • to throw
  lancio   lanciamo
  lanci   lanciate
  lancia   lanciano
Lanciami la palla!
Throw me the ball!

largo (-a) [LAHRgo] *adj.* • broad; wide
I corsi di New York sono molto larghi.
The avenues of New York are very broad.

lasciare [lahSHAHre] *v.* • to leave; to let
  (allow)
  lasciar stare • to let alone
  lasciare cadere • to drop
  lascio   lasciamo
  lasci   lasciate
  lascia   lasciano
Noi lasciamo la scuola alla fine del giorno.
We leave school at the end of the day.

I tuoi genitori ci lasciano stare di più?
Will your parents let us stay longer?

Attenzione, non lasciar cadere il vassoio!
Be careful, don't drop the tray!

lato, il [LAHto] *n.* • side
Abita all'altro lato della strada.
He lives on the other side of the street.

latte, il [LAHTte] *n.* • milk
Il bambino beve il latte con tutti i pasti.
The child drinks milk at each meal.

lattuga, la [lahtTOOgah] *n.* • lettuce
L'insalata si fa con lattuga e pomodori.
My salad is made with lettuce and tomatoes.

lavagna, la [lahVAHnyah] *n.* • blackboard
Il professore scrive sulla lavagna.
The teacher writes on the blackboard.

lavandino, il [lahvahnDEEno] *n.* • sink
Noi laviamo i piatti nel lavandino.
We wash the dishes in the sink.

lavare [lahVAHre] *v.* • to wash
  lavarsi *v.* • to wash oneself
  lavatrice, la *n.* • washing machine
    lavo   laviamo
    lavi   lavate
    lava   lavano
Dobbiamo lavare la macchina sporca.
We must wash the dirty car.

lavoro, il [lahVOro] *n.* • work
  lavorare *v.* • to work
Gli scienziati fanno un lavoro importante.
The scientists do important work.

legenda, la [layJENdah] *n.* • legend
Conosci la legenda del rè Arturo?
Do you know the legend of King Arthur?

légge, la [LAYDje] *n.* • law
Si deve obbedire la légge.
You must obey the law.

leggere [ledJAYre] *v.* • to read
   leggo   leggiamo
   leggi   leggete
   legge   leggono
Quale libro stai leggendo?
What book are you reading?

legno, il [LAYnyo] *n.* • wood; wooden
Questi mobili sono di legno.
The furniture is made of wood.

legume, il [layGOOme] *n.* • vegetable
Quali legumi preferisci?
Which vegetables do you prefer?

lei; essa [LAYee; ESsah] *pron.* • she
Lei è la sorella di mia madre.
She is my mother's sister.

lento (-a) [LENto] *adj.* • slow
Questo treno lento ci farà arrivare in ritardo.
This slow train will make us late.

lenzuolo, il [LEYNzwolo] *n.* • sheet
La domestica ha cambiato le lenzuola al letto.
The maid put clean sheets on the bed.

leone, il [layOne] *n.* • lion
In Africa ci sono i leoni.
There are lions in Africa.

leopardo, il [layoPAHRdo] *n.* • leopard
I leopardi vivono nella giungla.
Leopards live in the jungle.

lettera, la [LAYTteyrah] *n.* • letter
  lettera maiuscola *n.* • capital letter
  buca da lettere, la *n.* • mailbox
  portalettere, il *n.* • mail carrier

Ho messo la lettera nella casella postale.
I put the letter in the mailbox.

letto, il [LETto] *n.* • bed
  camera da letto, la *n.* • bedroom
  andare a letto • go to bed
  fare il letto • make the bed
Il mio letto ha un materasso comodo.
My bed has a comfortable mattress.

levante, il [leyVAHNte] *n.* • east
Il sole sorge a levante.
The sun rises in the east.

lezione, la [leyTSYOne] *n.* • lesson
Capisci la lezione?
Do you understand the lesson?

li; le [LEE; LE] *pron.* • them
  loro • (to) them
Dammeli.
Give them to me.

libbra, la [LEEBbrah] *n.* • pound
Ci sono 2.2 libbre in un chilo.
There are 2.2 pounds in a kilogram.

libero (-a) [LEEbero] *adj.* • free; gratis
Sei libero per il pranzo?
Are you free for dinner?

Il lunedì l'entrata del museo è gratis.
Admission to the museum is free on Mondays.

libertà, la [leebeyrTAH] *n.* • freedom
Libertà di religione è un diritto fondamentale.
Freedom of religion is a basic right.

libro, il [LEEbro] *n.* • book
  libreria, la *n.* • bookstore
  libri gialli *n. pl.* • detective novels

Ho letto due nuovi libri durante le vacanze.
I read two new books during my vacation.

liceo, il [leeCHEo] *n.* • high school
Come si chiama il tuo liceo?
What is the name of your high school?

lieto (-a) [lee-E-to] *adj.* • glad
Sono molto lieto di vederti.
I am very glad to see you.

limone, il [leeMOne] *n.* • lemon
Abbiamo spremuto il limone sul pesce.
We squeezed a lemon on the fish.

linea, la [LEEneah] *n.* • line
È una linea retta.
This is a straight line.

lingua, la [LEENgwah] *n.* • language; tongue
Quante lingue parli?
How many languages do you speak?

La lingua del cane è rosea.
The dog's tongue is pink.

lista, la [LEEstah] *n.* • menu
Vorrei vedere una lista, per favore.
We would like to see a menu, please.

litigio, il [leTEEjo] *n.* • quarrel
I miei fratelli hanno fatto un litigio per il giocattolo.
The brothers had a quarrel over the toy.

lo; si; lui stesso [LO; SEE; LOOee STAYSso]
  pron. • him; himself
Marco si guarda nello specchio.
Marc looks at himself in the mirror.

Lo vedo.
I see him.

locusta, la [loKOOStah] *n.* • grasshopper
La locusta saltò via dal gatto.
The grasshopper jumped away from the cat.

lontano (-a) [lonTAHno] *adj.* • far
Abiti lontano di quì?
Do you live far from here?

loro; essi; esse [LOro; AYSsee; AYSse] *pron.* •
  them; their
Ho detto loro di stare zitti.
I told them all to be quiet.

È questa la loro casa?
Is this their own house?

luce, la [LOOche] *n.* • light
Ho bisogno della luce per leggere.
I need light to read.

lucertola, la [loocherTOlah] *n.* • lizard
La lucertola dorme sulla pietra.
The lizard is sleeping on the rock.

luglio [LOOLyo] *n.* • July
Il Quattro Luglio è una grande festa negli Stati Uniti.
The Fourth of July is a big holiday in the United States.

luna, la [LOOnah] *n.* • moon
La luna splende stasera.
The moon is shining brightly tonight.

lunedì, il [loonayDEE] *n.* • Monday
Il lunedì è il primo giorno della setimana di lavoro.
Monday is the first day of the work week.

lungo (-a) [LOONgo] *adj.; prep.* • long; along
Questo serpente è molto lungo.
This snake is very long.

Gli alberi crescono lungo il corso.
Trees grow all along the avenue.

luogo, il [looWAWgo] *n.* • place; location
  in qualsiasi luogo • anywhere; wherever
Troviamo un luogo piano e asciutto per la tenda.
Find a flat, dry place for the tent.

lupo, il [LOOpo] *n.* • wolf
Hai paura dei lupi?
Are you afraid of wolves?

M

ma [MAH] *conj.* • but
Mi piacerebbe un po' di tórta, ma faccio la dieta.
I would like some cake, but I am on a diet.

macchia, la [MAHKkyah] *n.* • stain; spot
  macchiato (-a) *adj.* • spotted
Nancy sta togliendo la macchia sulla camicetta.
Nancy is trying to get the stain out of her blouse.

macchina, la [MAHKkeenah] *n.* • machine; car
  macchina da cucire, la *n.* • sewing machine
  macchina fotografica, la • camera
  macchina d'occasione, la *n.* • used car
Puoi aggiustare questa macchina?
Can you fix this machine?

Hanno una nuova macchina rossa.
They have a new red car.

Questa macchina fotografica fa belle fotografie.
This camera takes good pictures.

macellaio, il [machelLAHyo] *n.* • butcher
   macelleria, la • butcher shop
Compriamo la carne dal macellaio.
We buy meat from the butcher.

madre, la [MAHdre] *n.* • mother
Tua madre e tuo padre quando si sono sposati?
When did your mother and father marry?

maestro, il; maestra, la [mahEYstro;
   mahEYstrah] *n.* • teacher
Dopo scuola parlerò con il maestro.
After school I'll speak with the teacher.

maggio [MAHDjo] *n.* • May
Ci sono molti fiori a maggio.
There are many flowers in May.

magia, la [mahJEEah] *n.* • magic
   mago, il *n.* • magician
Con la magia ha fatto sparire le monetine.
He used magic to make the coin disappear.

magnetoscopio, il [mahnyetoSKOpeeo] *n.* •
   video cassette recorder (VCR)
   video camera, il • video camera
   video-cassetta, la • video cassette
Abbiamo visto il cinema sul magnetoscopio.
We watched the movie on the VCR.

magnifico (-a) [mahnYEEfeeco] *adj.* •
   magnificent; wonderful
Questi cavalli sono magnifici!
These horses are magnificent!

Mia madre è una cuoca magnifica.
My mother is a wonderful cook.

magro (-a) [MAHgro] *adj.* • skinny
Sei magro. Dovresti mangiare di più.
You look skinny. You should eat more.

mai [MAHee] *adv.* • never; ever
  mai più • never again
Non piove quasi mai nel deserto.
It almost never rains in the desert.

Se mai hai bisogno di aiuto, chiamami.
If you ever need help, call me.

maiale, il [mahYAHle] *n.* • pork; pig
  arrosto di maiale • pork roast
Per pranzo preferisci maiale o vitello?
Do you want pork or veal for dinner?

I maiali mangiano il granturco.
The hogs are eating corn.

malattia, la [mahlahtTEEah] *n.* • disease;
  sickness; illness
La malattia si cura con questa medicina.
Your disease can be cured with this medicine.

male [MAHle] *adj.; adv.* • ill; badly
Quando stai male, vai dal dottore.
When you are ill, you go to the doctor.

Lui si comporta male a scuola.
He behaves badly in school.

mamma, la [MAHMmah] *n.* • mama; mom
  giorno della mamma, Il *n.* • Mother's Day
Mia mamma mi chiede sempre di apparecchiare la tavola.
Mama always asks me to set the table.

mancare [mahnKAHre] *v.* • to fail; miss
Mancò a finire i compiti in tempo.
I failed to finish the assignment on time.

Mi manchi molto.
I miss you very much.

mancia, la [MAHNchah] *n.* • tip
Lasceremo la mancia alla cameriere.
We will leave a tip for the waitress.

mandare [mahnDAHre] *v.* • to send
mando   mandiamo
mandi   mandate
manda   mandano
Mandiamo molti pacchi a Natale.
We send many packages at Christmas.

mangiare [manJAHre] *v.* • to eat
prendere qualcosa da mangiare • to have
something to eat
mangio   mangiamo
mangi   mangiate
mangia   mangiano
Mangio una mela al giorno.
I eat an apple every day.

manica, la [MAHneekah] *n.* • sleeve
Le maniche sono troppo corte!
The sleeves are too short!

mano, la [MAHno] *n.* • hand
mano destra, la *n.* • right hand
mano sinistra, la *n.* • left hand
darsi la mano • to shake hands
Se sai la risposta, alza la mano.
If you know the answer, raise your hand.

mantenere [mahnteNEYre] *v.* • to hold
mantengo   manteniamo
mantieni   mantenete
mantiene   mantengono
Per favore mantienimi il posto in fila.
Please hold my place in line.

manzo, il [MAHNzo] *n.* • beef
arrosto di manzo, l' *(m.)* *n.* • roast beef
bistecca, la *n.* • beef steak
Preferisco l'arrosto di manzo ben cotto.
I prefer my roast beef well done.

marciapiedi, il [mahrchahPYEYdee] *n.* •
sidewalk
Il cane cammina sul marciapiedi.
The dog walks on the sidewalk.

mare, il [MAHre] *n.* • sea
Ci piace nuotare nel mare.
We like to swim in the sea.

margherita, la [mahrgeREEtah] *n.* • daisy
I bambini colgono le margherite nel prato.
The children gather daisies in the field.

marinaio, il [mahreeNAHyo] *n.* • sailor
I marinai sono sulla nave.
The sailors are on the ship.

marito, il [mahREEto] *n.* • husband
Come si chiama tuo marito?
What is your husband's name?

marmellata, la [mahrmeylLAHtah] *n.* • jam
Vincenzo mette la marmellata sul pane.
Vincent puts jam on his bread.

marrone *(m., f.)* [mahrROne] *adj.* • brown
Ci sta bene col cappotto marrone.
The brown coat looks good on her.

martedì, il [mahrteyDEE] *n.* • Tuesday
I biglietti sono a metà prezzo il martedì.
Tickets are half price on Tuesday.

martello, il [mahrTELlo] *n.* • hammer
Il falegname si serve del martello per inchiodare.
The carpenter uses a hammer to drive nails.

marzo [MAHRtso] *n.* • March
La primavera arriva a marzo.
Spring arrives in March.

matematica, la [mahteMAHteekah] *n.* •
mathematics
Gli ingegneri devono studiare la matematica.
Engineers need to study mathematics.

matita, la [mahTEEtah] *n.* • pencil
Mi piace scrivere con la matita così posso cancellare gli
errori.
I like to write with a pencil so I can erase my mistakes.

matrigna, la [mahTREEnyah] *n.* •
stepmother
Ti presento la mia matrigna.
May I introduce my stepmother to you?

matrimonio, il [mahtreeMAWnyo] *n.* •
wedding
C'è un matrimonio in chiesa oggi.
There is a wedding at the church today.

mattina, la [mahtTEEnah] *n.* • morning
Ogni mattina leggo il giornale.
I read the newspaper every morning.

maturo (-a) [mahTOOro] *adj.* • mature; ripe
Mia madre dice che io sono maturo per la mia età.
My mother says that I am mature for my age.

E maturo questo melone?
Is this melon ripe yet?

meccanico, il [meykKAHneeko] *n.* •
mechanic
Il meccanico mi aggiusta la macchina.
The mechanic repairs my car.

medicina, la [meydeeCHEEnah] *n.* •
medicine
La nonna compra le medicine in farmacia.
Grandma buys her medicine at this pharmacy.

medico, il [MEYdeeko] *n.* • doctor
Va dal medico se non ti senti bene.
See a doctor if you are not feeling well.

meglio [MELyo] *adj.* • better
Questa tórta è meglio di quella.
This cake tastes better than that one.

mela, la [MEYlah] *n.* • apple
A Claudio piacciono le mele.
Claudio likes apples.

melone, il [meyLOne] *n.* • melon
D'estate mangiamo i meloni del nostro giardino.
In the summer, we eat melons from our garden.

membro, il [MEMbro] *n.* • member
Ci sono quindici membri nel nostro circolo.
There are fifteen members in our club.

memoria, la [meyMORyah] *n.* • memory
  imparare a memoria • to memorize
Ha una memoria eccellente per i nomi.
She has an excellent memory for names.

meno [MEYno] *adv.; prep.* • less; minus
Questa camicetta è meno costosa di quella.
This blouse is less expensive than that one.

Quattro meno due fa due.
Four minus two is two.

mente, la [MENte] *n.* • mind
Ha una mente viva.
He has a quick mind.

mentire [menTEEre] *v.* • to lie

mento	mentiamo
menti	mentite
mente	mentono

Non mentire; dimmi la verità.
Don't lie; tell me the truth.

mento, il [MENto] *n.* • chin
Paolo ha un livido sul mento.
Paul has a bruise on his chin.

mentre [MENtre] *conj.* • while
Lei gioca mentre io lavoro.
She plays while I work.

menù, il [meyNOO] *n.* • menu
Mi bisogna il menù.
I need the menu.

meraviglioso (-a) [meyrahvilYOso] *adj.* •
marvelous
Questo carnevale è meraviglioso!
This carnival is marvelous!

mercato, il [meyrKAHto] *n.* • market
Al mercato si comprano frutta e legumi.
You buy fruits and vegetables at the market.

mercoledì *(m.)* [meyrkoleyDEE] *n.* •
Wednesday
Mercoledì è il terzo giorno della settimana.
Wednesday is third day of the work week.

merenda, la [meyRENdah] *n.* • snack;
afternoon tea
Alle quattro facciamo merenda.
We have a snack at four o'clock.

merletto, il [merLETto] *n.* • lace
Questo colletto di merletto è elegante.
This lace collar is elegant.

mescere [MEshere] *v.* • to pour
La mamma mesce un caffè per tutti.
Mom pours coffee for everyone.

mescolare [meyskoLAHre] *v.* • to mix
La ricetta dice, "Mescolare gli ingredienti."
The recipe says, "Mix the ingredients."

mese, il [MEYse] *n.* • month
Marzo è il terzo mese dell'anno.
March is the third month of the year.

messaggio, il [meysSAHDjo] *n.* • message
C'è un messaggio sulla porta.
There is a message on the door.

Messico, il [MESseeko] *n.* • Mexico
   messicano (-a) *n.; adj.* • Mexican
Mio fratello va in Messico con la classe di spagnolo.
My brother is going to Mexico with the Spanish class.

metà, la [meyTAH] *n.* • half
Vuoi la metà di questa mela?
Do you want half of this apple?

metro, il [MEtro] *n.* • meter
Lei ha corso 100 metri.
She just ran 100 meters in the race.

metropolitana, la [metropoleeTAHnah] *n.* •
   subway
Prendi la metropolitana?
Do you want to ride the subway?

mettere [MEYTtere] *v.* • to lay; to set down;
   to put
   mettere in moto • to start (a car)
Maria mette i libri sul tavolo.
Marie lays her books on the table.

metto	mettiamo
metti	mettete
mette	mettono

Metti la scatola sul tavolo.
Set the box down on the table.

Ho messo i fiori in un vaso.
I put the flowers in a vase.

mezzanotte, la   [mettsahNOTte]   *n.*   • midnight
L'orologio batte a mezzanotte.
The clock strikes at midnight.

mezzo (a)   [METtso]   *n.*   • middle; half
   mezz'ora   • half an hour
Le anatre sono in mezzo al lago.
The ducks are in the middle of the lake.

mezzogiorno, il   [mettsoJORno]   *n.*   • noon
Facciamo colazione a mezzogiorno.
We eat lunch at noon.

mi   [MEE]   *pron.*   • me
Lui mi dà il libro.
He gives me the book.

micio, il   [MEEcho]   *n.*   • pussycat
Il nostro gatto ha un micio.
Our cat has one pussycat.

miele, il   [MYEYle]   *n.*   • honey
   luna di miele, la   *n.*   • honeymoon
Metto il miele sul pane.
I put honey on my bread.

miglio, il   [MEELyo]   *n.*   • mile
Camminano cinque miglia al giorno.
They walk five miles a day.

migliore   [meelYAWre]   *adj.*   • better
   migliore, il   *n.*   • the best
È migliore di sua sorella.
He is better than his sister.

È il mio migliore amico.
He is my best friend.

milione, il [meelYOne] *n.* • million
In cielo ci sono milioni di stelle.
There are millions of stars in the sky.

mille [MEELle] *adj.* • thousand
Mio fratello ha mille dollari in contanti!
My brother has a thousand dollars cash!

minuto, il [meeNOOto] *n.* • minute
Ci sono sessanta secondi in un minuto.
There are sixty seconds in a minute.

mio, il; mia, la [MEEyo; MEEyah] *adj.* • my
Mio fratello e mia sorella vengono stasera.
My brother and sister are coming tonight.

missile, il [MEESseele] *n.* • rocket
Il satellite metereologico è stato lanciato da un missile.
The weather satellite was launched by a rocket.

misterioso (-a) [meesteyRYOso] *adj.* •
mysterious
mistero, il *n.* • mystery
Che fa quella donna misteriosa?
What is that mysterious woman doing?

misura, la [meeZOOrah] *n.* • size
Questa è la misura giusta?
Is this the right size?

misurare [meezooRAHre] *v.* • to measure

misuro	misuriamo
misuri	misurate
misura	misurano

Patrizio misura la pagina con una riga.
Patrick is measuring the page with a ruler.

mobili, i *(pl.)* [MAWbeelee] *n.* • furniture
Abbiamo spostato i mobili per pulire il tappeto.
We moved some furniture to clean the rug.

moda, la [MAWdah] *n.* • fashion
I cappelli sono di moda quest'anno?
Are hats the fashion this year?

moderno (-a) [mawDEYRno] *adj.* • modern
Il nuovo quartiere ha costruzioni moderne.
The new part of town has modern buildings.

moglie, la [MOLye] *n.* • wife
Sua moglie si chiama Maddalena.
His wife's name is Madeleine.

molti (e) [MOLtee] *adj.; pron.* • many
I miei genitori hanno molti amici.
My parents have many friends.

molto (-a) [MOHLto] *adj.; pron.; adv.* •
 much; very; a lot (of)
  moltissimo • very much
  molto tempo • a long time
D'inverno abbiamo molta neve.
We have a lot of snow this winter.

Questo brodo è molto buono.
This soup is very good!

momento, il [moMENto] *n.* • moment
Se aspetti un momento, ti aiuto.
If you wait a moment I will help you.

mondo, il [MONdo] *n.* • world
Un giorno viaggerò in tutto il mondo.
Someday I want to travel around the world.

montagna, la [monTAHnyah] *n.* • mountain
  montagne russe, le *n.* • roller coaster
Fa sempre fresco in montagna.
It's always cool in the mountains.

morbido (-a) [MAWRbeedo] *adj.* • soft
Questa coperta è morbida.
This blanket is soft.

mordere [MAWRdere] *v.* • bite
mordo mordiamo
mordi mordete
morde mordono
Ho paura degli animali che mordono.
I am afraid of animals that bite.

morire [moREEre] *v.* • to die
muoio moriamo
muori morite
muore muoiono

Il protagonista muore alla fine della tragedia.
The hero dies at the end of the play.

morto (-a) [MAWRto] *adj.* • dead
Il terremoto ha lasciato molti morti e feriti.
The earthquake left many people dead or injured.

mosca, la [MOSkah] *n.* • fly
Questa retina terrà via le mosche
The screen will keep the flies out.

mostarda, la [mosTAHRdah] *n.* • mustard
Mi piace un po' di mostarda sul panino.
I would like some mustard on my sandwich.

mostrare [mosTRAHre] *v.* • to show; point
(at)
 mostra, la *n.* • window display
mostro mostriamo
mostri mostrate
mostra mostrano
Mostrami il tuo nuovo libro.
Show me your new book.

mostro, il [MAWStro] *n.* • monster
C'è un mostro in questo film.
There is a monster in this movie.

motore, il [moTOre] *n.* • motor; engine
motocicletta, la *n.* • motorcycle
Sai come funziona il motore?
Do you know how a motor works?

mucca, la [MOOKkah] *n.* • cow
La mucca dà il latte.
The cow gives milk.

mughetto, il [mooGETto] *n.* • lily of the valley
Abbiamo dei mughetti nel giardino.
We have some lilies of the valley in our garden.

muovere [MWOvere] *v.* • to move

muovo	m(u)oviamo
muovi	m(u)ovete
muove	muovono

La macchina si muove piano sulla neve.
The car is moving slowly through the snow.

muro, il *(m.)* [MOOro] *n.* • wall
C'è uno specchio appeso al muro.
There is a mirror hanging on the wall.

muscolo, il [MOOscolo] *n.* • muscle
Quali muscoli usi quando corri?
Which muscles do you use when you run?

museo, il [mooZEo] *n.* • museum
Andiamo al museo d'arte oggi.
Let's go to the art museum today.

musica, la [MOOzeekah] *n.* • music
musicista *(m., f.)* *n.* • musician
Ti piace la musica classica?
Do you like classical music?

N

nascondere [nahSKONdere] *v.* • to hide
nascondo   nascondiamo
nascondi   nascondete
nasconde   nascondono
La signora nasconde i suoi gioielli.
The lady hides her jewelry.

naso, il [NAHso] *n.* • nose
Il mio naso è otturato e non posso odorare.
My nose is stuffed and I can't smell.

nastro, il [NAHStro] *n.* • ribbon
   registrazione a nastro • tape recording
La bambina ha dei nastri sulla testa.
This little girl has ribbons in her hair.

Ascolta la registrazione a nastro della sua canzone
   preferita.
He is listening to a tape of his favorite song.

Natale, il [nahTAHle] *n.* • Christmas
   vigilia di Natale, la • Christmas Eve
Natale è il 25 dicembre.
Christmas is December 25.

nato (-a) [NAHto] *adj.* • born
Non sono nato ieri.
I wasn't born yesterday.

naturale *(m., f.)* [nahtooRAHle] *adj.* •
   natural
   naturalmente *adv.* • naturally
   natura, la *n.* • nature

Ha un talento naturale per la musica.
He has a natural gift for music.

nave, la [NAHve] *n.* • ship
La nave attraversa l'oceano.
The ship crosses the ocean.

nazione, la [nahTSYOne] *n.* • country; nation
  nazionale *(m., f.)* *adj.* • national
  nazionalità, la *n.* • nationality
Quali nazioni hai visitato?
What countries have you visited?

nebbia, la [NEYBbyah] *n.* • fog
È impossibile vedere attraverso questa nebbia.
It's hard to see in this fog.

necessario (-a) [neycheysSAHRyo] *adj.* •
  necessary
Il calcio è necessario per le ossa.
Calcium is necessary for strong bones.

negozio, il [neyGOtsyo] *n.* • store
  negozio di generi alimentari, il • grocery
  store
  negozio di confezione, il • clothing store
Hai fatto degli acquisti al nuovo negozio?
Did you shop at the new store?

nero (-a) [NEYro] *adj.* • black
Porta le scarpe nere.
He is wearing his black shoes.

neve, la [NEYve] *n.* • snow
  uomo di neve, l' *(m.)* *n.* • snowman
  nevicare *v.* • to snow
Andiamo a giocare sulla neve!
Let's go play in the snow!

nido, il [NEEdo] *n.* • nest
C'è un nido di uccelli sull'albero.
There is a bird's nest in the tree.

niente [NYENte] *pron.* • nothing
  niente affatto • not at all
Non c'è niente più importante della buona salute.
There's nothing more important than good health.

nipote *(m., f.)* [neePOte] *n.* • nephew; niece;
  grandchild
Mio nipote è il figlio di mia sorella.
My nephew is my sister's son.

Sua nipote ha due anni.
Her granddaughter is two years old.

no [NO] *adv.; n.; adj.* •
  assolutamente no • of course not; no
  nessuno • no one
No, non voglio partire ancora.
No, I don't want to leave yet.

nocciolina, la [notchoLEEnah] *n.* • peanut
  marmellata di noccioline *n.* • peanut
  butter
Mia sorella è allergica alle noccioline.
My sister is allergic to peanuts.

noce di cocco, la [noche dee KOKko] *n.* •
  coconut
La noce di cocco ha il guscio molto duro.
The coconut has a very hard shell.

noi; ci [NOee; CHEE] *pron.* • us; we
Questo regalo è per noi due.
This present is for both of us.

Noi andiamo all'aeroporto insieme.
We are going to the airport together.

noioso (-a) [noyOso] *adj.* • annoying; boring; dull
È noioso aspettare molto tempo.
It's annoying to wait a long time.

Questo libro è troppo noioso per finirlo.
This book is too boring to finish.

nome, il [NOme] *n.* • name; first name
Per favore pronunzia il tuo nome per me.
Please pronounce your name for me.

non [NAWN] *adv.* • not
non ancora • not yet
non importa • no matter
non più • no longer
Non ti piacerà la cattiva notizia.
You're not going to like the bad news.

nonna, la [NAWNnah] *n.* • grandmother
Ambo le nonne sono venute alle nozze.
Both my grandmothers came to my wedding.

nonno, il [NAWNno] *n.* • grandfather
i nonni *n. pl.* • grandparents
Mio nonno è pensionato adesso.
My grandfather is retired now.

nord [NAWRD] *n.* • north
Il Belgio è al nord della Francia.
Belgium is to the north of France.

Norvegia, la [norVEjyah] *n.* • Norway
norvegese *(m., f.) n.; adj.* • Norwegian
Andiamo a sciare in Norvegia.
We are going skiing in Norway.

nostro (-a) [NAWStro] *adj.* • our
È la nostra casa affianco al parco.
That's our house next to the park.

notare [noTAHre] *v.* • to notice

noto	notiamo
noti	notate
nota	notano

Lei nota ogni particolare.
She notices every detail.

notizia, la [noTEEtsyah] *n.* • news
Spero che la notizia sia buona!
I hope the news is good!

notte, la [NAWTte] *n.* • night
Di notte il cielo è pieno di stelle.
At night the sky is full of stars.

novanta [noVAHNtah] *adj.* • ninety
Il cinema è durato novanta minuti.
The movie lasted for ninety minutes.

nove [NAWve] *adj.* • nine
Ci sono nove giocatori nella squadra di baseball.
There are nine players on a baseball team.

novembre *(m.)* [noVEMbre] *n.* • November
Novembre è il mese prima di Natale.
November is the month before Christmas.

numero, il [NOOmero] *n.* • number
  numeroso (-a) *adj.* • numerous
Per favore dammi il numero di telefono.
Please give me your phone number.

nuotare [NWAWtahre] *v.* • to swim
  nuoto, il *n.* • swimming

nuoto	nuotiamo
nuoti	nuotate
nuota	nuotano

Ho imparato a nuotare al campeggio.
I learned to swim at summer camp.

nuovo (-a) [NWOvo] *adj.* • new
Hai comprato nuovi vestiti per la scuola?
Did you buy any new clothes for school?

nuvola, la [NOOvolah] *n.* • cloud
   nuvoloso (-a) *adj.* • cloudy
Guarda le nuvole! Pioverà!
Look at the clouds! It is going to rain!

O

o [AW] *conj.* • or
Vuoi pesce o pollo?
Do you want fish or chicken?

oca, l' *(f.)* [AWkah] *n.* • goose
Le oche sono bianche.
Geese are white.

occhiali, gli [okKYAHlee] *n.* • glasses (for vision)
   occhiali da sole, gli • sunglasses
Ho bisogno degli occhiali per leggere questo.
I need my glasses to read this.

occhio, l' *(m.)* [OKkyo] *n.* • eye
Ambe i miei genitori hanno gli occhi neri.
Both my parents have brown eyes.

occupato (-a) [okkooPAHto] *adj.* • busy; occupied
La segretaria è molto occupata.
The secretary is very busy.

occupazione, l' *(f.)* [okkoopahTSYOne] *n.* •
occupation
Quale occupazione sceglierai?
What occupation are you going to choose?

oceano, l' *(m.)* [oCHEahno] *n.* • ocean
Per andare in Italia dagli Stati Uniti, si deve attraversare
l'oceano.
*To go to Italy from the U.S., you must cross the Atlantic
Ocean.*

odiare [oDYAHre] *v.* • to hate
odio   odiamo
odii   odiate
odia   odiano
Odio la pioggia!
I hate rainy weather!

odorare [odoRAHre] *v.* • to smell
La signora odora i fiori.
The lady is smelling the flowers.

offrire [ofFREEre] *v.* • to offer
offro   offriamo
offri   offrite
offre   offrono
La signora Peters ci offre un regalo.
Mrs. Peters is offering us a present.

oggi [AWDjee] *adv.* • today
Oggi è il mio compleanno.
Today is my birthday.

ogni [AWNyee] *adj.; pron.* • each; every
ognuno *pron.* • each one; everyone; everybody
Ogni persona prende un piatto.
Each person takes a plate.

Ho lavorato ogni giorno il mese scorso.
I was at work every day last month.

Olanda, l' *(f.)* [ohLAHNdah] *n.* • Holland; the Netherlands
   olandese, l' *(m., f.)* *n.; adj.* • Dutch
In l'Olanda coltivano i tulipani.
They grow tulips in Holland.

La lingua olandese è simile alla tedesca.
The Dutch language is similar to German.

olio, l' *(m.)* [AWLyo] *n.* • oil
Olio e aceto sono condimenti.
Oil and vinegar are condiments.

ombra, l' *(f.)* [OMbrah] *n.* • shade; shadow
Sediamoci all'ombra di quest'albero.
Let's sit in the shade of this tree.

Le ombre sono più corte a mezzogiorno.
Shadows are shortest at noon.

ombrello, l' *(m.)* [omBRELlo] *n.* • umbrella
Piove! Dov'è l'ombrello?
It's raining! Where is the umbrella?

onda, l' *(f.)* [ONdah] *n.* • wave
Le onde ingrandiscono durante la tempesta.
The waves become huge in the storm.

onesto (-a) [oNESto] *adj.* • honest
Il ragazzo ha dato una risposta onesta.
The boy gave an honest answer.

opera, l' *(f.)* [AWperah] *n.* • opera
Conosci l'opera "Carmen" di Bizet?
Do you know Bizet's opera "Carmen"?

operaio, l' *(m., f.)* [opeyRAHyo] *n.* • laborer; worker
Gli operai lavorano nella fabbrica.
The laborers work in the factory.

ora, l' *(f.)* [Orah] *n.* • hour
Aspetto il mio amico da un'ora.
I have been waiting for my friend for an hour.

orario, l' *(m.)* [oRAHRyo] *n.* • schedule
  in orario • on time
Qual'è l'orario per questa settimana?
What is your schedule for this week?

orchestra, l' *(f.)* [orKEStrah] *n.* • orchestra
L'orchestra ha dato un concerto stasera.
The orchestra gave a concert tonight.

ordinare [ordeeNAHre] *v.* • to order
  ordino   ordiniamo
  ordini   ordinate
  ordina   ordinano
Ho appena ordinato il pasto.
I have just ordered our meal.

orecchio, l' *(m.)* [oREKkyo] *n.* • ear
  orecchino, l' *(m.)* *n.* • earring
Il rumore forte mi fa male alle orecchie.
The loud noise hurt my ears.

organizzare [orgahneetTSAHre] *v.* • to organize
  organizzazione, l' *(f.)* *n.* • organization
  organizzo   organizziamo
  organizzi   organizzate
  organizza   organizzano
Il professore di educazione fisica organizza le partite.
The physical education teacher organizes the games.

orgoglioso (-a) [orgolYOso] *adj.* • proud
Siamo orgogliosi della nostra squadra.
We are proud of our team.

originale [oreejeeNAHle] *adj.* • original
  originalità, l' *n.* • originality
Questa è una pittura originale?
Is this an original painting?

orlo, l' *(m.)* [ORlo] *n.* • edge
Cammina all'orlo della strada.
He walks along the edge of the road.

oro, l' *(m.)* [AWro] *n.* • gold
È d'oro questa collana?
Is this necklace made of gold?

orologio, l' *(m.)* [oroLAWjo] *n.* • clock; watch
L'orologio sul muro è molto preciso.
The clock on the wall is very precise.

orribile *(m., f.)* [orREEbeele] *adj.* • horrible
  orrore, l' *(m.)* *n.* • horror
Quel film era orribile!
That movie was horrible!

orso, l' *(m.)* [ORso] *n.* • bear
Il fuoco terrà gli orsi a distanza dal campeggio.
The fire will keep the bears away from our camp.

osare [awZAHre] *v.* • to dare

oso	osiamo
osi	osate
osa	osano

Non oso mentire.
I don't dare lie.

ospedale, l' *(m.)* [ospeyDAHle] *n.* • hospital
Il chirurgo lavora all'ospedale.
The surgeon works at the hospital.

ospite, l' *(m., f.)* [AWSpeete] *n.* • guest
Quando arrivano gli ospiti?
When are the guests arriving?

osso, l' *(m.)* [AWSso] *n.* • bone
Il carne sotterra l'osso.
The dog is burying a bone.

oste dell'aereo, l' *(m.)* [oste dellahEYReyo] *n.*
• steward (flight attendant)
L'oste ci porta le bevande.
The steward brings our drinks.

ostrica, l' *(f.)* [AWstreekah] *n.* • oyster
Mangi ostriche crude?
Will you eat raw oysters?

ottanta [otTAHNtah] *adj.* • eighty
Molte persone oggi arrivano a ottanta anni.
Many people now live to be eighty.

otto [AWTto] *adj.* • eight
Ci sono otto persone sull'autobus.
There are eight people on the bus.

ottobre *(m.)* [otTObre] *n.* • October
Siamo a scuola durante il mese di ottobre.
We are in school during October.

ovale, l' *(m.)* [oVAHley] *adj.* • oval
Questa tavola è ovale.
This table has an oval shape.

ovest, l' *(m.)* [Ovest] *n.* • west
California si trova all'ovest degli Stati Uniti.
California is on the west coast of the U.S.

P

pacco, il [PAHKko] *n.* • package
  pacco per la spesa, il • shopping bag
Ho ricevuto il pacco che mi hai spedito.
I received the package you sent in the mail.

Pacifico (l'Oceano) [pahCHEEfeeko] *n.* •
Pacific (Ocean)
Hawaii è nel mezzo dell'Oceano Pacifico.
Hawaii is in the middle of the Pacific (Ocean).

padella, la [pahDELlah] *n.* • pan
Il babbo frigge le uova nella padella.
Dad is frying eggs in a pan.

padre, il [PAHdre] *n.* • father
Mio padre mi ha aiutato con i compiti.
My father helped me with my homework.

padrone, il [pahDROne] *n.* • boss
Il padrone ha convocato una seduta stamattina.
My boss called a meeting for this morning.

paese, il [pahEYse] *n.* • town
Questo paese ha un solo negozio.
This town has only one store.

pagare [pahGAHre] *v.* • to pay (for)
pago	paghiamo
paghi	pagate
paga	pagano

Il babbo paga per i biglietti.
Dad is paying for the tickets.

pagina, la [PAHgeenah] *n.* • page
Apri il libro alla pagina 36.
Turn to page 36 in your book.

paglia, la [PAHLyah] *n.* • straw
Gli animali dormono sulla paglia.
The animals sleep on the straw.

pagliaccio, il [pahlYAHTcho] *n.* • clown
Mi piace il pagliaccio al circo.
I like the clown at the circus.

paio, il [PAHyo] *n.* • pair
Mi servono un paio di stivali.
I need a pair of boots.

palazzo, il [pahLAHTtso] *n.* • palace
Il palazzo è immenso.
The palace is huge!

palestra, la [pahLEStrah] *n.* • gymnasium
Giochiamo a pallacanestro nella palestra.
We play basketball in the gymnasium.

palla, la [PAHLlah] *n.* • ball
Il bambino lancia la palla.
The child throws the ball.

pallacanestro, la [pahlahKAHNeystro] *n.* •
  basketball
  giocare a pallacanestro • to play basketball
Vuoi giocare a pallacanestro con noi?
Do you want to play basketball with us?

palla a volo, la [PAHllah ah VAWlo] *n.* •
  volleyball
  giocare a palla a volo • to play volleyball
Abbiamo giocato a palla a volo sulla spiaggia.
We played volleyball on the beach.

palloncino, il [pahllonCHEEno] *n.* • balloon
Il pallocino sale in alto.
The balloon is floating to the ceiling.

palpebra, la [PAHLpebrah] *n.* • eyelid
La palpebra superiore mi fa mala.
My upper eyelid is sore.

panchina, la [panKEEnah] *n.* • bench
Nel parco si siedono sulla panchina.
They sit down on a bench in the park.

pane, il [PAHne] *n.* • bread
  panetteria, la *n.* • bakery
  pane e marmellata • bread and jam
  pane abbrustolito, il • toast
Il pane si fa col farina di grano.
Most white bread is made from wheat flour.

Elena mette il burro sul pane abbrustolito.
Helen puts butter on her toast.

paniere, il [pahnYEYre] *n.* • basket
Mia madre mette la frutta nel paniere.
My mother is putting the fruits in a basket.

panino, il [pahNEEno] *n.* • roll
  panino imbottito *n.* • sandwich
Metto il burro sul panino.
I put butter on my roll.

panna, la [PAHNnah] *n.* • cream
Mio padre mette la panna nel caffè.
My dad puts cream in his coffee.

pantaloni, i *(pl.)* [pahntahLOnee] *n.* • pants;
  trousers
Mi stiro i pantaloni.
I'm ironing my pants myself.

pantera, la [pahnTEYrah] *n.* • panther
La pantera si somiglia al leopardo ma è nera.
The panther resembles a leopard but is black.

pantofola, la [pahnTOfolah] *n.* • slipper
In casa la nonna porta le pantofole.
Grandma wears her slippers at home.

pappagallo, il [pahppahGAHLlo] *n.* •
  parakeet; parrot
Questo pappagallo fa molto chiasso!
This parakeet is a very noisy bird!

paracadute, il [pahrahcahDOOte]   *n.*   • parachute
Un giorno farò un salto col paracadute.
One day I'm going to make a parachute jump.

paragrafo, il [pahRAHgrahfo]   *n.*   • paragraph
Scrivi due paragrafi per domani.
Write two paragraphs for tomorrow.

parco, il [PAHRko]   *n.*   • park
Faremo volare l'aquilone nel parco.
We are going to fly our kites in the park.

parecchi [pahREKkee]   *adj.; pron.*   • several
Aspettiamolo parecchi minuti in più.
Let's wait for him several more minutes.

parlare [pahrLAHre]   *v.*   • to speak; to talk
parlo   parliamo
parli   parlate
parla   parlano
Dopo scuola parlerò con il professore.
I will speak with the teacher after class.

Il ragazzo parla troppo.
That boy talks too much.

parola, la [pahRAWlah]   *n.*   • word
Ho cercato la parola nel dizionario.
I looked up the word in the dictionary.

parte, la [PAHrte]   *n.*   • part; role
   parte principale, la   *n.*   • lead role
Ecco una parte del giornale.
Here is one part of the newspaper.

Quale parte interpreti nel dramma?
Which role do you have in the play?

partire [pahrTEEre]   *v.*   • to go; to leave for
parto   partiamo
parti   partite
parte   partono

Domani andremo a Parigi.
Tomorrow we're going to Paris.

passaporto, il [pahssahPORto] *n.* • passport
Se perdi il passaporto, telefona l'ambasciata.
If you lose your passport, call the embassy.

passare [pahsSAHre] *v.* • to spend (time)
passo	passiamo
passi	passate
passa	passano

Paolo passa un mese al camping.
Paul spends a month at summer camp.

passatempo, il [pahssahTEMpo] *n.* • hobby
Qual'è il tuo passatempo preferito?
What is your favorite hobby?

passato, il [pahsSAHto] *n.* • past
Nella classe di storia studiamo il passato.
In history class, we study the past.

passeggiata, la [pahsseyJAHtah] *n.* • walk
Camminiamo da tre ore.
We have been walking for three hours.

passeggero, il [pahsseydJEYro] *n.* •
passenger
I passeggeri sono sul treno.
The passengers are on the train.

passo, il [PAHSso] *n.* • step
Quanti passi in quella direzione?
How many steps are there in the directions?

pasta, la [PAHstah] *n.* • noodles
Mettiamo il burro sulla pasta.
Let's put butter on the noodles.

pastello, il [pahsTELlo] *n.* • crayon
Il bambino colora con i pastelli.
The child is drawing with her crayons.

pasto, il [PAHsto] *n.* • meal
La mattina prendiamo un pasto leggiero.
We have a light meal in the morning.

pastore, il; pastorella, la [pahSTOre;
 pahstoRELlah] *n.* • shepherd; shepherdess
 pastore tedesco *n.* • German shepherd
Il pastore guarda le pecore.
The shepherd watches the sheep.

patata, la [pahTAHtah] *n.* • potato
Con la bistecca preferisci patate al forno?
Would you like a baked potato with your steak?

pattinare [pahtteeNAHre] *v.* • to skate
 pattinare sul ghiaccio • to ice skate
 pattinatore, il; pattinatrice, la *n.* • skater
 pattine, il *n.* • skate
Mi piace pattinare.
I like to skate.

paura, la [PAHoorah] *n.* • fear
Temo per la mia vita quando lui guida.
I fear for my life when he is driving.

pavimento, il [pahveeMEYNto] *n.* • floor
Scópo il pavimento.
I am going to sweep the floor.

pazzo (-a) [PAHTtso] *adj.* • crazy; mad
Sei pazzo! Fa troppo freddo per andare a nuotare.
You are crazy! It's too cold to go swimming.

pecora, la [PEKorah] *n.* • sheep
Le pecore seguono il pastore.
The sheep are following the shepherd.

pelle, la [PELle] *n.* • skin
Il bimbo ha la pelle morbida.
The baby has soft skin.

pelliccia, la [peylLEEchah] *n.* • fur
La pelliccia del coniglio è molto soffice.
The rabbit's fur is very soft.

penna, la [PEYNnah] *n.* • pen; feather
　penna a biro, la *n.* • ball-point pen
Prestami la penna per scrivere l'indirizzo?
May I borrow your pen to write down the address?

Il pappagallo ha le penne variopinte.
The parrot has colorful feathers.

pensare [peynSAHre] *v.* • to think
　pensare a • to think about; of

penso	pensiamo
pensi	pensate
pensa	pensano

Penso che siamo in ritardo!
I think we are late!

pepe, il [PEYpe] *n.* • pepper
Per favore passa il sale e pepe.
Please pass the pepper and salt.

peperone, il [peypeyROne] *n.* • pepper (green)
A Giovanni piacciono i peperoni fritti.
John likes fried peppers.

per [PEYR] *prep.* • for; in order to; in order that
　per via aerea • (by) airmail
Questo regalo è per te.
This present is for you.

per favore [peyr fahVOre] *interj.* • please
Mi passi il sale, per favore?
May I have the salt, please?

per sempre [peyr SEMpre] *adv.* • forever
Terrò questo ricordo per sempre.
I will keep this memory forever.

pera, la [PEYrah] *n.* • pear
Il vaso è pieno di pere e mele.
The fruit bowl is full of pears and apples.

perché [peyrKAY] *conj.; adv.* • because; why
Giovanni non puo' andare perché è occupato.
John can't go because he has work to do.

Perché sei così triste?
Why are you so sad?

perdere [PEYRdere] *v.* • to lose
  perdere peso • to lose weight
    perdo   perdiamo
    perdi   perdete
    perde   perdono
Ho perduto la strada nella folla.
I lost my way in the crowd.

perdonare [peyrdoNAHre] *v.* • to forgive; to
  pardon
Mi perdonerai se sono in ritardo?
Will you forgive me for being late?

Perdona la mia interruzione.
I hope you will pardon my interruption.

perfetto (-a) [peyrFETto] *adj.* • perfect
Quella scultura è perfetta.
That sculpture is perfect.

pericolo, il [peyREEkawlo] *n.* • danger
Durante la battaglia i soldati erano in grande pericolo.
The soldiers were in great danger during the battle.

pericoloso (-a) [peyreekoLOso] *adj.* •
  dangerous

È pericoloso lo sci?
Is skiing dangerous?

periodo, il [peREEodo] *n.* • sentence
Scrivere cinque periodi in italiano.
Write five sentences in Italian.

permanente, la [peyrmahNENte] *n.* • perm
(anent)
Va dal parrucchiere per farsi la permanente.
She goes to the hairdresser's to get a perm.

permesso, il [peyrMESso] *n.* • permission
Abbiamo bisogno del permesso dei genitori per andare
alla gita.
We need our parent's permission to go on the trip.

permettere [peyrMETtere] *v.* • to permit
    permetto   permettiamo
    permetti   permettete
    permette   permettono
Il professore non ci permette di parlare in classe.
The teacher doesn't permit us to talk in class.

persona, la [peyrSOnah] *n.* • person
  personalità, la *n.* • personality
Come si chiama quella persona?
What is that person's name?

pesante [peyZAHNte] *adj.* • heavy
Questa scatola è troppo pesante per me.
This box is too heavy for me.

pesare [peyZAHre] *v.* • to weigh
  aumentare peso • to gain weight
  peso, il *n.* • weight
    peso   pesiamo
    pesi   pesate
    pesa   pesano

Il negoziante pesa la frutta.
The grocer weighs the fruit.

pesca, la [PESkah] *n.* • peach
Sono mature queste pesche?
Are these peaches ripe?

pescare [peySKAHre] *v.* • to fish
Ci piace pescare durante l'estate.
We like to fish in the summer.

pesce, il [PEYshe] *n.* • fish
  spina di pesce, la; lisca, la *n.* • fishbone
  pesce rosso • goldfish
Il menù contiene pesce?
Is there fish on the menu?

pettinarsi [peytteeNAHRsee] *v.* • to brush;
  to comb (one's hair)
    mi pettino   ci pettiniamo
    ti pettini   vi pettinate
    si pettina   si pettinano
Mi pettino i capelli ogni mattina.
I brush my hair every morning.

pettine, il [PETteene] *n.* • comb
Ho la spazzola, ma dov'è il pettine?
I have my brush, but where is my comb?

petto, il [PEYTto] *n.* • chest
È un uomo dal petto largo.
He's a broad-chested man.

pezzo, il [PETtso] *n.* • piece
Ci sono rimasti tre pezzi di tórta di mele.
There are three pieces of pie left.

piacere, il [pyahCHEYre] *n.* • pleasure
  con piacere! • with pleasure!
  piacere *v.* • to like

piaccio	piac(c)iamo
piaci	piacete
piace	piacciono

Possiamo avere il piacere di venire a cenare con voi?
May we have the pleasure of joining you for dinner?

piacevole *(m., f.)* [pyahCHEYvole] *adj.* •
pleasant
Abbiamo fatto una passeggiata piacevole in campagna.
We had a very pleasant walk in the country.

pianeta, il [pyahNEYtah] *n.* • planet
Quale pianeta è più vicino al sole?
Which planet is nearest the sun?

piangere [PYAHNjere] *v.* • to cry

piango	piangiamo
piangi	piangete
piange	piangono

Molte persone piangevano durante il funerale.
Many people cried during the funeral.

piano (-a) [PYAHno] *adj.; adv.* • flat; slowly
  pian terreno *n.* • ground floor
  piano, il *n.* • floor (in a building)
Ci bisogna una superficie piana per questa partita.
You need a flat surface to play this game.

Va piano!
Go slowly!

pianoforte, il [pyahnoFAWRte] *n.* • piano
Lei suona il pianoforte molto bene.
She plays the piano very well.

pianta, la [PYAHNtah] *n.* • plant
  piantare *v.* • to plant
Molte piante hanno bisogno di luce.
Most plants need sunlight.

piatto, il [PYAHTto] *n.* • plate; dish
Mettiamo il cibo nei piatti.
We put food on our plates.

Per favore metti i piatti nella credenza.
Please put the dishes away in the cupboard.

piazza, la [peeAHTtsah] *n.* • square
Ci vediamo in piazza.
Let's meet in the square.

piccolo (-a) [PEEKkawlo] *adj.* • small; little;
young
Queste scarpe sono troppo piccole!
These shoes are too small!

Hanno una piccola casa.
They have a small house.

E troppo piccolo per guidare.
He is too young to drive.

piede, il [peeYEde] *n.* • foot
a piedi • on foot
Mi stai pestando il piede!
You are stepping on my foot!

piegare [PYEYgahre] *v.* • to fold
piego   pieghiamo
pieghi   piegate
piega   piegano
Piego gli asciugamani prima di metterli via.
I fold the towels before I put them away.

pieno (-a) [PYEYno] *adj.* • full
Il cielo è pieno di nubi.
The sky is full of clouds.

pietra, la [PYEYtrah] *n.* • rock; stone
Saliamo su questa grande pietra.
Let's climb this big rock.

pigiama, il [peeJAHmah] *n.* • pajamas
Ho dimenticato di impaccare il pigiama.
I forgot to pack my pajamas.

pigro (-a) [PEEgro] *adj.* • lazy
Questo gatto è così pigro! Dorme tutto il giorno.
This cat is so lazy! He sleeps all day.

pilota, il [peeLAWtah] *n.* • pilot
È un pilota un pilota dell'Alitalia.
He is a pilot for Alitalia.

pioggia, la [PYAWDjah] *n.* • rain
La pioggia ha bagnato l'erba.
The grass is wet from the rain.

piovere [PYOvere] *v.* • to rain
Quando piove stiamo in casa.
When it rains, we stay home.

pipa, la [PEEpah] *n.* • pipe
Mio nonno fuma la pipa.
My grandfather smokes a pipe.

piroscafo, il [peeROskahfo] *n.* • steamship
Il piroscafo è arrivato a New York.
The steamship arrived in New York.

piscina, la [peeSHEEnah] *n.* • pool (swimming)
Andiamo a nuotare nella piscina!
Let's go swimming in the pool!

piselli, i [peeSELlee] *n. pl.* • peas
Preferiamo i piselli freschi.
We prefer fresh peas.

pistola, la [peeSTOlah] *n.* • gun
Devi essere prudente con le pistole.
You must be careful with guns.

pittura, la [peetTOOrah] *n.* • painting; picture
È una bella pittura.
It is a pretty painting.

più [PYOO] *adv.* • more
più o meno • more or less
Per favore dammi un po' di tórta in più.
Please let me have a little more cake.

piuttosto [pyootTOsto] *adv.* • rather
Questo film è piuttosto lungo.
This movie is rather long.

plastica, la [PLAHsteekah] *n.* • plastic
Questo giocattolo è di plastica.
This toy is made of plastic.

poco (-a) [PAWko] *adj.* • little; few
a poco a poco • little by little
un altro poco • some more
Mi piacerebbe un altro poco di caffè.
I would like a little more coffee, please.

Ci sono rimasti solamente pochi biscotti.
There are only a few cookies left.

poema, il [poEmah] *n.* • poem
poesia, la *n.* • poetry
poeta, il *n.* • poet
Le parole di questa canzone provengono da un poema.
The words to this song are from a poem.

Mi piace la poesia di William Shakespeare.
I like the poetry of William Shakespeare.

poi [PAWyee] *adv.* • afterwards
Abbiamo cenato e poi abbiamo fatto una passaggiata.
We ate dinner, then afterwards we went for a walk.

polizia, la [poleeTSEEah] *n.* • police
poliziotto, il; poliziotta, la *n.* • police
officer; policeman; police woman

Il poliziotto ci ha aiutato a trovare l'hotel.
The police officer helped us find our hotel.

pollice, il [POHLleechey] *n.* • thumb
I smashed my thumb.
Mi son fatto male il pollice.

pollo, il [POLlo] *n.* • chicken
Abbiamo una buona ricetta per il pollo.
We have a good recipe for chicken.

Polonia, la [poLAWnyah] *n.* • Poland
  polacco (-a) *n.; adj.* • Polish; Pole
Varsavia è la capitale della Polonia.
Warsaw is the capital of Poland.

poltrona, la [polTROnah] *n.* • armchair; easy
  chair
Siediti su questa poltrona comoda.
Sit down in this comfortable armchair.

polvere, la [POLvere] *n.* • dust
La polvere mi fa starnutire.
Dust makes me sneeze.

pomeridiano [pomeyreeDYAHno] *adj.* • p.m.
Sono le sei pomeridiane ed è l'ora di cena.
It's 6:00 p.m. and time for dinner.

pomeriggio, il [pomeREEDjo] *n.* • afternoon
Siamo partiti nel pomeriggio.
We left in the afternoon.

pomodoro, il [pomoDAWro] *n.* • tomato
I pomodori sono buoni col basilico.
Tomatoes taste good with basil.

pompelmo, il [pomPEYLmo] *n.* • grapefruit
Mi piace un pompelmo con la colazione.
I like grapefruit with my breakfast.

ponte, il [PONte] *n.* • bridge
Il ponte Golden Gate si trova a San Francisco.
The Golden Gate Bridge is in San Francisco.

porta, la [PAWRtah] *n.* • door; gate
Per favore apri la porta per gli invitati.
Please open the door for our guests.

portabagagli, il [pawrtahbahGAHLyee] *n.* •
trunk
Apriamo il portabagagli della macchina.
Let's open the trunk of the car.

portafoglio, il [pawrtahFOLyo] *n.* • billfold;
wallet
Io metto i soldi nel portafoglio.
I keep my money in my billfold.

portare [porTAHre] *v.* • to bring (person;
thing); to carry; to wear
porto	portiamo
porti	portate
porta	portano
Lui porta gli amici alla festa.
He is bringing his friend to the party.

Porteró la valigia nella mia camera.
I'm going to carry my suitcase to my room.

Lui porta la maglia azzurra.
He is wearing his blue sweater.

porto, il [PAWRto] *n.* • port
Questa nave viene al porto.
The ship comes into port.

Portogallo, il [portoGAHLlo] *n.* • Portugal
portoghese *(m., f.)* *n.; adj.* • Portuguese
Passeremo le vacanze in Portogallo.
We are going to spend our vacation in Portugal.

possedere [posseyDEre] *v.* • to own
posseggo (posseggo) possediamo
possiedi possedete
possiede possiedono (posseggono)
Il nostro ricco amico possiede molte case.
Our wealthy friends own several houses.

posta, la [PAWstah] *n.* • mail
Ho ricevuto posta oggi?
Did I get any mail today?

posto, il [PAWsto] *n.* • seat; station
posto di polizia, il • police station
È occupato questo posto vicino a te?
Is the seat next to you taken?

potere [poTEYre] *v.* • to be able; can; may
posso possiamo
puoi potete
può possono
Essi possono risolvere questo problema.
They are able to solve this problem.

Posso aiutarti?
May I help you?

povero (-a) [PAWvero] *adj.* • poor
Questi poveri non hanno soldi.
These poor people don't have enough money.

pranzo, il [PRAHNzo] *n.* • dinner; lunch
sala da pranzo, la *n.* • dining room
Mia zia mi ha invitato a pronzo.
My aunt invited me for dinner.

pratico (-a) [PRAHteeko] *adj.* • practical
Non è pratico telefonare, ma scrivici.
It won't be practical to call, but please write to us.

prato, il [PRAHto] *n.* • lawn
Falcio il prato quando cresce troppo l'erba.
I mow the lawn when the grass gets too high.

preferire [preyfeyREEre] *v.* • to prefer
preferisco   preferiamo
preferisci   preferite
preferisce   preferiscono
Preferisci gelato alla vaniglia o a cioccolato?
Do you prefer vanilla or chocolate ice cream?

preferito (-a) [preyfeyREEto] *adj.* • favorite
Qual'è il tuuo colore preferito?
What is your favorite color?

premio, il [PREMyo] *n.* • prize
Il primo premio è una nuova macchina.
The first prize is a new car.

prendere [PREYNdere] *v.* • to take
  prendere un raffreddore • to catch a cold
prendo   prendiamo
prendi   prendete
prende   prendono
Prendi il latte nel frigo.
Take the milk out of the fridge.

Prendiamo il treno a mezzogiorno.
We take the train at noon.

preoccupato (-a) [preyawkkooPAHto] *adj.* •
worried
Paolo è preoccupato riguardo i suoi punti.
Paul is worried about his grades.

preparare [preypahRAHre] *v.* • to prepare
  preparare la tavola • to set the table
preparo   prepariamo
prepari   preparate
prepara   preparano
Mia sorella prepara la cena stasera.
My sister is preparing dinner tonight.

preparazione, la [preypahrahTSYOne] *n.* •
preparation

Stiamo facendo le preparazioni per il viaggio.
We are making preparations for our trip.

presentare [preyseynTAHre] *v.* • to introduce
    presento   presentiamo
    presenti   presentate
    presenta   presentano
Signor Brown, le presento i miei genitori.
Mr. Brown, I'd like to introduce you to my parents.

preside, il [PREzeede] *n.* • principal
Quest'anno la scuola ha un nuovo preside.
The school has a new principal this year.

presidente, il [prezeeDENte] *n.* • president
Il presidente fa un discorso alla televisione.
The president is giving a speech on T.V.

prestare [preysTAHre] *v.* • to lend
    presto   prestiamo
    presti   prestate
    presta   prestano
Puoi prestarmi un dollaro?
Can you lend me a dollar?

presto [PRESto] *adv.* • early; soon
  A presto vederci! • See you soon!
Si alzano presto per andare a scuola.
They get up early to go to school.

L'aereo arriverà presto.
The plane will arrive soon.

prezioso (-a) [preyTSYOso] *adj.* • precious
I diamanti sono pietre preziose.
Diamonds are precious stones.

prezzo, il [PRETtso] *n.* • price
Qual'è il prezzo della bicicletta?
What's the price of this bike?

prigione, la [preeJOne] *n.* • prison
prigioniero, il *n.* • prisoner
I criminali sono in prigione.
The criminals are in prison.

prima (di) [PREEmah] *adv.* • before; ahead (of)
Sono partiti prima dell'alba.
They left on their trip before dawn.

Arriva sempre prima di me.
She always arrives ahead of me.

primavera, la [preemahVErah] *n.* • spring
A primavera piove molto.
It rains a lot in the spring.

primo (-a) [PREEmo] *adj.* • first
È la prima volta che lei ha viaggiato in un avioggetto.
It's the first time she has flown on a jet.

principe, il [PREENcheepe] *n.* • prince
Il principe e la principessa sono i figli del rè.
The prince and princess are the king's children.

principio, il [preenCHEEpyo] *n.* • beginning
Gennaio è il principio dell'anno.
January is the beginning of the year.

privato (-a) [preeVAHto] *adj.* • private
Non aprire la lettera, è privata!
Don't open that letter, it's private!

probabilmente [probahbeelMENte] *adv.* •
probably
Non ho deciso, ma probabilmente andrò con te.
I haven't decided, but I'll probably go with you.

problema, il [proBLEYmah] *n.* • problem
Ti aiuto a risolvere il problema.
I'll help you solve the problem.

processo, il [proCHESso] *n.* • trial
Il giudice ha fissato il processo per l'otto novembre.
The judge set the trial for November 8.

procione, il [procheeYOne] *n.* • raccoon
I procioni hanno il pelo lungo.
Raccoons have thick fur.

professione, la [professYOne] *n.* •
profession
   professore, il; professoressa, la *n.* •
   teacher
I medici imparano la professione attraverso anni di
istruzione.
Doctors learn their profession through years of training.

profondo (-a) [proFAWNdo] *adj.* • deep
Questo lago è abbastanza profondo nel centro.
This lake is quite deep in the middle.

profumo, il [proFOOmo] *n.* • perfume
Il profumo francese ha un ottimo odore.
This French perfume smells lovely.

progetti, i [proJETti] *n.* • plans
Hai dei progetti per il weekend?
Do you have plans for the weekend?

progresso, il [proGRESso] *n.* • progress
Stai facendo progresso nell'esperimento di scienza?
Are you making progress in your science experiment?

promettere [proMEYTtere] *v.* • to promise
   promessa, la *n.* • promise
      prometto   promettiamo
      prometti   promettete
      promette   promettono
Promettiamo di essere cauti!
We promise to be careful!

pronto (-a) [PRONto] *adj.* • ready; hello
(telephone)
Siamo pronti per partire.
We are ready to go.

pronunziare [pronoonTSYAHre] *v.* • to
pronounce

pronunzio	pronunziamo
pronunzi	pronunziate
pronunzia	pronunziano

Come si pronunzia questa parola?
How do you pronounce this word?

proprio (-a) [PROpreeyo] *adj.* • own
Questa è la mia propria macchina fotografica.
This is my very own camera.

prosciutto, il [proSHOOTto] *n.* • ham
Vorrei un panino al prosciutto.
I would like a ham sandwich.

prossimo (-a) [prawsSEEmo] *adj.* • next
prossima volta, la • next time
La prossima volta guido io.
Next time I drive.

proteggere [proTEDjere] *v.* • to protect

proteggo	proteggiamo
proteggi	proteggete
protegge	proteggono

Il gatto protegge i gattini.
The cat protects her kittens.

provare [proVAHre] *v.* • to try
Sto provando di scrivere una lettera in italiano.
I am trying to write a letter in Italian.

provincia, la [proVEENchah] *n.* • province
Quante provincie ci sono in Canada?
How many provinces are there in Canada?

155

prugna, la [PROOnyah] *n.* • plum
Le prugne non sono di stagione ora.
Plums aren't in season now.

psicologia, la [pseekoloJEEAH] *n.* • psychology
Mia sorella studia la psicologia all'università.
My sister is studying psychology at the university.

pubblicità, la [poobbleecheeTAH] *n.* •
advertisement; publicity
Ci sono molte pubblicità in questa rivista.
There are a lot of advertisements in this magazine.

Gli attori ricevono molta pubblicità.
Movie stars get lots of publicity.

pubblico (-a) [POOBbleeko] *adj.* • public;
audience (n.)
È una seduta pubblica e tutti sono benvenuti.
This is a public meeting and everyone is welcome.

pulire [pooLEEre] *v.* • to clean
pulisco	puliamo
pulisci	pulite
pulisce	puliscono
Puliamo la casa ogni settimana.
We clean the house each week.

pulito (-a) [pooLEEto] *adj.* • clean
Ogni lunedì mette le lenzuola pulite sul letto.
Every Monday she puts clean sheets on the beds.

pullover, il [poolLAWVer] *n.* • sweater
Ho freddo! Dov'è il pullover?
I'm cold! Where is my sweater?

pungere [POONjere] *v.* • to sting
pungo	pungiamo
pungi	pungete
punge	pungono

Questi insetti pungono!
These bugs sting!

punire [pooNEEre] *v.* • to punish

punisco	puniamo
punisci	punite
punisce	puniscono

Puniranno il criminale.
They are going to punish the criminal.

Q

quaderno, il [kwahDERno] *n.* • notebook
Per ogni classe ho un quaderno.
I have a notebook for each class.

quadrato (-a) [kwahDRAHto] *adj.* • square
La salvietta è quadrata.
The napkin is square.

quadro, il [KWAHdro] *n.* • picture (painting)
Questo quadro è molto bello.
This picture is very beautiful.

qualche [KWAHLke] *adj.; adv.* • any; some
in qualche parte • somewhere
qualche cosa • anything; something
qualche volta • sometimes
Hai qualche spicciolo?
Do you want some small change?

qualcosa [kwahlKOzah] *pron.* • something
Per favore, dammi qualcosa da mangiare.
Please give me something to eat.

qualcuno [kwahlKOOno] *pron.* • anyone; somebody
Qualcuno vuole latte?
Does anyone want milk?

quale [KWAHle] *adj.* • which
Quale libro vuoi?
Which book do you want?

quando [KWAHNdo] *adv.* • when
Dimmi quando vuoi partire.
Tell me when you want to leave.

quanto (-a) [QWANto] *adj.; adv.* • how
quanto (-i)? • how many (much)?
Quanti anni hai? • How old are you?
Quanto è lontano —? • How far is —?
Quanti anni hai?
How old are you?

quaranta [kwahRAHNtah] *adj.* • forty
L'autobus può trasportare quaranta passeggeri.
The bus can carry forty passengers.

quasi [KWAHzee] *adv.* • almost; nearly
quasi mai • hardly ever
È quasi l'ora di partire.
It's almost time to go.

quarto, il [KWAHRto] *n.* • quarter
Tagliamo la mela in quattro quarti.
Let's cut the apple into four quarters.

quattordici [kwahtTORdeechee] *adj.* • fourteen
Invito quattordici amici a casa.
I am inviting fourteen friends to my house.

quattro [KWAHTtro] *adj.* • four
La tavola ha quattro piedi.
The table has four legs.

quello (-a) [KWEYLlo] *pron.; adj.* • that;
those *(pl.)*
Per favore passami quel libro.
Please pass me that book over there.

Voglio quelle mele.
I want those apples.

quercia, la [KWERchah] *n.* • oak
Questa tavola è di quercia.
The table is made of solid oak.

questo (-a) [KWEYsto] *pron.; adj.* • this
Quest'uomo è mio padre.
This man is my father.

Riconosco questi bambini.
I recognize these children.

questura, la [kweysTOOrah] *n.* • police
station
La questura è nella Via Romana.
The police station is on Roman Street.

qui [KWEE] *adv.* • here
Sono qui.
I'm here.

quindici [KWEENdeechee] *adj.* • fifteen
Abito a quindici chilometri di qui.
I live fifteen kilometers from here.

R

raccolta, la [rahkKAWLtah] *n.* • harvest
Gli agricoltori hanno fatto una buona raccolta quest'anno.
The farmers have a good harvest this year.

raccontare   [rahkkonTAHre]   *v.*   •   to tell

racconto	raccontiamo
racconti	raccontate
racconta	raccontano

Il nonno ci racconta una favola ogni sera.
Grandpa tells us a story every night.

racconto, il   [rahkKONto]   *n.*   •   story; tale
Dimmi il racconto di come vi siete conosciuti.
Tell me the story of how you met her.

radio, la   [RAHdyo]   *n.*   •   radio
Ascoltano la radio.
They are listening to the radio.

radunare   [rahdooNAHre]   *v.*   •   gather
Raduna i bambini per giocare una partita.
Gather the children so we can play a game.

raffreddore, il   [rahffredDOre]   *n.*   •   cold (illness)
Ho un raffreddore da una settimana.
I had a cold for a week.

ragazza, la; ragazzo, il   [rahGAHTtsah; rahGAHTtso]   *n.*   •   girl; boy
Ci sono tre ragazze e due ragazzi nella stanza.
There are three girls and two boys in the room.

raggiungere   [rahdJYOONjere]   *v.*   •   to catch up with

raggiungo	raggiungiamo
raggiungi	raggiungete
raggiunge	raggiungono

Ho raggiunto il gruppo.
I caught up with the group.

ragione, la   [rahJOne]   *n.*   •   reason
ragionevole *(m., f.)*   *adj.*   •   reasonable
Qual'è la ragione per la sua decisione?
What's the reason for your decision?

ragno, il [RAHnyo] *n.* • spider
Hai paura dei ragni?
Are you afraid of spiders?

rallentare [rahlleynTAHre] *v.* • to slow down
Rallenta! Vai troppo veloce!
Slow down! You are going too fast!

rammentare [rahmmeynTAHre] *v.* • to remind
Per favore rammentami di prendere la medicina.
Please remind me to take my medicine.

ramo, il [RAHmo] *n.* • branch
I rami sono spogli d'inverno.
The tree branches are bare in winter.

rana, la [RAHnah] *n.* • frog
Ci sono diverse rane in questo laghetto.
There are several frogs in this pond.

rapido (-a) [RAHpeedo] *adj.* • quick; rapid;
fast
rapidamente *adv.* • quickly
Faccio una doccia rapida prima di partire.
I'll take a quick shower before I go.

Questo treno è un rapido.
This is a rapid train.

raro (-a) [RAHro] *adj.* • rare
Hai dei francobolli rari?
Do you have any rare stamps?

rasoio, il [rahSOyo] *n.* • razor
Mio fratello si rade col rasoio elettrico.
My brother shaves with an electric razor.

ravanello, il [rahvahNELlo] *n.* • radish
Questi ravanelli sono del nostro orto.
These radishes are from our kitchen garden.

rè, il [REY] *n.* • king
Il rè porta la corona.
The king wears a crown.

rebus, il [REYboos] *n.* • puzzle
Questo rebus ha 1000 pezzi.
This puzzle has 1000 pieces.

regalo, il [reyGAHlo] *n.* • present; gift
Guarda i regali sotto l'albero di Natale!
Look at all the presents under the Christmas tree!

regina, la [reyJEEnah] *n.* • queen
La regina abita nel castello.
The queen lives in the castle.

regione, la [reJOne] *n.* • region
Di quale regione sei?
What region of the country are you from?

registrare [reyjeesTRAHre] *v.* • to record
Il professore ha registrato la nostra conversazione in classe.
The teacher records our conversations in class.

registratore, il [reyjeestrahTOre] *n.* •
recording; tape recorder
registrazione a nastro • tape recording
Ho nuovo registratore.
I have a new recording.

regola, la [reyGOlah] *n.* • rule
Hai imparato le regole del gioco?
Have you learned the rules of the game?

responsabilità, la [reysponsahbeeleeTAH] *n.*
• responsibility
Abbiamo la responsabilità di fare i nostri compiti.
We have a responsibility to do our homework.

restituire [reysteetooEERe] *v.* • to return; to give back

restituisco	restituiamo
restituisci	restituite
restituisce	restituiscono

Ho restituito la palla a Mario.
I returned the ball to Mario.

rettangolo, il [retTAHNgolo] *n.* • rectangle
Il rettangolo ha quattro lati.
A rectangle has four sides.

ricco (-a) [REEKko] *adj.* • rich; wealthy
Il mio ricco zio ha cinque macchine.
My rich uncle owns five cars.

ricetta, la [reeCHETtah] *n.* • recipe
Questa ricetta richiede un intero pollo.
The recipe calls for one whole chicken.

ricevere [reeCHEYvere] *v.* • to get; to receive

ricevo	riceviamo
ricevi	ricevete
riceve	ricevono

Se studi molto, riceverai un buon punto.
If you study hard, you will get a good grade.

ricollocare [reekolloKAHre] *v.* • to replace
Ho ricollocato il vetro rotto alla finestra.
I replaced the broken window.

ricordare [reekorDAHre] *v.* • to remember
Ricordo ancora il mio vecchio numero di telefono.
I still remember my old phone number.

ridere [REEdere] *v.* • to laugh

rido	ridiamo
ridi	ridete
ride	ridono

I bambini ridono quando vedono il pagliaccio.
The children laugh when they see the clown.

riempire [ree-em-PEE-re] *v.* • to fill
Lei riempie i piatti con fettuccine.
She fills their plates with noodles.

riga, la [REEgah] *n.* • ruler
rigo, il *n.* • line
Misuro la carta con la riga.
I measure the paper with a ruler.

rimanere [reemahNEYre] *v.* • to remain
rimango	rimaniamo
rimani	rimanete
rimane	rimangono

Rimanete nei sedili fichè l'aereo si ferma.
Remain in your seats until the plane comes to a stop.

rimproverare [reemproveyRAHre] *v.* • to scold
rimprovero	rimproveriamo
rimproveri	rimproverate
rimprovera	rimproverano

Il babbo ci rimprovera quando facciamo i cattivi.
Dad scolds us when we are naughty.

ringraziare [reengrahTSYAHre] *v.* • to thank
grazie! *interj.* • thank you
ringrazio	ringraziamo
ringrazi	ringraziate
ringrazia	ringraziano

Ringraziozno l'oste prima di partire.
They thank the host before leaving.

rinoceronte, il [reenocheyRONte] *n.* •
rhinoceros
Il rinoceronte ha un corno sulla testa.
The rhinoceros has a horn on its head.

riparare [reepahRAHre] *v.* • to fix
Puoi riparare la gomma?
Can you fix the flat tire?

ripetere [reePEtere] *v.* • to repeat
ripeto   ripetiamo
ripeti   ripetete
ripete   ripetono
Per favore ripeti quello che hai detto ma adagiamente.
Please repeat what you said but more slowly.

riposarsi [reepoSAHRsee] *v.* • to rest
Il dottor mi ha detto di riposarmi tutto il giorno.
The doctor told me to rest all day.

riso, il [REEzo] *n.* • rice
Il pollo mi piace con il riso.
I like chicken with rice.

rispondere [reeSPONdere] *v.* • to answer; to
respond; to reply
risposta, la *n.* • answer
rispondo   rispondiamo
rispondi   rispondete
risponde   rispondono
Respondiamo alle domande 1-10 nel libro.
Answer questions 1-10 in your book.

Qualcuno risponde alla domanda?
Can someone respond to the question?

Rispondo sempre alle sue lettere.
I always reply to his letters.

ristorante, il [reestoRAHNte] *n.* •
restaurant
Sappiamo un buon ristorante e non è caro.
We know a good restaurant that's not too expensive.

ritornare [reetorNAHre] *v.* • to return; to go
back
ritorno   ritorniamo
ritorni   ritornate
ritorna   ritornano
Ritornano dalla gita.
They are returning from their trip.

Ritornano in Europa il mese prossimo.
They go back to Europe next month.

ritratto, il   [reeTRAHTto]   *n.*   •   picture
Ho il ritratto della mia famiglia sulla scrivania.
I have a picture of my family on my desk.

riuscire   [reeooSHEEre]   *v.*   •   to succeed
non riuscire   *v.*   •   to fail
riesco	riusciamo
riesci	riuscite
riesce	riescono

Al lavoro ci riesce.
She succeeds at her work.

rivista, la   [reeVEEStah]   *n.*   •   magazine
Quale rivista ti piace leggere?
Which magazine do you like to read?

romanzo, il   [roMAHNzo]   *n.*   •   novel
Ho comprato un romanzo per leggere sull'aereo.
I bought a novel to read on the plane.

rompere   [ROMpere]   *v.*   •   to break; to smash
rompo	rompiamo
rompi	rompete
rompe	rompono

Il vetro si rompe facilmente.
Glass breaks easily.

Attento a non rompere la fenza con la macchina.
Be careful not to smash the fence with the car.

rosa, la   [RAWzah]   *n.*   •   rose
Amo il profumo delle rose.
I love the smell of roses.

roseo (-a)   [RAWzeo]   *adj.*   •   pink
La bambina ha le gote rosee.
The little girl has pink cheeks!

rosso (-a) [ROSso] *adj.* • red
  arrossire *v.* • to turn red (blush)
  rossetto, il *n.* • lipstick
Il cielo diventa rosso appena dopo il tramonto.
The sky turned red just after sunset.

rotolare [rotoLAHre] *v.* • to roll
La palla rotolava sulla strada.
The ball rolled into the street.

rotondo (-a) [roTONdo] *adj.* • round
Per favore dammi il vassoio rotondo.
Please hand me the round tray.

rovesciare [roveySHAHre] *v.* • to overturn
La rivoluzione rovesciò il governo.
The revolution overturned the government.

rubare [rooBAHre] *v.* • to rob; to steal
La polizia ha catturato colui che ha rubato il negozio.
The police caught the man who robbed the store.

rumore, il [rooMOre] *n.* • noise
Chi sta facendo quel forte rumore?
Who is making that loud noise?

ruota, la [rooAWtah] *n.* • wheel
La bicicletta ha due ruote.
A bicycle has two wheels.

ruscello, il [rooSHELlo] *n.* • stream; brook
Piccoli ruscelli diventano grandi fiumi.
Little streams become great rivers.

Russia, la [ROOSseeah] *n.* • Russia
  russo (-a) *n.; adj.* • Russian
  montagne russe, le *n.* • roller coaster
La Russia è una grande nazione.
Russia is a huge country.

S

sabato, il [SAHbahto] *n.* • Saturday
Sabato andiamo al teatro.
We are going to the theater on Saturday.

sabbia, la [SAHBbyah] *n.* • sand
Costruiamo un castello di sabbia sulla spiaggia.
We are building a sand castle on the beach.

saggio (-a) [SAHDjo] *adj.* • wise
Ci siamo consigliati dal vecchio saggio.
We asked advice of the wise old man.

sala da pranzo, la [SAHlah dah PRAHNzo] *n.*
• dining room
Mangiamo nella sala da pronzo.
We eat in the dining room.

sale, il [SAHle] *n.* • salt
Metti più sale nel brodo.
Put more salt into the soup.

salire [sahLEEre] *v.* • climb; to go up
salgo	saliamo
sali	salite
sale	salgono
Vuoi salire le scale o prendere l'ascensore?
Do you want to climb the steps or take the elevator?

salsa, la [SAHlsah] *n.* • sauce
Per favore metti un po' di salsa sugli spaghetti.
Pour some sauce over my spaghetti, please.

salsiccia, la [salSEETchah] *n.* • sausage
Compriamo la salsiccia alla beccheria.
We buy sausages at the delicatessen.

saltare [sahlTAHre] *v.* • to jump; to leap

salto	saltiamo
salti	saltate
salta	saltano

I ragazzi saltano nella piscina.
The children are jumping into the pool.

salute, la [sahLOOte] *n.* • health
Il camminare fa bene alla salute.
Walking is good for your health.

salvare [sahlVAHre] *v.* • to save; to rescue
salvadanaio, il *n.* • piggy bank

salvo	salviamo
salvi	salvate
salva	salvano

I pompieri hanno salvato la vita del ragazzo.
The firefighter saved the child's life.

salvietta, la [sahlVYETtah] *n.* • napkin
Lei mette la salvietta sulle ginocchia.
She puts the napkin on her lap.

sandalo, il [SAHNdahlo] *n.* • sandal
Porto i sandali d'estate.
I wear sandals in the summer.

sangue, il [SAHNgwe] *n.* • blood
Lui dona il sangue all'ospedale.
He gives blood at the hospital.

sapere [sahPEre] *v.* • to know (facts); to
know how

so	sappiamo
sai	sapete
sa	sanno

So parlare italiano.
I know how to speak Italian.

sapone, il [sahPOne] *n.* • soap
Prima di mangiare mi lavo le mani con il sapone.
I wash my hands with soap before every meal.

sapore, il [sahPOre] *n.* • flavor
Questo brodo ha il sapore di cipolle.
This soup has the flavor of onions.

sarto, il [SAHRto] *n.* • tailor
Il sarto fa il vestito.
The tailor is making a suit.

sassofano, il [sahsSOfahno] *n.* • saxophone
Mio fratello suona il sassofano.
My brother plays the saxophone.

sbagliato (-a) [sbahlYAHto] *adj.* • wrong
La tua addizione è sbagliata.
Your addition here is wrong.

sbaglio, lo [SBAHLyo] *n.* • mistake
Fa sbagli quando non è attento.
He makes mistakes when he's not careful.

sbarazzarsi [sbahrahtTSAHRsi] *v.* • to get rid of
Mi sbarazzai di lui subito.
I got rid of him at once.

scacchi, gli *(pl.)* [SKAHKkee] *n.* • chess
  giocare a scacchi • to play chess
Impariamo a giocare a scacchi.
We are learning to play chess.

scaffale, lo [skahfFAHle] *n.* • shelf; bookcase
Le tazze stanno sul'ultimo scaffale.
The cups are on the bottom shelf.

Ci sono 10 libri sullo scaffale.
There are ten books in the bookcase.

scala, la [SKAHlah] *n.* • ladder
scala mobile, la • escalator
Mio padre sale sulla scala.
My dad is climbing the ladder.

scalinate, la [skahleeNAHte] *n.* • stairs
Saliamo la scalinata.
We climb the stairs.

scampagnata, la [skahmpahNYAHtah] *n.* •
picnic
fare una scampagnata • to go on a picnic
Spero che la pioggia non rovini la scampagnata.
I hope the rain doesn't spoil your picnic.

scarpa, la [SKAHRpah] *n.* • shoe
Ho comprato un nuovo paio di scarpe.
I bought a new pair of shoes.

scatola, la [SKAHtolah] *n.* • box
Questa scatola non è abbastanza grande per metterci
    tutti i iocattoli.
This box isn't big enough for all my toys.

scegliere [SHEYL-yey-re] *v.* • to choose

scelgo	scegliamo
scegli	scegliete
sceglie	scelgono

Devi scegliere l'uno o l'altro.
You have to choose one or the other.

scelta, la [SHEYLtah] *n.* • choice
Patricia vuole fare la scelta giusta.
Patricia wants to make the right choice.

scendere [SHEYNdere] *v.* • to go down
    scendo   sacendiamo
    scendi   scendete
    scende   scendono
Fai attenzione quando scendi le scalinate.
Be careful when you go down the steps.

scendiletto, il [sheyndeeLETto] *n.* • throw
 rug; bedside mat
C'è un scendiletto nella camera de letto.
There is a bedside mat in my bedroom.

scheletro, lo [SKEYleytro] *n.* • skeleton
Quante ossa ci sono nello scheletro?
How many bones are in a skeleton?

schiacciare [SKYAHTchahre] *v.* • to crush
Attenzione! Non schiacciare le uova.
Be careful! Don't crush the eggs!

sci, lo [SHEE] *n.* • ski
  sci nautico, lo *n.* • water skis
  sciare *v.* • to ski
  andare a sciare • to go skiing
I miei sci sono due metri lunghi.
My skis are two meters long.

Andiamo a sciare sulle Alpi.
We go skiing in the Alps

sciarpa, la [SHAHRpah] *n.* • scarf
Porto la sciarpa d'inverno.
I wear a scarf in the winter.

scienza, la [SHENtsah] *n.* • science
  scientifico (-a) *adj.* • scientific
  scienziato, lo *n.* • scientist
Nella classe di scienza abbiamo imparato il magnetismo.
We learned about magnetism in science class.

scimmia, la [SHEEMmyah] *n.* • monkey
Mi piace guardare le scimmie allo zoo.
I like to watch the monkeys at the zoo.

sciocco (-a) [SHAWKko] *adj.* • silly; foolish;
  dumb
È una barzelletta sciocca.
That's a silly joke.

È sciocco guidare così velocemente.
It is foolish to drive so fast.

Ridiamo alle sue parole sciocche.
We all laughed at his dumb remarks.

sciogliersi [SHAWLyeyrsi] *v.* • to melt
L'uomo di neve si scioglie al sole.
The snowman is melting in the sun.

scivolare [sheevoLAHre] *v.* • to slide; to slip
I pattinatori scivolano sul ghiaccio.
The skaters slide on the ice.

scoiattolo, lo [skoYAHTtolo] *n.* • squirrel
C'è uno scoiattolo grigio sull'albero.
There is a grey squirrel in the tree.

scomodo (-a) [SKAWmawdo] *adj.* •
  uncomfortable
Questa sedia è scomoda.
This chair is uncomfortable.

scomparire [skompahREEre] *v.* • to
  disappear

scompaio	scompariamo
scompari	scomparite
scompare	scompaiono
	(*or regular*: scomparisco, *etc.*)

Le stelle sono scomparse al levarsi del sole.
The stars disappeared as the sun came up.

scopa, la [SKOpah] *n.* • broom
Si è servito di una scopa per scopare il pavimento.
He used a broom to sweep the floor.

scopare [skoPAHre] *v.* • to sweep
Mia sorella scopa il pavimento.
My sister is sweeping the floor.

scoprire [skoPREEre] *v.* • to discover
  scoperta, la *n.* • discovery
    scopro   scopriamo
    scopri   scoprite
    scopre   scoprono
Abbiamo scoperto una nuova strada per andare in città.
We discovered a new way to get to town.

scoraggiato (-a) [skorahdJAHto] *adj.* •
  discouraged
La squadra era scoraggiata dopo la perdita della partita.
The team was discouraged after losing the game.

Scozia, la [SKOTsyah] *n.* • Scotland
  scozzese *(m., f.) n.; adj.* • Scottish; Scot
La Scozia è nell'Inghilterra settentrionale.
Scotland is north of England.

scrivania, la [skreevahNEEah] *n.* • desk
I documenti sono sulla scrivania.
The papers are in the desk.

scrivere [SKREEvere] *v.* • to write
    scrivo   scriviamo
    scrivi   scrivete
    scrive   scrivono
Giovanna scrive una lettera alla sua corrispondente.
Janine is writing a letter to her pen pal.

scultore, lo [skoolTOre] *n.* • sculptor
Lo scultore ha scolpito una statua di legno.
The sculptor was carving a statue from wood.

scuola, la [SKWOlah] *n.* • school
Come si chiama la tua scuola?
What's the name of your school?

scuro (-a) [SKOOro] *adj.* • dark; deep (color)
Il cielo diventa scuro dopo il tramonto.
The sky grows dark after the sun sets.

Il vestito è rosso scuro.
The dress is deep red.

scusare [scooSAHre] *v.* • to pardon; to excuse
   Scusi. • Pardon me.
   scuso   scusiamo
   scusi   scusate
   scusa   scusano
Scusami per essere in ritardo.
Please excuse me for being late.

se [SEY] *conj.* • if; whether
Se non posso venire, ti telefonerò.
If I can't come, I'll call you.

Giovanni non sa se può andare o no.
John doesn't know whether he can go or not.

sé stessa; da sola [sey STEYSsah; dah SOlah]
   pron. • herself
Lei sé ne sta tutta sola lì.
She is standing by herself over there.

L'ha fatto da sola.
She did it by herself.

secchia, la [SEYKkyah] *n.* • bucket; pail
Porto l'acqua nella secchia.
I carry water in a bucket.

secco (-a) [SEHKko] *adj.* • dry
Preferisce il vino secco?
Do you prefer a dry wine?

secondo (-a) [seyKONdo] *adj.; prep.* •
second; according to
Questo è il suo secondo viaggio in Italia.
This is her second trip to Italy.

Secondo il giornale, pioverà.
According to the newspaper, it is going to rain.

sedano, il [SEdahno] *n.* • celery
Mia madre compra il sedano al supermercato.
My mother buys celery at the supermarket.

sedersi [seyDEYRsee] *v.* • to sit (down)
   seduto (-a) *past.part.; adj.* • seated
      mi siedo (seggo)   ci sediamo
      ti siedivi   sedete
      si siede   si siedono (seggono)
Sta sempre seduto sulla sua sedia.
He always sits in this chair.

sedia, la [SEdyah] *n.* • chair
   sedia a rotelli, la *n.* • wheel chair
Ci sono sei sedie intorno alla tavola.
There are six chairs around the table.

sedici [SEYdeechee] *adj.* • sixteen
Molte persone imparano a guidare a sedici anni.
Many people learn to drive at sixteen.

segretaria, la; segretario, il [seygreyTAHRyah;
   seygreyTAHRyo] *n.* • secretary
Il mio segretario risponde al telefono.
My secretary answers the phone.

segreto, il [seyGREto] *n.* • secret
Sai mantenere un segreto?
Do you know how to keep a secret?

seguire [seyGWEEre] *v.* • to follow
      seguo   seguiamo
      segui   seguite
      segue   seguono

Seguo sempre le indicazioni del professore.
I always follow the professor's directions.

sei [SEYee] *adj.* • six
Avevo sei anni quando frequentavo la prima.
I was six years old in first grade.

selvatico (-a) [seylVAHteeko] *adj.* • wild
Ci sono molti animali selvatici nella giungla.
There are many wild animals in the jungle.

sembrare [seymBRAHre] *v.* • to appear; to seem
Sembra stanca dal lungo viaggio.
She appears weary from the long trip.

seme, il [SEYme] *n.* • seed
Pianto i semi dei fiori nel giardino.
We plant flower seeds in our garden.

sempre [SEMpre] *adv.* • ever; always
Ceniamo sempre alle diciotto.
We always eat dinner at six o'clock.

senso, il [SENzo] *n.; adj.* • sense
buon senso, il *n.* • common sense; good sense
sensibile *(m., f.)* *adj.* • sensible
sensisitivo (-a) *adj.* • sensitive
Ho senso di benessere.
I have a sense of well-being.

sentiero, il [seynTYEYro] *n.* • path
Questo sentiero porta fuori il bosco?
Does this path lead out of the woods?

sentirsi [senTEERsee] *v.* • to feel

mi sento	ci sentiamo
ti senti	vi sentite
si sente	si sentono

Mi sento male d'aver perduto la partita.
I feel bad about losing the game.

sera, la [SEYrah] *n.* • evening
buona sera • Good evening
di sera • in the evening
ieri sera • last night
stasera • tonight
La sera faccio i compiti in casa.
I do my homework in the evening.

serio (-a) [SEYreeoh] *adj.* • serious
Smettila di ridere e fa il serio!
Stop giggling and be serious!

serpente, il [seyrPENte] *n.* • snake
Il cobra è un serpente pericoloso.
A cobra is a dangerous snake.

servire [seyrVEEre] *v.* • to serve
al vostro servizio • at your service
servire da • to serve as
servizio *n.* • service

servo	serviamo
servi	servite
serve	servono

Prima, serviamo gli ospiti.
First, we serve our guests.

sessanta [seysSAHNtah] *adj.* • sixty
Ci sono sessanta minuti in un ora.
There are sixty minutes in an hour.

settanta [seytTAHNtah] *adj.* • seventy
Mio nonno ha settanta anni.
My grandpa is seventy years old.

sette [SEYTte] *adj.* • seven
Ci sono sette giorni nella settimana.
There are seven days in the week.

settembre *(m.)* [seytTEMbre] *n.* • September
A settembre si ritorna a scuola.
We go back to school in September.

settentrione, il [seyttentreeONe] *n.* • north
America Settentrionale *n.* • North
America
Preferisco vivere nell'America Settentrionale.
I prefer to live in North America.

settimana, la [seytteeMAHnah] *n.* • week
Quali sono i giorni della settimana in italiano?
What are the days of the week in Italian?

severo (-a) [seyVEro] *adj.* • strict
Queste regole sono molto severe.
These rules are very strict.

sfilata, la [sfeeLAHtah] *n.* • parade
Celebrano ogni anno con una grande sfilata.
They celebrate every year with a big parade.

sfortunatamente [sfortoonahtahMENte] *adv.*
• unfortunately
Sfortunatamente, non abbiamo la macchina.
Unfortunately, we have no car.

sgarbato (-a) [sgahrBAHto] *adj.* • impolite
È stato sgarbato non presentarmi al tuo amico.
It was impolite not to introduce me to your friend.

shampoo, lo [SHAHMpo] *n.* • shampoo
farsi lo shampoo • to shampoo
Abbiamo finito lo shampoo.
We are out of shampoo.

sì [SEE] *adv.* • yes
Sì, vorrei un po' di frutta!
Yes, I would like some dessert!

sicurezza, la [zeekooRETtsah] *n.* • safety
Il salvagente è quì per la sicurezza dei nuotatori.
The lifeguard is here for the safety of the swimmers.

sicuro (-a) [zeeKOOro] *adj.* • sure
Sei sicuro che puoi andare?
Are you sure you can go?

sigaretta, la [seegahRETtah] *n.* • cigarette
Non si possono fumare sigarette sull'aereo.
You can't smoke cigarettes on the plane.

significare [see-nyee-fee-KAH-re] *v.* • to mean
Che cosa significa?
What does it mean?

significato, il [see-nyee-fee-KAH-to] *n.* • sense
Il calcolo non ha nessun significato per me.
Calculus makes no sense to me at all.

signora, la [seenYOrah] *n.* • lady; Mrs.
Lei ha le maniere di una signora.
She has the manners of a lady.

Ti presento mia nonna, la signora Smith.
Please meet my grandmother, Mrs. Smith.

signore, il [seenYOre] *n.* • sir; Mr.
  signore e signori • ladies and gentlemen
Signore, mi dà il suo cappello?
May I take your hat, sir?

Ti presento il mio vicino di casa, il signore Stuart.
I'd like you to meet my neighbor, Mr. Stuart.

signorina, la [seenyoREEnah] *n.* • Miss;
  young lady
La nostra professoressa è la signorina Pasko.
Our teacher is Miss Pasko.

silenzio, il [seelenTSYO] *n.* • silence
silenzioso (-a) *adj.* • silent; quiet
Il professore ha intimato silenzio alla classe.
The teacher asked the class for silence.
Quando tutti dormono la casa è silenziosa.
When everyone is sleeping the house is quiet.

silofono, il [seeLAWfawno] *n.* • xylophone
Il silofono ha il suono come quello della campana.
A xylophone makes a sound like bells ringing.

simile *(m., f.)* [SEEmeele] *adj.* • similar
I fratelli sono simili in apparenza.
The brothers are similar in appearance.

simpatico (-a) [seemPAHteeko] *adj.* •
handsome
Martina pensa che tuo fratello è simpatico.
Martine thinks your brother is handsome.

sincero (-a) [seenCHEro] *adj.* • sincere
Lei è sincera riguardo l'amore per gli animali.
She is sincere about her love for animals.

sindaco, il [SEENdahko] *n.* • mayor
L'ufficio del sindaco è al comune.
The office of the mayor is in city hall.

sinistro (-a) [seeNEEStro] *n.; adj.* • left
a sinistra • to the left
mano sinistra, la *n.* • left hand
La nostra casa è dalla parte sinistra della strada.
Our house is on the left side of the street.

sito, il [SEEto] *n.* • location
Quel sito è ottimo per un negozio.
That corner is a good location for a store.

slitta, la [SLEETtah] *n.* • sled
La mia slitta scivola velocemente.
My sled goes down the hill fast.

snello (-a) [SNELlo] *adj.* • slim
Dopo la dieta sembri molto snello.
You're looking very slim after your diet.

sobborgo, il [sobBAWRgo] *n.* • suburb
Il mio amico abita nel sobborgo.
My friend lives in the suburbs.

soddisfatto (-a) [soddeesFAHto] *adj.* •
content; satisfied
Il professore è soddisfatto dei nostri compiti.
The teacher is content with our work.

soffitta, la [sofFEETtah] *n.* • attic
La casa della mia nonna ha una grande soffitta.
My grandmother's house has a big attic.

soffitto, il [sofFEETto] *n.* • ceiling
C'è una mosca sul soffitto.
There is a fly on the ceiling.

soggetto, il [sodJETto] *n.* • subject
Qual'è il soggetto della discussione?
What is the subject of this discussion?

sogno, il [SONyo] *n.* • dream
  sognare *v.* • to dream
Sogna di andare in America.
She dreams about going to America.

solamente [solahMENte] *adj.* • only
Parlo solamente inglese.
I can only speak English.

soldato, il [solDAHto] *n.* • soldier
I soldati aspettano gli ordini.
The soldiers are waiting for their orders.

soldi, i *(pl.)* [SOLdee] *n.* • money
Ho speso tutti i soldi.
I have spent all my money.

sole, il [SOle] *n.* • sun
Il gatto dorme al sole.
The cat is sleeping in the sun.

solido (-a) [SOleedo] *adj.* • solid
Il ghiaccio sul lago è solido.
The ice on the lake is solid.

solito (-a) [SOleeto] *adj.* • usual
Questo è il mio solito posto.
This is my usual seat.

solo (-a) [SOlo] *adj.* • alone
Mi sentivo solo in quella città strana.
I felt alone in the strange city.

somigliare [someelYAHre] *v.* • to look like;
to resemble
Si somiglia alla sorella.
She looks like her sister.

sopra [SOprah] *prep.* • over; above
soprattutto *adv.* • above all
Tengo l'ombrello sopra la testa.
I hold the umbrella over my head.

sordo (-a) [SORdo] *adj.* • deaf
Mia nonna è un po' sorda.
My grandmother is starting to go deaf.

sorella, la [soRELlah] *n.* • sister
Tua sorella sembra una brava ragazza.
Your sister seems like a nice girl.

sorpassare [sorpahsSAHre] *v.* • to pass (car)
Non sorpassare sulla destra.
You should not pass a car on the right.

sorpresa, la [sorPREzah] *n.* • surprise
   sorprendente *(m., f.)* *adj.* • surprising
Non dirlo a nessuno, è una sorpresa!
Don't tell anyone because it's a surprise!

sorridere [sorREEdere] *v.* • to smile
   sorriso, il *n.* • smile
   sorrido   sorridiamo
   sorridi   sorridete
   sorride   sorridono
Sorridiamo per la foto.
We ought to smile for the picture.

sotterraneo, il [sotteyrRAHneyo] *n.* • cellar
Il sotterraneo è sempre fresco e umido.
The cellar is always cool and damp.

sottile *(m., f.)* [sotTEEle] *adj.* • thin
La giraffa ha le zambe sottili.
The giraffe has thin legs.

sotto [SOTto] *prep.* • beneath; under; below
Metto i libri sotto il banco.
I put my books beneath my chair.

I negozi stanno sotto gli appartamenti.
The stores are below the apartments.

sottotazza, la [sottoTAHTtsah] *n.* • saucer
Metti le tazze sulle sottotazze.
Put the cups on the saucers.

Spagna, la [SPAHnyah] *n.* • Spain
   spagnuolo (-a) *n.; adj.* • Spanish
I miei amici hanno passato le vacanze in la Spagna.
My friends spent their vacation in Spain.

spago, lo [SPAHgo] *n.* • string
Mi serve dello spago per l'aquilone.
I need some string for my kite.

spalla, la [SPAHLlah] *n.* • shoulder
Martina le fa male la spalla.
Martine has a sore shoulder.

sparare [SPAHrahre] *v.* • to shoot
Il cacciatore spara il fucile.
The hunter shoots his gun.

spaventoso (-a) [spahvenTOso] *adj.* •
   dreadful; frightening
Il mostro del racconto è spaventoso.
The monster in the story is dreadful.

spazio, lo [SPAHtsyo] *n.* • space
Vuoi andare nello spazio un giorno?
Do you want to go into space one day?

spazzola, la [SPAHTtsolah] *n.* • brush
   spazzolino, lo *n.* • toothbrush
Uso la spazzola per pettinarmi.
I use a brush on my hair.

specchio, lo [SPEKkyo] *n.* • mirror
Guardo nello specchio quando mi pettino.
I look in the mirror when I comb my hair.

speciale *(m., f.)* [speyCHAHle] *adj.* • special
C'è uno spettacolo speciale alla televisione stasera.
There is a special show on T.V. tonight.

specialmente [speychahlMEYNte] *adv.* •
   especially; specially
Mi piace nuotare, specialmente quando fa caldo.
I like to swim, especially when it is hot.

specie, la [SPEchye] *n.* • kind; sort
Che specie di albero è?
What kind of tree is it?

spegnere [SPEYN-yey-re] *v.* • to blow
spengo	spegniamo
spegni	spegnete
spegne	spengono

Spegni la candela!
Blow out the candle!

spendere [SPEYNdere] *v.* • to spend
spendo	spendiamo
spendi	spendete
spende	spendono

Spendiamo troppo denaro.
We spend too much money.

sperare [speyRAHre] *v.* • to hope
pieno di speranza *adj.* • hopeful
disperato (-a) *adj.* • hopeless
Spero che verrai!
I hope you can come!

spesso (-a) [SPEYSso] *adj.; adv.* • thick; often
È una coperta spessa.
This is a thick blanket.

Spesso penso al mio vecchio amico.
I often wonder how my old friend is doing.

spiaggia, la [speeAHDjah] *n.* • beach
Dopo pranzo facciamo una passeggiata sulla spiaggia.
We can take a walk on the beach after dinner.

spiegare [spyey-GAH-re] *v.* • to explain
spiego	spieghiamo
spieghi	spiegate
spiega	spiegano

Per favore spiegaci perché hai fatto questo.
Please explain to us why you did this.

spillo, lo [SPEELlo] *n.* • pin
Quando cuci hai bisogno di spilli.
You need pins when you sew.

spinaci, gli *(pl.)* [speeNAHchee] *n.* • spinach
L'insalata si fa con gli spinaci.
The salad is made with spinach.

spingere [SPEENjere] *v.* • to push
spingo	spingiamo
spingi	spingete
spinge	spingono
Per favore non spingere, mi fai cadere.
Don't push, please, you'll make me fall.

splendido (-a) [SPLENdeedo] *adj.* • splendid
I fuochi pirotecnici sono splendidi.
The fireworks are splendid!

sporco (-a) [SPORko] *adj.* • dirty
Gli stivali sono sporchi.
The boots are dirty.

sport, lo [SPORT] *n.* • sports
Hai giocato qualche sport all'università?
Did you play sports in college?

sposarsi [spoZAHRsi] *v.* • to marry; to get married
mi sposo	ci sposiamo
ti sposi	vi sposate
si sposa	si sposano
Roberto e Jane si sposano domani.
Robert and Jane are getting married tomorrow.

spugna, la [SPOOnyah] *n.* • sponge
Pulisci la vasca da bagno con la spugna.
You clean the bathtub with a sponge.

spuntino, lo [spoonTEEno] *n.* • snack
Quando ritorniamo dalla scuola facciamo uno spuntino.
We have a snack when we get home from school.

squadra, la [SKWAHdrah] *n.* • team
La nostra squadra di pallacanestro ha dodici giocatori.
Our basketball team has twelve players.

squisito (-a) [skeeZEEto] *adj.* • delicious
Questo pranzo è squisito.
This meal is delicious.

stadio, lo [STAHdyo] *n.* • stadium
Andiamo a vedere la partita allo stadio.
We are going to a game at the stadium.

stagione, la [stahJOne] *n.* • season
È l'autunno la tua stagione preferita?
Is autumn your favorite season?

stagno, lo [STAHNyo] *n.* • pond
Le rane stanno nello stagno.
There are frogs in the pond.

stampare [stahmPAHre] *v.* • to print
Quì stampano il giornale.
This is where they print the newspaper.

stanco (-a) [STAHNko] *adj.* • tired
Dopo la partita sono stanco.
I am tired after the game.

stanza, la [STAHNtsah] *n.* • room
  stanza da bagno, la • bathroom
La nostra casa ha otto stanze.
Our house has eight rooms.

stare [STAHre] *v.* • to stay; to be
  stare solo (-a) • to be alone
  stare seduto (-a) • to be sitting
  Come stai? • How are you?
  stare in piedi • to stand
  sta in piedi • standing
  stare zitto • to be quiet

sto	stiamo
stai	state
sta	stanno

Sto dalla mia amica stasera.
I am staying at my friend's house tonight.

La commessa sta in piedi tutto il giorno.
The saleswoman stands all day.

Gli studenti stanno zitti quando il professore entra nella classe.
The students are quiet when the teacher enters the classroom.

stato, lo [STAHto] *n.* • state
Ci son cinquanta stati negli Stati Uniti.
There are fifty states in the United States.

statua, la [STAHtooah] *n.* • statue
La "Venus di Milo" è una statua famosa.
The "Venus de Milo" is a famous statue.

stazione, la [stahTSYOne] *n.* • station
   stazione di servizio, la • service station; gas station
   stazione ferroviaria, la *n.* • train station
Quante stazioni ferroviarie ci stanno a Roma?
How many railroad stations are there in Rome?

stella, la [STEYLlah] *n.* • star
Ci sono molte stelle in cielo stasera.
There are many stars in the sky tonight.

stesso (-a) [STEYSso] *adj.* • same
Hai la stessa giacca di tuo fratello.
You have the same jacket as your brother.

stirare [steeRAHre] *v.* • to press; to iron
Puoi stirarmi i pantaloni, per favore?
Can you press my pants, please?

stivale, lo [steeVAHle] *n.* • boot
Susanna porta gli stivali sulla neve.
Suzanne wears boots when she walks in the snow.

stomaco, lo [STAWmahko] *n.* • stomach
mal di stomaco • stomach ache
Ho ancora lo stomaco pieno dal pranzo.
My stomach is still full from dinner.

storia, la [STORyah] *n.* • history
Nella classe di storia studiamo la rivoluzione francese.
In history class, we are studying the French Revolution.

strada, la [STRAHdah] *n.* • road; street; way
Questa strada porta a Milano?
Does this road go to Milan?

Facciamo la stessa strada; camminiamo insieme.
We are going the same way; let's walk together.

straniero (-a) [strahnYEYro] *adj.* • foreign(er)
Questi stranieri visitano gli Stati Uniti.
These foreigners are visiting the United States.

strano (-a) [STRAHno] *adj.* • odd; strange
È strano! Non è mai in ritardo per il lavoro.
That's odd! She is never late for work.

La tua voce sembra strana. Stai bene?
Your voice sounds strange. Are you well?

straordinario (-a) [strah-or-dee-NAHR-yo] *adj.*
• extraordinary
Maria suona il pianoforte con un'abilità straordinaria.
Marie plays the piano with extraordinary skill.

strappare [strahpPAHre] *v.* • to tear
Non strappare la carta.
Don't tear the paper.

stretto (-a) [STREYTto] *adj.* • narrow; tight; straight
Queste vecchie strade sono strette.
These old streets are narrow.

Queste scarpe sono troppo strette.
These shoes are too tight.

studente, lo; studentessa, la [stooDENte; stoodenTEYSsah] *n.* • student
Questi studenti frequentano l'università.
These students go to the university.

studi sociali, gli [STOOdee soCHAHlee] *n. pl.* • social studies
Chi è il tuo professore di studi sociali?
Who is your social studies teacher?

studiare [stooDYAHre] *v.* • to study

studio	studiamo
studi	studiate
studia	studiano

Studiamo l'italiano.
We are studying Italian.

stupido (-a) [STOOpeedo] *adj.* • stupid
Che cosa stupida!
What a stupid thing to say!

stupire [stooPEEre] *v.* • to amaze
stupendo (-a) *adj.* • amazing
Il tuo repentino miglioramento mi stupisce.
Your quick improvement amazes me.

su [SOO] *prep.* • on; up; on top of
Ha messo i libri sul banco.
He put his books on his desk.

Il gatto è salito sull'albero.
The cat climbed up the tree.

subito [SOObeeto] *adv.* • at once; right away; immediately
Torno subito.
I'll be back right away.

succo, il [SOOKko] *n.* • juice
A colazione mi piace bere il succo d'arancia.
I like to drink orange juice at breakfast.

sud [SOOD] *n.; adj.; adv.* • south
Abbiamo viaggato verso sud dal Texas al Messico.
We traveled south from Texas into Mexico.

sugo, il [SOOgo] *n.* • gravy
Vuoi sugo con l'arrosto?
Do you want gravy with your roast beef?

suo (-a) [SOOwo] *pron.; adj.* • her; his; its
Lei dimentica sempre le sue chiavi.
She always forgets her keys.

Mio padre ha portato i suoi vestiti al lavaggio a secco.
My father took his clothes to the cleaner.

suolo, il [sooWOlo] *n.* • ground; soil
Piantano i semi nel suolo.
They plant the seeds in the ground.

suonare [soowoNAHre] *v.* • to play (a musical instrument)

suono	suoniamo
suoni	suonate
suona	suonano

Lei suona il piano molto bene.
She plays the piano very well.

suono, il [sooWOno] *n.* • sound
Quel suono è piacevole.
That sound is pleasant.

superficie, la [soopeyrFEECHye] *n.* • area
Questa è una superficie montuosa.
This area is very mountainous.

supermercato, il [soopeyrmeyrKAHto] *n.* •
  supermarket
Questo supermercato contiene anche un forno.
This supermarket has its own bakery.

sveglia, la [SVEYLyah] *n.* • alarm clock
La sveglia suona troppo forte.
My alarm clock rings too loud.

svegliarsi [sveylYAHRsee] *v.* • to wake up
  mi sveglio   ci svegliamo
  ti svegli   vi svegliate
  si sveglia   si svegliano
Patrizio si sveglia alle sette.
Patrick wakes up at 7:00 a.m.

svendita, la [sveynDEEtah] *n.* • sale
Il negozio ha una svendita di indumenti estivi.
The store is having a sale on summer clothes.

Svezia, la [SVEtsyah] *n.* • Sweden
  svedese, lo *n.; adj* • Swede; Swedish
Ho un amico a Stoccolma in Svezia.
I have a friend in Stockholm, Sweden.

Svizzera, la [SVEETtserah] *n.* • Switzerland
  svizzero (-a) *n.; adj.* • Swiss
Berna è la capitale della Svizzera.
Bern is the capital of Switzerland.

T

tacchino, il [tahkKEEno] *n.* • turkey
Mangiamo i tacchini durante le feste.
We eat turkey on holidays.

tagliare [tahlYAHre] *v.* • to cut
  tagliarsi • to cut oneself
    taglio   tagliamo
    tagli   tagliate
    taglia   tagliano
Taglia la carne con un coltello.
He cuts his meat with a knife.

tagliatelle, le *(f.)* [tahlyahTELle] *n. pl.* •
  noodles
Mettiamo il burro sulle tagliatelle.
Let's put butter on the noodles.

tamburo, il [tahmBOOro] *n.* • drum
Da quando tempo suoni il tamburo?
How long have you played the drums?

tanto (-a) [TAHNto] *adj.* • so much; so many
Gli voglio tanto bene.
I love him so much.

tappeto, il [tahpPEYto] *n.* • carpet; rug
Devo passare l'aspirapolvere sul tappeto.
I need to vacuum the carpet.

tardi [TAHRdee] *adv.* • late
  più tardi • later
Ho dormito fino a tardi oggi.
I slept late today.

tartaruga, la [tahrtahROOgah] *n.* • turtle
Allo zoo abbiamo visto una tartaruga gigantesca.
We saw a giant turtle at the zoo.

tasca, la [TAHskah] *n.* • pocket
  tascabile, il *n.* • paperback book
Cosa hai nella tasca?
What do you have in your pocket?

tassì, il [tahsSEE] *n.* • taxi
  tassista, il *n.* • taxi driver
  stazione di tassì, la *n.* • taxi stand
Prendiamo il tassì per andare all'hotel.
We'll take a taxi to the hotel.

tavola, la [TAHvolah] *n.* • table
  tovaglia, la *n.* • tablecloth
La tavola è nella sala da pranzo.
The table is in the dining room.

tazza, la [TAHTtsah] *n.* • cup
Per favore dammi una tazza di caffè.
Please give me a cup of coffee.

tè, il [TEY] *n.* • tea
Per favore metti un po' di latte nel tè.
Put some milk in my tea, please.

teatro, il [teyAHtro] *n.* • theater
Al teatro vediamo un dramma.
We see a play at the theater.

tedesco (-a) [teyDESco] *adj.* • German
Parla tedesco?
Can you speak German?

telefono, il [teyLEYfono] *n.* • telephone
  cabina telefonica, la *n.* • telephone booth
  numero di telefono, il *n.* • telephone
    number
Serviti del telefono nel corridoio per telefonare a casa.
Use the phone in the hall to call home.

televisione, la [teyleyveeZYOne] *n.* •
  television
  canale televisivo, il *n.* • T.V. channel
  telegiornale, il *n.* • T.V. news
  televisore, il *n.* • television set

Guardi la televisione la sera?
Do you watch much television at night?

tempesta, la [teymPEStah] *n.* • storm
Generalmente tira vento durante la tempesta.
Usually the wind blows during a storm.

tempo, il [TEMpo] *n.* • weather; time
  molto tempo • a long time
  ogni quanto tempo? • how often?
Come è il tempo oggi?
What is the weather like today?

Quanto tempo abbiamo?
How much time do we have?

tenda, la [TEYNdah] *n.* • curtain; tent
A notte generalmente si stendono le tende.
At night, you usually pull the curtains.

Mi piace dormire sotto la tenda.
I like to sleep in a tent.

tenere [teyNEYre] *v.* • to keep
  tengo   teniamo
  tieni   tenete
  tiene   tengono
Terrò la tua foto nel mio portafoglio.
I will keep your picture in my wallet.

tennis, il [TENnees] *n.* • tennis
Gioca a tennis molto bene.
He plays tennis very well.

terra, la [TERrah] *n.* • earth; land; dirt
  terremoto, il *n.* • earthquake
  atterrare *v.* • to land
La Terra è il terzo pianeta dal sole.
The Earth is the third planet from the sun.

Gli uccelli volano sopra la terra.
The birds fly over the land.

terribile *(m., f.)* [teyrREEbeele] *adj.* • awful; terrible
Il rumore nella fabbrica è terribile.
The noise in the factory is awful.

La tempesta ha causato una terribile distruzione.
The storm caused terrible destruction.

tessera di credito, la [TEYSserah dee KREYdeeto] *n.* • credit card
Mi piacerebbe un'altra tessera di credito.
I would like to have a different credit card.

testa, la [TEStah] *n.* head
mal di testa, il *n.* • headache
Metto la testa sul cuscino.
I lay my head on the pillow.

tetto, il [TETto] *n.* • roof
C'è la neve sul tetto.
There is snow on the roof.

tigre, la [TEEgre] *n.* • tiger
Ci sono alcune tigri allo zoo.
There are some tigers at the zoo.

timido (-a) [TEEmeedo] *adj.* • shy
Nicolina è timida con gli estranei.
Nicole is shy around strange people.

tipico (-a) [TEEpeeko] *adj.* • typical
tipicamente *adv.* • typically
Il freddo non è tipico d'estate.
Cold weather is not typical of summer.

tirare [teeRAHre] *v.* • to pull

tiro	tiriamo
tiri	tirate
tira	tirano

Si tira la fune per suonare il campanello.
You pull the rope to ring the bell.

toccare [tokKAHre] *v.* • to touch

tocco	tocchiamo
tocchi	toccate
tocca	toccano

Non toccare il cane! Esso morde!
Don't touch the dog! He bites!

togliere [TOLyeyre] *v.* • to remove; to take away

tolgo	togliamo
togli	togliete
toglie	tolgono

Dobbiamo togliere gli addobbamenti stasera.
We must remove the decorations tonight.

Io mi tolgo il cappello.
I took my hat off of my head.

tonno, il [TONno] *n.* • tuna
Compra un barattolo di tonno per preparare i panini.
Buy a can of tuna to make sandwiches.

topo, il [TAWpo] *n.* • mouse
  topo di fogna • rat
Ieri sera il nostro gatto ha acchiappato un topo.
Our cat caught a mouse last night.

I topi di fogna sono molto grandi.
The rats are very large.

torre, la [TORre] *n.* • tower
La torre di Giotto è famosa.
Giotto's Tower is famous.

tórta, la [TORtah] *n.* • cake; pie
  tórta di mele • apple pie
Che specie di tórta preferisci per il tuo compleanno?
What kind of cake do you want for your birthday?

tossire [tosSEEre] *v.* • to cough
A volte quando si ha il raffreddore si tossisce.
Sometimes you cough when you have a cold.

tovaglia, la [tohVAHLyah] *n.* • tablecloth
tovagliolo,il *n.* • napkin
Userò la tovaglia rosa.
I'll use the pink tablecloth.

tra [TRAH] *prep.* • between
Siedo tra i miei due migliori amici.
I sit down between my two best friends.

tradurre [trahDOORre] *v.* • to translate
traduco	traduciamo
traduci	traducete
traduce	traducono
Lui puo tradurre dall'inglese al tedesco.
He can translate English into German.

traffico, il [TRAHFfeeko] *n.* • traffic
Attento al traffico quando attraversi la strada!
Watch out for the traffic when you cross the street!

tranquillo (-a) [trahnKWEELlo] *adj.* • calm
Quando tutti dormono la casa è tranquilla.
When everyone is asleep, the house is calm.

trascinare [trahsheeNAHre] *v.* • to drag
trascino	trasciniamo
trascini	trascinate
trascina	trascinano
Trascinava i pantaloni sul pavimento.
His trousers drag on the floor.

tre [TREY] *adj.* • three
Il tuo bambino ha tre anni.
The young child is three years old.

tredici [TREYdeechee] *adj.* • thirteen
Ci sono tredici candele sulla tórta.
There are thirteen candles on the cake.

tremare [treyMAHre] *v.* • to shake
    tremo   tremiamo
    tremi   tremate
    trema   tremano
Tremo dalla paura.
I'm so scared I'm shaking all over.

treno, il [TREYno] *n.* • train
A che ora arriva il treno?
What time does the train arrive?

trenta [TREYNtah] *adj.* • thirty
Ci sono trenta giorni a settembre.
There are thirty days in September.

triangolo, il [treeAHNgolo] *n.* • triangle
Il triangolo ha tre lati.
The triangle has three sides.

triste *(m., f.)* [TREEste] *adj.* • sad
Sono molto triste oggi!
I'm so sad today!

tromba, la [TROMbah] *n.* • trumpet
Il mio amico suona la tromba.
My friend plays the trumpet.

trombone, il [tromBOne] *n.* • trombone
Giovanni suona il trombone.
John plays the trombone.

troppo [TROPpo] *adj.* • too much; too many
Gli voglio troppo bene.
I love him too much.

trovare [troVAHre] *v.* • to find
  trovarsi *v.* • to be located

trovo	troviamo
trovi	trovate
trova	trovano

Non posso trovare i guanti.
I can't find my gloves!

tu [TOO] *pron.* • you
Tu hai un regalo per me?
Do you have a present for me?

tuffarsi [toofFAHRsee] *v.* • to dive
Il nuotaore si tuffa nella piscina.
The swimmer dives into the swimming pool.

tuo (-a) [TOOwo] *adj.* • your
Dove sono i tuoi quaderni?
Where are your notebooks?

tuono, il [tooWOno] *n.* • thunder
La mia sorellina ha paura dei tuoni.
My little sister is afraid of thunder.

turista, il [tooREEStah] *n.* • tourist
turismo, il *n.* • tourism
Il turismo è importante alla economia italiana.
Tourism is important for the Italian economy.

tutto (-a); tutti *(pl.)* [TOOTto; TOOTtee] *adj.;*
pron. • all; whole; everybody; everything
Tutta la famiglia è insieme durante le feste.
All of my family is together on holidays.

Starà con noi l'intero mese.
He is going to stay with us a whole month.

tutto ad un tratto [TOOTto ahd oon TRAHTto]
adv. • suddenly; all at once
Tutto ad un tratto si alzò dal posto.
Suddenly he jumped up from his seat.

U

ubbidire [oobbeeDEEre] *v.* • to obey
  ubbidiente *(m., f.) adj.* • obedient

ubbidisco	ubbidiamo
ubbidisci	ubbidite
ubbidisce	ubbidiscono

Il cane ubbidisce il padrone.
The dog obeys his master.

uccello, l' *(m.)* [ootCHELo] *n.* • bird
Gli uccelli fanno il nido sugli alberi.
The birds make their nests in the trees.

uccidere [ootCHEEdere] *v.* • to kill

uccido	uccidiamo
uccidi	uccidete
uccide	uccidono

Nel racconto, il protagonista uccide il gigante.
In the story, the hero kills the giant.

udire [ooDEEre] *v.* • to hear

odo	udiamo
odi	udite
ode	odono

Udiamo il vento che soffia tra gli alberi.
We hear the wind blowing in the trees.

ufficio, l' *(m.)* [oofFEECHyo] *n.* • office
  ufficio postale, l' • post office
L'ufficio di mio padre è in questo edifizio.
My dad's office is in this building.

L'ufficio postale si trova sulla stessa strada del municipio.
The post office is on the same street as the town hall.

uguale *(m., f.)* [oogWAHle] *adj.* • alike; equal
Questi vestiti sono uguali.
These dresses are too much alike.

Ambe le metà sono uguali.
Both halves are equal.

ultimo (-a) [oolTEEmo] *adj.* • last
 ultimo (-a), l' *n.* • last one, the
Scendo all'ultima fermata dell'autobus.
I get off at the last stop on the bus line.

umido (-a) [OOmeedo] *adj.* • damp; humid; wet
Questi asciugamani sono umidi.
These towels are damp.

D'estate i giorni sono caldi e umidi.
The days are hot and humid in summer.

umore, l' *(m.)* [ooMOre] *n.* • mood
 buon umore • good mood
 cattivo umore • bad mood
Cambia umore con il tempo.
Her mood changes with the weather!

un; uno; una; un' [OON; OONo; OONah; OON]
 indef. art.; adj. • a; an; one
 uno a uno • one by one
 uno, l' *(m.)* *n.* • (the) one
Ho una figlia e un figlio.
I have a daughter and a son.

Vuoi un biscotto o due?
Do you want one cookie or two?

Dammi l'uno nell'angolo.
Please give me the one in the corner.

una volta [oonah VAWLtah] *adv.* • once
 c'era una volta • once upon a time
Fammelo vedere una volta e imparo a farlo.
Show me just once and I'll know how to do it.

undici [OONdeechee] *adj.* • eleven
Ci sono undici giocatori nella squadra del football
americano.
There are eleven players on an American football team.

unghia, l' *(f.)* [OONgeeah] *n.* • nail
unghia della mani, l' • fingernail
unghia dei piedi, l' • toenail
Devo lucidare le unghie della mani.
I must polish my fingernails.

unico (-a) [OOneeko] *adj.* • only
E l'unica persona che parli italiano quì.
She is the only person who speaks Italian here!

unito (-a) [ooNEEto] *adj.* • united
unirsi *v.* • to unite
Siamo uniti nel desiderio per la pace.
We are united in our desire for peace.

università, l' [ooneeveyrseeTAH] *n.* •
university
Nella mia città c'è l'università.
The university is in my home town.

uomo, l' *(m.)* [ooWOmo] *n.* • man
Quest'uomo è mio zio.
This man is my uncle.

uovo, l' *(m.)* [ooWOvo] *n.* • egg
uovo a bere • boiled egg
uova sode *(pl.)* • hard-boiled egg
uova strapazzate *(pl.)* • scrambled egg
Carolina vorrebbe due uova fritte per colazione.
Carole would like two fried eggs for breakfast.

usare [ooZAHre] *v.* • to use

uso	usiamo
usi	usate
usa	usano

Ho usato il dizionario per cercare i vocaboli.
I used the dictionary to look up words.

uscita, l' *(f.)* [ooSHEEtah] *n.* • exit
   uscire *v.* • to go out (leave)
   uscire da • to get out of
   uscita di emergenza, l' *(f.)* *n.* • emergency
   exit
Le uscite del teatro sono chiaramente indicate.
The exits in the theater are clearly marked.

uva, l' *(f.)* [OOvah] *n.* • grape
Come frutta prendiamo l'uva.
We are having grapes for dessert.

uva passa, l' *(f.)* [OOvah PAHSsah] *n.* •
   raisin
La mamma ci dà l'uva passa per spuntino.
Mom gives us raisins for a snack.

V

va bene [vah BEne] *interj.* • O.K.
Va bene! Vieni con me.
O.K! You can come with me.

vacanza, la [vahKAHNtsah] *n.* • vacation;
   holiday
   andare in vacanze • to take a vacation
   in vacanze • on vacation
Domani è vacanza.
Tomorrow is a holiday.

Andiamo in vacanze ogni estate.
We take a vacation every summer.

valigia, la [vahLEEjah] *n.* • suitcase
 fare la valigia • to pack one's suitcase
Quante valigie portano?
How many suitcases are they bringing?

valle, la [VAHLle] *n.* • valley
C'è una bella valle tra le montagne.
There is a pretty valley between the mountains.

vanga, la [VAHNgah] *n.* • shovel
Il bambino gioca con la vanga nella sabbia.
The little boy plays in the sand with a shovel.

vaniglia, la [vaNEELyah] *n.* • vanilla
La nonna vuole un po' di gelato alla vaniglia.
Grandma wants some vanilla ice cream.

vasca da bagno [VAHskah dah BAHNyo] *n.* •
 bathtub
Lei ha lavato la vasca da bagno.
She washed the bathtub.

vaso, il [VAHso] *n.* • jar; bowl; vase
C'è un vaso di olive nel frigorifero?
Is there a jar of olives in the refrigerator?

Metto la frutta nel vaso sulla tavola.
I put the fruit in a bowl on the table.

Metti i fiori in questo vaso.
Put the flowers in this vase.

vecchio (-a) [VEKkyo] *adj.* • old
Mi piacciono vecchi film del 1930.
I like old movies from the 1930s.

vedere [veyDEre] *v.* • to see
 rivedere • to see again
 A presto vederci! • See you soon!

vedo	vediamo
vedi	vedete
vede	vedono

Vedo meglio con i nuovi occhiali.
I see better with my new glasses.

veduta, la [veyDOOtah] *n.* • view
C'è una magnifica veduta dalla cima della montagna.
There is a fine view from the mountain top.

veleno, il [veyLEYno] *n.* • poison
Col veleno si ammazzano i topi.
You use poison to kill rats.

veloce *(m., f.)* [veyLOche] *adj.* • fast
Questo treno è veloce.
This is a fast train.

vendere [VENdere] *v.* • to sell
vendo   vendiamo
vendi   vendete
vende   vendono
Mio fratello vende macchine.
My brother sells cars.

vendita, la [VEYNdeetah] *n.* • sale
venditore, il *n.* • seller; retailer
in vendita • on sale
si vende • for sale
Solamente compro le scarpe quando sono in vendita.
I only buy shoes when they're on sale.

Si vende una casa in questa strada.
There's a house for sale on our street.

venerdì *(m.)* [veyneyrDEE] *n.* • Friday
Venerdì partiamo per il week-end.
On Fridays, we leave for the weekend.

venire [veyNEEre] *v.* • to come
vengo   veniamo
vieni   venite
viene   vengono
La posta viene alle undici.
The mail comes at eleven o'clock.

vénti [VEYNtee] *adj.* • twenty
Ci vogliono vénti minuti per andare al centro.
It takes twenty minutes to go downtown.

ventilatore, il [veynteelahTOre] *n.* • fan
Il ventilatore subito raffredda la stanza.
The fan will cool the room quickly.

vento, il [VENto] *n.* • wind
mulino a vento, il *n.* • windmill
Il vento soffia dal nord.
The wind is blowing from the north.

veramente [verahMEYNte] *adv.* • really
Veramente credi che questa è la via giusta?
Do you really think this is the right way?

verde *(m., f.)* [VEYRde] *adj.* • green
I pini sono verdi tutto l'anno.
Pine trees are green all year long.

vergognarsi [veyrgoNYAHRsee] *v.* • to be
ashamed
Il bambino si vergogna quando fa il cattivo.
The little boy is ashamed when he is naughty.

verità, la [veyreeTAH] *n.* • truth
Lei dice la verità?
Is she telling the truth?

verme, il [VERme] *n.* • worm
verme (di terra), il *n.* • earthworm
Mi servo dei vermi come esca.
We use the worms for bait.

verniciare [veyrneeCHAHre] *v.* • to paint
verniciatore, il (pittore, il) *n.* • painter
Chi vernicia la tua casa?
Who is painting your house?

vero (-a) [VEYro] *adj.* • true
   veramente *adv.* • truly
Questo racconto è vero o falso?
Is this story true or false?

versare [veyrSAHre] *v.* • to spill
   verso   versiamo
   versi   versate
   versa   versano
Il bambino ha versato il latte a terra.
The child spilled her milk.

verso [VERso] *prep.* • toward
Il cane viene verso di me.
The dog is coming toward me.

veste, la; vestito, il [VEYSte; veysTEEto] *n.* •
   dress
La ragazza porta una bella veste.
The girl is wearing a pretty dress.

vestirsi [veysTEERsee] *v.* • to dress; to put
   on clothes
   mi vesto   ci vestiamo
   ti vesti   vi vestite
   si veste   si vestono
Mi vesto presto la mattina.
I get dressed early in the morning.

vestito, il [veysTEEto] *n.* • suit
   ben vestito • well dressed
Il babbo oggi porta un vestito blu.
Dad is wearing his blue suit today.

veterinario, il [veyteyreeNAHRyo] *n.* •
   veterinarian
Il veterinario cura gli animali.
Veterinarians take care of animals.

vetro, il [VEYtro] *n.* • glass; window pane
è di vetro • made of glass
vetrina, la *n.* • store window
Il vetro della finestra è rotto.
The glass in the window is broken.

via, la [VEEAH] *n.* • street; road
e via di seguito • and so on
Come si chiama questa via?
What is the name of this street?

viaggiare [vyahdJAHre] *v.* • to travel
viaggiatore, il *n.* • traveler
Ogni estate viaggio con la mia famiglia.
I travel with my family every summer.

viaggio, il [VYAHDjo] *n.* • trip; journey
in viaggio • on a trip
Facciamo un viaggio.
We are leaving on a trip.

vicino (-a) [veeCHEEno] *adj.; adv.* • close;
near; next to (vicino a)
vicino di casa, il • neighbor
Abito molto vicino al mio amico.
I live very close to my friend.

Abitiamo vicino all'aeroporto.
We live near the airport.

I nostri vicini di casa hanno un cane grande.
Our neighbors have a large dog.

vigilia, la [veeJEELyah] *n.* • eve; the night
before
Vigilia di Natale, la *n.* • Christmas Eve
La Vigilia di Natale, andremo a letto presto.
On Christmas Eve, we're going to go to bed early.

villaggio, il [veelLAHDjo] *n.* • village
La chiesa si trova nel centro del villaggio.
The church is in the center of the village.

vincere [veenCHEre] *v.* • to win

vinco	vinciamo
vinci	vincete
vince	vincono

Vincerete spesso se la squadra gioca insieme.
You will win often if your team plays together.

vino, il [VEEno] *n.* • wine
Il vino rosso viene dall' Italia.
This red wine comes from Italy.

violetta, la [vyoLETtah] *n.* • violet (flower)
La bambina raccoglie le violette.
The little girl is picking some violets.

violetto (-a) [vyoLETto] *adj.* • purple
Questi fiori sono violetti.
These flowers are purple.

violino, il [vyoLEEno] *n.* • violin
Ti piace la musica del violino?
Do you like violin music?

visitare [veeseeTAHre] *v.* • to visit
visita, la *n.* • visit
visitatore, il *n.* • visitor

visito	visitiamo
visiti	visitate
visita	visitano

Visitiamo la scuola di mia sorella.
We are visiting my sister's school.

viso, il [VEEzo] *n.* • face
Mi lavo il viso ogni mattina.
I wash my face in the morning.

vita, la [VEEtah] *n.* • life
L'acqua è necessaria per la vita sulla Terra.
Water is necessary for life on Earth.

vita, la [VEEtah] *n.* • waist
Lei porta una cintura per mostrare la sua piccola vita.
She wears a belt to show off her small waist.

vitello, il [veeTELlo] *n.* • calf
Il vitello segue la madre.
The calf follows its mother.

vivere [VEEvere] *v.* • to live
  vivace *(m., f.)* *adj.* • lively
  guadagnare la vita • to earn a living
    vivo   viviamo
    vivi   vivete
    vive   vivono
Viviamo molto lontano dal paese.
We live very far from town.

voce, la [VOche] *n.* • voice
Il cantante ha una bella voce.
The singer has a beautiful voice.

volare [voLAHre] *v.* • to fly
  disco volante, il *n.* • space ship
  volante, il *n.* • steering wheel
    volo   voliamo
    voli   volate
    vola   volano
Vorrei volare sull'Airbus A330.
I want to fly on the Airbus A330.

volere [voLEYre] *v.* • to want
    voglio   vogliamo
    vuoi   volete
    vuole   vogliono
Vogliamo venire con voi.
We want to come with you.

volo, il [VOlo] *n.* • flight
Volo 507 è arrivato alla porta d'imbarco.
Flight 507 just arrived at the gate.

volpe, la [VOLpe] *n.* • fox
La volpe è molto astuta.
The fox is very sly.

vortice, il (ciclone) [VAWRteeche] *n.* •
whirlwind
D'estate spesso ci sono vortici.
There are often whirlwinds in the summer.

votare [voTAHre] *v.* • to vote
voto   votiamo
voti   votate
vota   votano
Hai votato nell'elezione scorsa?
Did you vote in the last election?

vulcano, il [voolKAHno] *n.* • volcano
In quest'isola ci sono i vulcani.
There are volcanoes on this island.

vuoto (-a) [vooWAWto] *adj.* • empty
Metti le bottiglie vuote sul banco.
Put the empty bottles on the counter.

Z

zampa, la [ZAHMpah] *n.* • paw
Al cane fa male la zampa.
The dog has a sore paw.

zanzara, la [zahnZAHrah] *n.* • mosquito
Le zanzare sono noiose quest'estate.
The mosquitos are really annoying this summer.

zebra, la [ZEbrah] *n.* • zebra
Le zebre hanno strisce bianche e nere.
Zebras have black and white stripes.

zero, lo [ZEro] *adj.* • zero
Due meno due fa zero.
Two minus two is zero.

zia, la; zio, lo [ZEEah] *n.* • aunt; uncle
Dove abitano tua zia e tuo zio?
Where do your aunt and uncle live?

zoo, lo [ZAWo] *n.* • zoo
Allo zoo si possono vedere tante specie di animali.
You see all sorts of animals at the zoo.

zucca, la [TSOOKkah] *n.* • pumpkin
Ti piace la tórta di zucca?
Do you like pumpkin pie?

zucchero, lo [TSOOKkayro] *n.* • sugar
Prendi zucchero col caffè?
Do you take sugar in your coffee?

zuppa, la [TSOOPpah] *n.* • soup
La zuppa è nel menù.
Soup is on the menu.

Illustrations/*Illustrazioni*

gli occhiali da sole
sunglasses

la giacca
jacket

la cintura
belt

il grembiale
apron

gli orecchini
earrings

la collana
necklace

la sciarpa
scarf

il vestito
dress

il costume da bagno
swimsuit

la camicetta
blouse

Clothing—L'abbigliamento

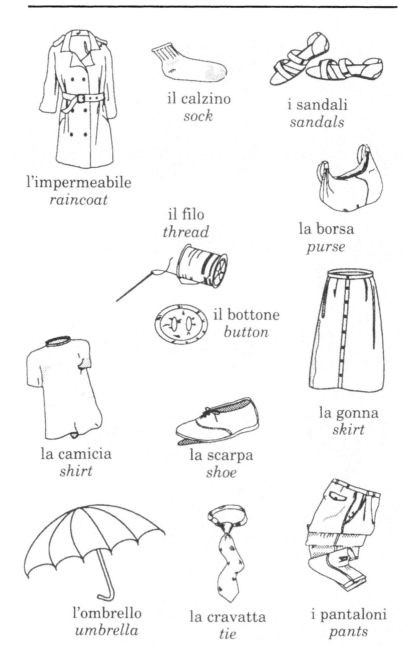

il calzino
sock

i sandali
sandals

l'impermeabile
raincoat

il filo
thread

la borsa
purse

il bottone
button

la gonna
skirt

la camicia
shirt

la scarpa
shoe

l'ombrello
umbrella

la cravatta
tie

i pantaloni
pants

Clothing—L'abbigliamento

il cucitrice
stapler

la carta geografica
map

la riga
ruler

la gomma
eraser

il gesso
chalk

il libro
book

la cartolina postale
post card

la penna
ball-point pen

la busta
envelope

il quaderno
notebook

il francobollo
postage stamp

il calendario
calendar

la matita
pencil

il foglio di carta
piece of paper

The Office—L'ufficio

il golf
golf

la palla a volo
volleyball

il calcio
soccer

la pallacanestro
basketball

il foot-ball americano
football

il base-ball
baseball

birilli
bowling

Sports—Lo sport

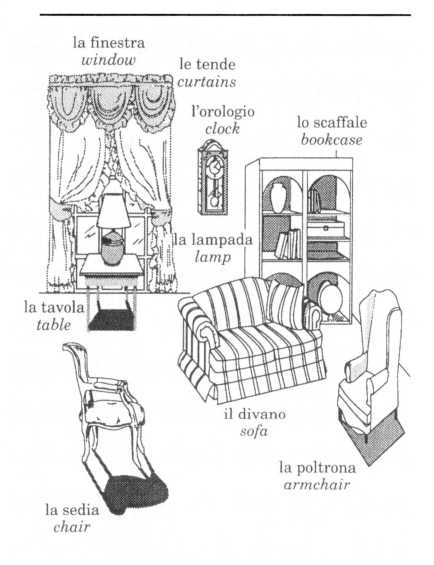

la finestra
window

le tende
curtains

l'orologio
clock

lo scaffale
bookcase

la lampada
lamp

la tavola
table

il divano
sofa

la poltrona
armchair

la sedia
chair

Living Room—Il salotto

lo specchio
mirror

l'asciugamano
towel

il lavandino
sink

il gabinetto
toilet

il cestino
wastebasket

Bathroom—
Il bagno

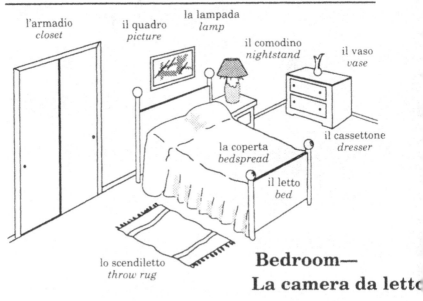

l'armadio
closet

il quadro
picture

la lampada
lamp

il comodino
nightstand

il vaso
vase

la coperta
bedspread

il cassettone
dresser

il letto
bed

lo scendiletto
throw rug

Bedroom—
La camera da letto

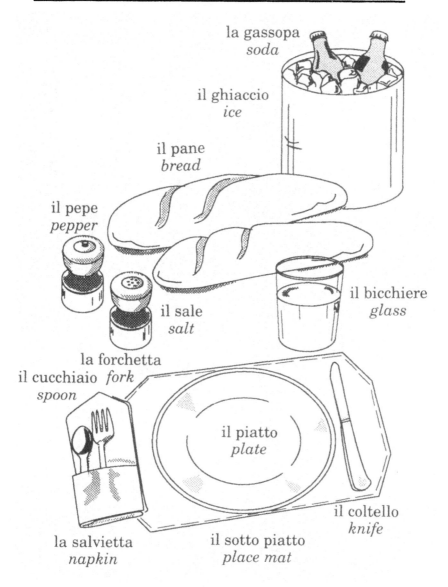

la gassopa
soda

il ghiaccio
ice

il pane
bread

il pepe
pepper

il sale
salt

il bicchiere
glass

la forchetta
il cucchiaio *fork*
spoon

il piatto
plate

il coltello
knife

la salvietta
napkin

il sotto piatto
place mat

Place Setting—Il coperto

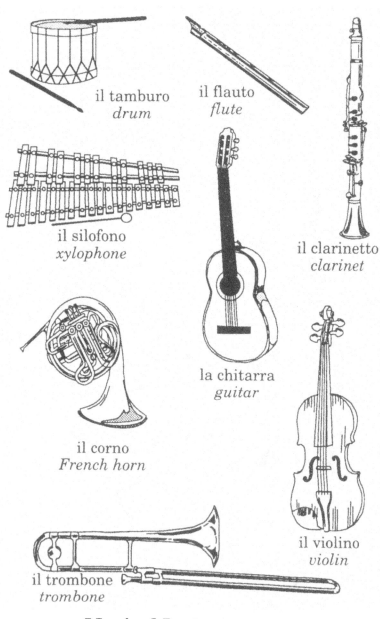

il tamburo
drum

il flauto
flute

il silofono
xylophone

il clarinetto
clarinet

la chitarra
guitar

il corno
French horn

il violino
violin

il trombone
trombone

**Musical Instruments—
Gli strumenti musicali**

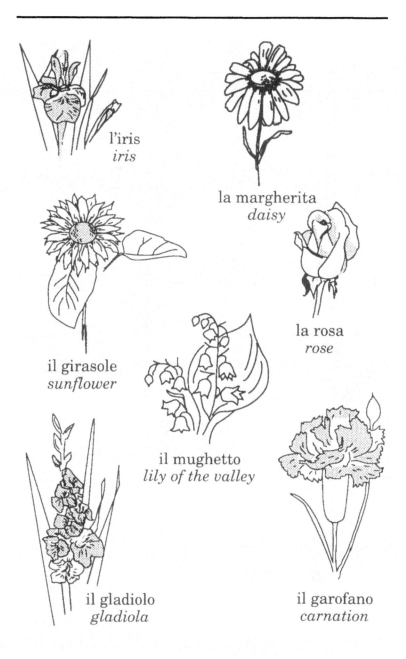

l'iris
iris

la margherita
daisy

la rosa
rose

il girasole
sunflower

il mughetto
lily of the valley

il gladiolo
gladiola

il garofano
carnation

Flowers—I fiori

il cetriolo
cucumber

i piselli
peas

il pomodoro
tomato

la carota
carrot

il ravanello
radish

la cipolla
onion

il granturco
corn

la patata
potato

il peperone
pepper

Vegetables—I legumi

la mela
apple

il cocomero
watermelon

la banana
banana

la fragola
strawberry

la ciliegia
cherry

il limone
lemon

l'uva
grape

il lampone
raspberry

la pesca
peach

la pera
pear

Fruits—La frutta

il cavallo
horse

l'anatra
duck

il gallo
rooster

la capra
goat

l'oca
goose

il maiale
pig

l'asino
donkey

**Farm Animals—
Gli animali della fattoria**

il cardinale
cardinal

il pappagallo
parrot

il tacchino
turkey

l'aquila
eagle

il cigno
swan

il falco
hawk

il gufo
owl

Birds—Gli uccelli

l'ippopotamo
hippopotamus

il canguro
kangaroo

la scimmia
monkey

la zebra
zebra

il rinoceronte
rhinoceros

il leone
lion

l'elefante
elephant

Zoo Animals— Gli animali dello zoo

il castoro
beaver

il cervo
deer

la volpe
fox

lo scoiattolo
squirrel

il procione
raccoon

Wild Animals—Gli animali selvatici

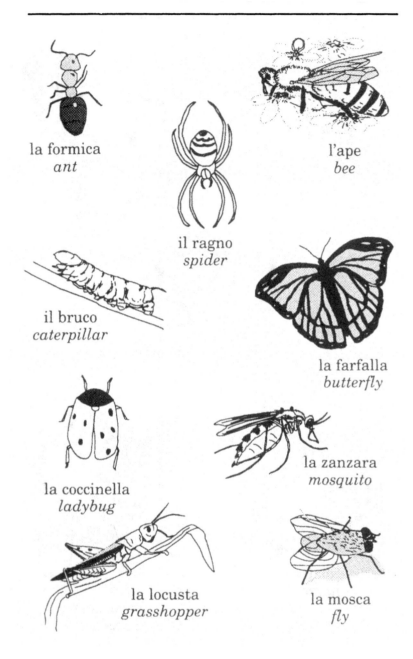

la formica
ant

il ragno
spider

l'ape
bee

il bruco
caterpillar

la farfalla
butterfly

la coccinella
ladybug

la zanzara
mosquito

la locusta
grasshopper

la mosca
fly

Insects—Gli insetti

il pesce
fish

il serpente
snake

la tartaruga
turtle

il topo
mouse

il gatto
cat

il cane
dog

il coniglio
rabbit

**Pets—
Gli animali domestici**

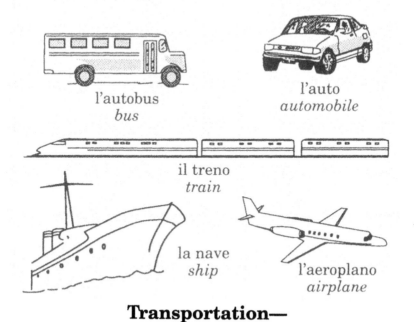

l'autobus
bus

l'auto
automobile

il treno
train

la nave
ship

l'aeroplano
airplane

**Transportation—
I mezzi di trasporto**

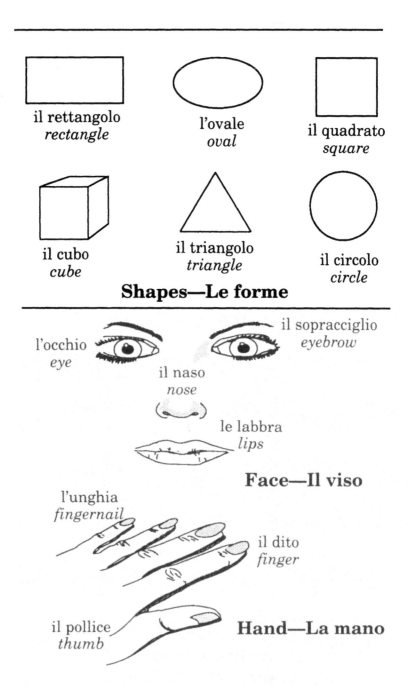

il rettangolo
rectangle

l'ovale
oval

il quadrato
square

il cubo
cube

il triangolo
triangle

il circolo
circle

Shapes—Le forme

l'occhio
eye

il sopracciglio
eyebrow

il naso
nose

le labbra
lips

Face—Il viso

l'unghia
fingernail

il dito
finger

il pollice
thumb

Hand—La mano

A

a; an [EI, ə; AN] *indef. art.* • un; uno; una; un'
I have a daughter and a son.
Ho una figlia e un figlio.

able, to be (can) [EIbəl] *v.* • potere
They are able to solve this problem.
Essi possono risolvere questo problema.

about [əBAUT] *adv.* • circa
It's about three o'clock.
Sono circa le tre.

above [əBəV] *prep.* • sopra
    above all • soprattutto
My room is above the kitchen.
La mia camera è sopra la cucina.

absence [ABsəns] *n.* • assenza, l' *(f.)*
He has too many absences from school.
Ha fatto molte assenze a scuola.

absent [ABsənt] *adj.* • assente *(m., f.)*
Half the class is absent today.
La metà della classe è assente oggi.

accent [AKsent] *n.* • accento, l' *(m.)*
The accent is on the first syllable.
L'accento è sulla prima sillaba.

accept, to [akSEPT] *v.* • accettare
We accept the gift.
Accettiamo il regalo.

according to [əKORding tu] *prep.* • secondo
According to the newspaper, it is going to rain.
Secondo il giornale, pioverà.

acquainted with, to be (know) [bi əKWEINtəd
with] *v.* • conoscere
Are you acquainted with your neighbors?
Conosci i vicini di casa?

across [əKROS] *prep.* • dirimpetto
They live across from the school.
Abitano dirimpetto alla scuola.

actor [AKtər] *n.* • attore, l' *(m.)*
  actress *n.* • attrice, l' *(f.)*
What's the name of the actor in that new film?
Come si chiama l'attore di quel nuovo film?

add, to [AD] *v.* • aggiungere
We'll add a place setting at the table for our guest.
Per l'ospite aggiugeremo un coperto a tavola.

address [Adres, əDRES] *n.* • indirizzo, l' *(m.)*
What is your home address?
Qual'è il tuo indirizzo?

admit [adMIT] *v.* • ammettere
They admit that they made a mistake.
Ammettono di aver fatto uno sbaglio.

adolescence [adəLESəns] *n.* • adolescenza, l' *(f.)*
  adolescent *n.* • adolescente *(m., f.)*
Adolescence is a time to learn and mature.
L'adolescenza è tempo di imparare e maturare.

adopt, to [əDAPT] *v.* • adottare
The young couple adopted a baby.
La coppia ha adottato un bambino.

adventure [adVENchər] *n.* • avventura, l' *(f.)*
Crossing the Atlantic in a sailboat is a great adventure!
Attraversare l'Atlantico in una barca a vela è una grande avventura.

advertisement [ADvərTAIZmənt] *n.* •
pubblicità, la
want ads • annunzi pubblicitari
There are a lot of advertisements in this magazine.
Ci sono molte pubblicità in questa rivista.

adviser [adVAIzər] *n.* • consigliere, il
The president has several (close) advisers.
Il presidente ha molti consiglieri.

afraid, to be; be frightened [bi əFREID; bi
FRAITnd] *v.* • avere paura
afraid *adj.* • impaurito (-a)
What are you afraid of?
Di che cosa hai paura?

My little brother is frightened of spiders.
Il mio fratellino ha paura dei ragni.

after [AFtər] *prep.* • dopo
I'm going to leave after you.
Parto dopo di te.

afternoon [aftərNUN] *n.* • pomeriggio, il
We left in the afternoon.
Siamo partiti nel pomeriggio.

afterwards [AFtərwərdz] *adv.* • poi
We ate dinner, then afterwards we went for a walk.
Abbiamo cenato e poi abbiamo fatto una passaggiata.

again [əGEN] *adv.* • di nuovo
Please come to visit us again.
Vieni a trovarci di nuovo, per favore.

against [əGENST] *prep.* • contro
The other team is against us.
L'altra squadra è contro di noi.

age [EIDG] *n.* • età, l' *(f.)*
Childhood is the age of innocence.
L'infanzia è l'età dell'innocenza.

agree, to [əGRI] *v.* • intendersi
They agree on everything.
S'intendono su tutto.

ahead (of) [əHED] *adv.* • prima (di)
She always arrives ahead of me.
Arriva sempre prima di me.

air [EIR] *n.* • aria, l' *(f.)*
  by air mail • per via aerea
There is too much smoke in the air.
C'è troppo fumo nell'aria.

air-conditioned [EIRkundishənd] *adj.* •
  aria condizionata
  air-conditioning *n.* • aria condizionata *(f.)*
This movie theater is air-conditioned.
Questo teatro ha l'aria condizionata.

airline [EIRlain] *n.* • linea aerea
  airline stewardess • hostess, l' *(f.)*
Alitalia is Italy's airline.
La linea aerea dell'Italia è Alitalia.

airplane [EIRplein] *n.* • aeroplano, l' *(m.)*;
  aereo, l' *(m.)*
We're going to France by airplane.
Andiamo in Francia in aeroplano.

airport [EIRport] *n.* • aeroporto, l' *(m.)*
The plane landed at the airport on time.
L'aeroplano è arrivato all'aeroporto in orario.

alarm clock [əLARM klak] *n.* • sveglia, la
My alarm clock rings too loud.
La sveglia suona troppo forte.

alike [əLAIK] *adj.* • uguale *(m., f.)*
These dresses are alike.
Questi vestiti sono uguali.

all [OL] *adj.; pron.* • tutto (-a)
  all at once • tutto ad un tratto
  all over • dappertutto
  all right (OK) • va bene
All of my family is together on holidays.
Tutta la famiglia è insieme durante le feste.

almost [OLmost] *adv.* • quasi
It's almost time to go.
È quasi l'ora di partire.

alone [əLON] *adj.* • solo (-a)
I felt alone in the strange city.
Mi sentivo solo in quella città strana.

along [əLONG] *prep.* • lungo
  alongside *adv.; prep.* • accanto a
Trees grow all along the avenue.
Gli alberi crescono lungo il corso.

aloud [əLAUD] *adv.* • ad alta voce
Repeat these sentences aloud.
Ripeti queste frasi ad alta voce.

alphabet [ALfəbet] *n.* • alfabeto, l' *(m.)*
Children begin to learn the alphabet in kindergarten.
I bambini inparano l'alfabeto all'asilo infantile.

already [olREdi] *adv.* • già
My brother is already grown up.
Mio fratello è già grande.

also [OLso] *adv.* • anche
I also want to meet the new students.
Voglio conoscere anche i nuovi studenti.

always [OLwez] *adv.* • sempre
We always eat dinner at six o'clock.
Ceniamo sempre alle diciotto.

am [AM] sono (see also *be, to*)
I am good.
Sono bravo.

A.M. [EI EM] *adj.* • di mattina
I go to school at 8 A.M.
Vado a scuola alle otto di mattina.

amaze, to [əMEIZ] *v.* • stupire
   amazing *adj.* • stupendo (-a)
Your quick improvement amazes me.
Il tuo repentino miglioramento mi stupisce.

ambassador [amBASədər] *n.* • ambasciatore,
  l' *(m.)*
The ambassador works at the embassy.
L'ambasciatore lavora all'ambasciata.

ambulance [AMbjuləns] *n.* • ambulanza, l' *(f.)*
The ambulance takes sick people to the hospital.
L'ambulanza porta gli ammalati all'ospedale.

America [əMERikə] *n.* • America, l' *(f.)*
  American *n.; adj.* • americano (-a), l'
  Central America *n.* • America Centrale
  North America *n.* • America del Nord
  South America *n.* • America del Sud
Many people in America have ancestors from Europe.
Molte persone in America hanno gli antenati in Europa.

American music is popular around the world.
La musica americana è popolare in tutto il mondo.

amuse, to [əMJUZ] *v.* • far divertire
  amusing (fun) *adj.* • divertente *(m., f.)*
The clown amuses the little girl.
Il pagliaccio fa divertire la bambina.

an [AN] *indef. art.* • un; uno; una; un'
This is an old movie.
Questo è un vecchio film.

ancestor [ANsestər] *n.* • antenato, l' *(m.)*
My ancestors come from Italy.
I miei antinati vennero dall'Italia.

ancient [EINchənt] *adj.* • antico (-a)
We're going to visit the ancient ruins in Rome.
Visiteremo i ruderi di Roma.

and [AND] *conj.* • e
Paul and Veronica are going to the fair.
Paolo e Veronica vanno al mercato.

angel [EINdgəl] *n.* • angelo, l' *(m.)*
Marie sings like an angel.
Maria canta come un angelo.

angry [ANGri] *adj.* • arrabbiato (-a)
When John is angry, he yells.
Quando Giovanni è arrabbiato, grida.

animal [ANiməl] *n.* • animale, l' *(m.)*
A veterinarian takes care of animals.
Il veterinario cura gli animali.

anniversary (wedding) [anəVəRsəri] *n.* •
  anniversario, l' *(m.)*
My parents' wedding anniversary is August 8.
L'anniversario di nozze dei miei genitori è l'otto agosto.

announce, to [əNAUNS] *v.* • annunziare
  announcement *n.* • annuncio, l' *(m.)*

Should we announce our plans to your parents?
Possiamo annunziare i nostri progetti ai tuoi genitori?

annoying [əNOIjing] *adj.* • noioso (-a)
It's annoying to wait a long time.
È noioso aspettare molto tempo.

another [ənədhər] *adj.; pron.* • altro (-a)
I need another hour to finish the work.
Mi serve un'altra ora per finire il lavoro.

answer, to [ANsər] *v.* • rispondere
answer *n.* • risposta, la
Answer questions 1-10 in your book.
Respondiamo alle domande 1-10 nel libro.

ant [ANT] *n.* • formica, la
Ants are hard-working insects.
Le formiche sono insetti laboriosi.

any [ENi] *adj.; pron.* • qualche; un po' di
anyone *pron.* • qualcuno
anything *pron.* • qualche cosa
Do you have any milk?
Hai un po' di latte?

Does anyone want milk?
Qualcuno vuole latte?

apartment [əPARTmənt] *n.* • appartamento,
l' *(m.)*
apartment building *n.* • stabile, l' *(m.)*
They have a big apartment.
Hanno un grande appartamento.

appear, to [əPIR] *v.* • sembrare
She appears weary from the long trip.
Sembra stanca dal lungo viaggio.

appetite [AP∂tait] *n.* • appetito, l' *(m.)*
After I exercise I have a big appetite.
Dopo la ginnastica ho un grande appetito.

appetizer [AP∂taiz∂r] *n.* • antipasto, l' *(m.)*
Would you like an appetizer before your main course?
Ti piacerebbe un antipasto prima del pranzo?

apple [AP∂l] *n.* • mela, la
Claudio likes apples.
A Claudio piacciono le mele.

appointment [∂POINTm∂nt] *n.* •
appuntamento, l' *(m.)*
I have a doctor's appointment at 9 o'clock.
Ho un appuntamento dal medico alla nove.

approach, to [∂PROCH] *v.* • avvicinarsi
The dog is approaching the cat.
Il cane si avvicina al gatto.

apricot [APr∂kat] *n.* • albicocca, l' *(f.)*
Apricots are like peaches but smaller.
Le albicocche sono più piccole delle pesche.

April [EIpr∂l] *n.* • aprile
April Fool • pesce d'aprile, il
My birthday is in April.
Il mio compleanno è in aprile.

apron [EIpr∂n] *n.* • grembiale, il
My grandmother wears an apron when she cooks.
La mia nonna si mette il grembiale quando cucina.

aquarium [∂KWERi∂m] *n.* • acquario, l' *(m.)*
The aquarium has a large variety of fish.
Nell'acquario c'è una grande varietà di pesci.

are [AR] sono (See *be, to.*)

area [ERiə] *n.* • superficie, la
This area is very mountainous.
Questa è una superficie montuosa.

arithmetic [əRITHmətik] *n.* • aritmetica, l' *(f.)*
The children are studying arithmetic.
I bambini studiano l'aritmetica.

arm [ARM] *n.* • braccio, il
  arm in arm • a braccetto
She is wearing five bracelets on her right arm.
Lei porta cinque bracciali sul braccio destro.

armchair [ARMcheir] *n.* • poltrona, la
Sit down in this comfortable armchair.
Siediti su questa poltrona comoda.

army [ARmi] *n.* • esercito, l' *(m.)*
This country has a powerful army.
Questa nazione ha un forte esercito.

around [əRAUND] *prep.* • intorno
The children are all around me.
I bambini sono tutti intorno a me.

arrange, to [əREINDG] *v.* • comporre
With these flowers I arranged a garland.
Con questi fiori ho composto una ghirlanda.

arrest, to [əREST] *v.* • arrestare
The policeman arrests the criminal.
Il poliziotto arresta il criminale.

arrival [əRAIvəl] *n.* • arrivo, l' *(m.)*
We are waiting for the plane's arrival.
Aspettiamo l'arrivo dell'aereo.

arrive, to [əRAIV] *v.* • arrivare
Don't arrive too late!
Non arrivare tardi.

arrow [*AR*o] *n.* • freccia, la
John is shooting an arrow at the target.
Giovanni tira la freccia al bersaglio.

art [ART] *n.* • arte, l' *(f.)*
  artist *n.* • artista, l' *(m., f.)*
Ballet is an art.
Il balletto è un'arte.

I like this artist's drawings.
Mi piacciono i disegni di quest'artista.

as [AZ] *adv.; conj.; prep.* • così; come
She walks as slow as a turtle!
Lei cammina piano come una tartaruga.

ashamed, to be [*əSH*EIMD] *v.* • vergognarsi
The little boy is ashamed when he is naughty.
Il bambino si vergogna quando fa il cattivo.

Asia [EI*ZHə*] *n.* • Asia, l' *(f.)*
My uncle often travels in Asia.
Mio zio viaggia spesso in Asia.

ask (for), to [ASK for] *v.* • chiedere
Ask the waitress for more coffee.
Chiedi il caffè alla cameriera.

asleep [*ə*SLIP] *adj.* • addormentato *(f.)*
  to be asleep • dormire
  to fall asleep • addormentarsi
The cat is asleep on the couch.
Il gatto dorme sul sofà.

asparagus [*ə*SPAR*əg*əs] *n. pl.* • asparagi, gli
Asparagus is long and green.
Gli asparagi sono lunghi e verdi.

assignment [*ə*S*AI*Nm*ə*nt] *n.* • compito, il
We have a long assignment for history class.
Noi abbiamo un lungo compito nella classe di storia.

assistant [əSIStənt] *n.; adj.* • assistente, l' *(m., f.)*
Peter is an assistant in a laboratory.
Pietro fa l'assistente in un laboratorio.

astronaut [AStrənot] *n.* • astronauta, l' *(m., f.)*
Astronauts have to be intelligent.
Gli astronauti devono essere intelligenti.

at [AT] *prep.* • a
at last • finalmente
She is at home.
Lei è a casa.

athlete [ATHlit] *n.* • atleta, l' *(m., f.)*
athletic *adj.* • atletico (-a)
You must be a good athlete to play soccer.
Si deve essere un buon atleta per giocare al calcio.

Atlantic [atLANtik] *n.* • Atlantico, l' *(m.)*
I live near the Atlantic Ocean.
Abito vicino l'oceano Atlantico.

attend [əTEND] *v.* • frequentare
They are attending high school.
Frequentano il liceo.

attention [əTENshən] *n.* • attenzione, l' *(f.)*
to pay attention to • fare attenzione
The students pay attention to the teacher.
Gli studenti fanno attenzione al professore.

attic [ATik] *n.* • soffitta, la
My grandmother's house has a big attic.
La casa della mia nonna ha una grande soffitta.

attract, to [əTRAKT] *v.* • attrarre
Sugar attracts flies.
Lo zucchero attrae le mosche.

August [Ogəst] *n.* • agosto *(m.)*
My brother was born in August.
Mio fratello è nato in agosto.

aunt [ANT] *n.* • zia, la
My aunt's name is Sophia.
Mia zia si chiama Sofia.

Australia [osTREIljə] *n.* • Australia, l' *(f.)*
Australian *adj.* • australiano (-a)
Australian *n.* • australiano (-a), l'
Many unusual animals live in Australia.
Molti animali strani abitano in Australia.

Austria [OStriə] *n.* • Austria, l' *(f.)*
Austrian *adj.* • austriaco (-a)
Austrian *n.* • austriaco (-a), l'
German is the national language of Austria.
Il tedesco è la lingua nazionale dell'Austria.

author [Othər] *n.* • autore, l' *(m.)*
My favorite author is Hemingway.
Il mio autore preferito è Hemingway.

auto(mobile) [Oto; Otəmobil] *n.* •
automobile, l' *(f.)*; macchina, l' *(f.)*
We have two automobiles.
Abbiamo due macchine.

autumn [Otəm] *n.* • autunno, l' *(m.)*
The leaves are beautiful in autumn.
Le foglie sono belle in autunno.

avenue [Avənu] *n.* • corso, il
This avenue is very wide.
Questo corso è molto largo.

avoid, to [əVOID] *v.* • evitare
My brother avoids working whenever he can.
Mio fratello evita tutti i servizi quando può.

awful [Ofəl] *adj.* • terribile
The noise in the factory is awful.
Il rumore nella fabbrica è terribile.

awkward [OKwərd] *adj.* • goffo (-a)
The baby took its first awkward steps.
I primi passi del bambino sono goffi.

B

baby [BEIbi] *n.* • bambino, il
  baby carriage • carrozzino, il
  baby sitter • bambinaia, la
What is your newborn baby's name?
Come si chiama il tuo bambino?

back [BAK] *n.* • dietro
  background (theater) *n.* • sfondo, lo
The light switch is at the back of the door.
L'interruttore sta dietro la porta.

bad [BAD] *adj.* • cattivo (-a)
  badly *adv.* • male
  That's too bad. • peccato!
The harvest is bad this year.
La raccolta è cattiva quest'anno.

bag [BAG] *n.* • borsa, la
This bag of groceries is very heavy.
Questa borsa di generi alimentari è pesante.

baggage [BAG*idg*] *n.* • bagagli, i
They carried their baggage into the hotel.
Hanno trasportato i bagagli nell'hotel.

bake, to [BEIK] *v.* • cuocere
  baker *n.* • fornaio, il
  bakery *n.* • forno, il
The baker bakes bread in his oven.
Il fornaio cuoce il pane nel forno.

ball [BOL] *n.* • palla, la
The child throws the ball.
Il bambino lancia la palla.

balloon [bəLUN] *n.* • palloncino, il
The balloon is floating to the ceiling.
Il pallocino sale in alto.

ball-point pen [BOL p*oi*nt PEN] *n.* • penna
  a biro, la
I prefer to write with a ball-point pen.
Preferisco scrivere con la penna a biro.

banana [bəNAnə] *n.* • banana, la
The monkey is eating a banana.
La scimmia mangia una banana.

bank [BANGK] *n.* • banca, la
  banker *n.* • banchiere, il
Deposit your money at the bank on the corner.
Fa il versamento alla banca all'angolo della strada.

barn [BARN] *n.* • casolare, il
An owl lives in this old barn.
Il gufo abita in questo vecchio casolare.

baseball [BEISbol] *n.* • baseball, il
Do we have enough players to play baseball?
Ci sono abbastanza giocatori per giocare a baseball?

basket [BASkət] *n.* • paniere, il
  wastebasket *n.* • cestino, il
My mother is putting the fruits in a basket.
Mia madre mette la frutta nel paniere.

basketball [BASkətbol] *n.* • pallacanestro, la
  to play basketball • giocare a pallacanestro
Do you want to play basketball with us?
Vuoi giocare a pallacanestro con noi?

bath [BA*TH*] *n.* • bagno, il
  bathroom *n.* • bagno, il
  bathing suit *n.* • costume da bagno, il
  bathroom sink *n.* • lavandino, il
  bathtub *n.* • vasca da bagno, la
She took a long bath to relax after work.
Lei ha fatto un bagno dopo il lavoro per riposarsi.

be, to [BI] essere, stare
  be born • nascere
  be early • essere in anticipo
  be late • essere in ritardo
  to be hungry • avere fame
  be lucky • essere fortunato (-a)
I am fine (well).
Sto bene.

I am here.
Io sono qui.

It is nice out.
Fa bel tempo.

Are we late for the bus?
Siamo in ritardo per l'autobus?

Be careful! (watch out) [bi KEIRfəl] *interj.* •
  attenzione!

to be careful • fare attenzione
Be careful! The dog bites!
Attenzione! Il cane morde!

beach [BI*CH*] *n.* • spiaggia, la
We can take a walk on the beach after dinner.
Dopo pranzo facciamo una passeggiata sulla spiaggia.

beak [BIK] *n.* • becco, il
The bird cracks seeds with its beak.
Gli uccelli aprono i semi con il becco.

beans [BINZ] *n.* • fagioli, i
green beans • fagiolini, i
We are having pasta and beans for dinner.
Per pranzo mangeremo pasta e fagioli.

bear [BEIR] *n.* • orso, l' *(m.)*
The fire will keep the bears away from our camp.
Il fuoco terrà gli orsi a distanza dal campeggio.

beard [BIRD] *n.* • barba, la
My dad has a beard.
Mio padre ha la barba.

beast (animal) [BIST] *n.* • bestia, la
Wild beasts scare me.
Gli animali selvaggi mi fanno paura.

beat, to [BIT] *v.* • battere
Their football team beats us every year.
La loro squadra ci ha battuto ogni anno.

beautiful [BJUti*f*əl] *adj.* • bello (-a)
Look at the beautiful flowers in the garden!
Guarda che bei fiori nel giardino.

beaver [BIvər] *n.* • castoro, il
Beavers build dams across the river.
I castori costruiscono barriere sul fiume.

because [biKƏZ] *conj.* • perché
   because of • a causa di
John can't go because he has work to do.
Giovanni non può andare perché è occupato.

become, to [biKƏM] *v.* • diventare
Your behavior is becoming worse and worse.
Il tuo comportamento diventa sempre peggio.

bed [BED] *n.* • letto, il
   go to bed • andare a letto
   make the bed • fare il letto
   bedroom *n.* • camera da letto, la
   bedspread *n.* • coperta (da letto), la
My bed has a comfortable mattress.
Il mio letto ha un materasso comodo.

bee [BI] *n.* • ape, l' *(f.)*
Bees make honey.
Le api fanno il miele.

beef [BIF] *n.* • manzo, il
   beef steak *n.* • bistecca, la
I prefer my roast beef well done.
Preferisco l'arrosto di manzo ben cotto.

before [biFOR] *adv.; prep.* • prima
   the night before (eve) • vigilia, la
They left on their trip before dawn.
Sono partiti prima dell'alba.

begin, to [biGIN] *v.* • incominciare
   beginning *n.* • principio, il
What time does the movie begin?
A che ora incomincia il cinema?

behave, to [biHEIV] *v.* • comportarsi
   Behave! • Fa il bravo/la brava!
   behave well • comportarsi bene

behave badly • comportarsi male
behavior *n.* • condotta, la
These children know how to behave in a restaurant.
Questi ragazzi sanno comportarsi bene nel ristorante.

behind [bi*HAI*ND] *prep.* • dietro
Who is hiding behind the curtain?
Chi è nascosto dietro il sipario?

Belgium [BEL*dg*əm] *n.* • Belgio, il
Belgian *n.; adj.* • belga *(m., f.)*
They speak French and Flemish in Belgium.
Nel Belgio si parla Francese e Fiammingo.

believe, to [b*i*LIV] *v.* • credere
believable *adj.* • credibile *(m., f.)*
unbelievable *adj.* • incredibile *(m., f.)*
I believe that the story is true.
Credo che il racconto è vero.

bell [BEL] *n.* • campana, la
doorbell *n.* • campanello, il
There is a bell in the church's steeple.
C'è una campana sul campanile.

belong to, to [b*i*LONG tu] *v.* • appartenere
This suitcase belongs to my father.
Questa valigia appartiene a mio padre.

below [b*i*LO] *prep.* • sotto
The stores are below the apartments.
I negozi stanno sotto gli appartamenti.

belt [BELT] *n.* • cintura, la
I need a belt with this skirt.
Mi serve una cintura con questa gonna.

bench [BEN*CH*] *n.* • panchina, la
They sit down on a bench in the park.
Nel parco si siedono sulla panchina.

beneath [biNI*TH*] *prep.* • sotto
I put my books beneath my chair.
Metto i libri sotto il banco.

beside [biSA*I*D] *prep.* • accanto
My dog sits beside me.
Il cane mi siede accanto.

best [BEST] *adj.* • ottimo (-a); migliore, il
He is my best friend.
È il mio migliore amico.

Best of health!
Ottima salute!

better [BET*ə*r] *adj.* • meglio; migliore
This cake tastes better than that one.
Questa tórta è meglio di quella.

between [bi TWIN] *prep.* • tra; fra
I sit down between my two best friends.
Siedo tra i miei due migliori amici.

I live between Milan and Turin.
Abito fra Milano e Torino.

beverage [BEV*ə*ri*dg*] *n.* • bevanda, la
What would you like as a beverage?
Che bevanda preferisci?

bicycle; bike [BA*I*sik*ə*l] *n.* • bicicletta, la
 ride a bicycle • andare in bicicletta
Don't leave your bicycle outside when it's raining.
Non lasciare fuori la bicicletta quando piove.

I got a new bike for my birthday.
Per il compleanno ho ricevuto una nuova bicicletta.

big [B*I*G] *adj.* • grande *(m., f.)*
 bigger *adj.* • più grande
The elephant is a very big animal.
L'elefante è un animale molto grande.

bike   see *bicycle*

bill (restaurant)   [B*I*L]   *n.*   •   conto, il
The waiter brings us the bill.
Il cameriere ci porta il conto.

billfold   [B*I*Lfold]   *n.*   •   portafoglio, il
I keep my money in my billfold.
Io metto i soldi nel portafoglio.

biology   [ba*i*AL*ə*dg*i*]   *n.*   •   biologia, la
My sister studies biology at the university.
Mia sorella studia biologia all'università.

bird   [B*ə*RD]   *n.*   •   uccello, l' *(m.)*
The birds make their nests in the trees.
Gli uccelli fanno il nido sugli alberi.

birthday   [B*ə*RT*H*dei]   *n.*   •   compleanno, il
   Happy Birthday!   •   Buon Compleanno!
When is your birthday?
Quando è il tuo compleanno?

bite, to   [BA*I*T]   *v.*   •   mordere
I am afraid of animals that bite.
Ho paura degli animali che mordono.

black   [BL*A*K]   *adj.*   •   nero (-a)
He is wearing his black shoes.
Porta le scarpe nere.

blackboard   [BL*A*Kbord]   *n.*   •   lavagna, la
The teacher writes on the blackboard.
Il professore scrive sulla lavagna.

blanket   [BL*ANG*k*ə*t]   *n.*   •   coperta, la
This blanket is warm.
Questa coperta è calda.

blind [BLA*I*ND] *adj.* • cieco (-a)
My grandmother is almost blind.
La mia nonna è quasi cieca.

blond [BLAND] *adj.* • biondo (-a)
The two little boys are blond.
I due ragazzini sono biondi.

blood [BL*∂*D] *n.* • sangue, il
He gives blood at the hospital.
Lui dona il sangue all'ospedale.

blouse [BLA*U*S] *n.* • camicetta, la
Does this blouse go with this skirt?
Questa camicetta va con questa gonna?

blow, to [BLO] *v.* • spegnere (soffiare)
Blow out the candle!
Spegni la candela.

blue [BLU] *adj.* • blu *(m., f.)*
My father is wearing his blue suit today.
Mio padre porta il vestito blu oggi.

blush, to [BL*∂*SH] *v.* • arrossire
When everyone looks at Richard, he blushes.
Riccardo arrossisce quando tutti lo guardano.

boat [BOT] *n.* • barca, la
  by boat • in barca
  sailboat *n.* • barca a vela, la
We take a boat to go fishing.
Andiamo a péscare in barca.

body [BAdi] *n.* • corpo, il
Medical students study the human body.
Gli studenti medici studiano il corpo umano.

bone [BON] *n.* • osso, l' *(m.)*
  fishbone *n.* • spina di pesce, la; lisca, la

The dog is burying a bone.
Il cane sotterra l'osso.

book [B*U*K] *n.* • libro, il
  bookcase *n.* • scaffale, lo
  bookstore *n.* • libreria, la
I read two new books during my vacation.
Ho letto due nuovi libri durante le vacanze.

boot [BUT] *n.* • stivale, lo
Suzanne wears boots when she walks in the snow.
Susanna porta gli stivali sulla neve.

boring [BOR*ing*] *adj.* • noioso (-a)
This book is too boring to finish.
Questo libro è troppo noioso per finirlo.

born [BORN] *adj.* • nato (-a)
He was born in Rome.
È nato a Roma.

borrow (from), to [BARo] *v.* • farsi prestare
He always wants to borrow my car.
Vuole farsi prestare sempre la mia macchina.

boss [B*O*S] *n.* • padrone, il
My boss called a meeting for this morning.
Il padrone ha convocato una seduta stamattina.

both [BO*TH*] *pron.* • ambedue
They are both going to the movies.
Ambedue vanno al cinema.

bottle [BAt*ə*l] *n.* • bottiglia, la
Wine is usually sold in bottles.
Il vino di solito si vende in bottiglie.

bottom [BAt*ə*m] *n.* • fondo, il
Put the heavier things in the bottom of the bag.
Metti le cose più pesanti in fondo alla scatola.

boulevard [BULəvard] *n.* • corso, il
Are you familiar with Victor Emanuel Boulevard?
Conosci il corso Vittorio Emanuele?

bouquet [boKE] *n.* • bouquet, il; mazzo, il
My favorite flowers are in the bouquet.
I miei fiori preferiti sono nel bouquet.

boutique [buTIK] *n.* • boutique, la; nogozio, il
My cousin is a clerk in this boutique.
Mio cugino lavora in questa boutique.

bowl [BOL] *n.* • vaso, il
I put the fruit in a bowl on the table.
Metto la frutta nel vaso sulla tavola.

bowling, to go [BOLing] *v.* • birilli, giocar a
The boys go bowling every Saturday.
I ragazzi giocano a birilli ogni sabato.

box [BAKS] *n.* • scatola, la
This box isn't big enough for all my toys.
*Questa scatola non è abbastanza grande per metterci tutti
   i iocattoli.*

boy [BOI] *n.* • ragazzo, il
This boy is my neighbor's son.
Questo ragazzo è il figlio del mio vicino di casa.

bracelet [BREISlət] *n.* • bracciale, il
She is wearing several bracelets on her left arm.
Porta diversi bracciali sul braccio sinistro.

brain [BREIN] *n.* • cervello, il
The skull protects the brain.
Il cranio protegge il cervello.

branch [BRANCH] *n.* • ramo, il
The tree branches are bare in winter.
I rami sono spogli d'inverno.

brave [BREIV] *adj.* • coraggioso (-a)
Police officers are very brave.
I poliziotti sono molto coraggiosi.

bread [BRED] *n.* • pane, il
   bread and jam • pane e marmellata
Most white bread is made from wheat flour.
Il pane si fa col farina di grano.

break, to [BREIK] *v.* • rompere
   to break up • separarsi
Glass breaks easily.
Il vetro si rompe facilmente.

breakfast [BREKfəst] *n.* • colazione, la (prima)
Do you eat breakfast every morning?
Fai colazione ogni mattina?

bridge [BRIDG] *n.* • ponte, il
The Golden Gate Bridge is in San Francisco.
Il ponte Golden Gate si trova a San Francisco.

briefcase [BRIFkeis] *n.* • borsa, la
She left her briefcase at the office.
Ha lasciato la borsa in ufficio.

bring, to [BRING] *v.* • portare
He is bringing his friend to the party.
Lui porta gli amici alla festa.

broad [BROD] *adj.* • largo (-a)
The avenues of New York are very broad.
I corsi di New York sono molto larghi.

brook [BRUK] *n.* • ruscello, il
The boy fishes in this little brook.
Il ragazzo pésca nel ruscello.

broom [BRUM] *n.* • scopa, la
He used a broom to sweep the floor.
Si è servito di una scopa per scopare il pavimento.

brother [BR∂dhər] *n.* • fratello, il
I have an older brother who is in college.
Il mio fratello maggiore frequenta l'università.

brown [BRAUN] *adj.* • marrone *(m., f.)*
The brown coat looks good on her.
Ci sta bene col cappotto marrone.

brunette [bruNET] *n.; adj.* • brunetta; bruna
My mother is brunette.
Mia madre è brunetta.

brush [BR∂SH] *n.* • spazzola, la
 toothbrush *n.* • spazzolino, lo
 to brush (oneself) *v.* • pettinarsi
I use a brush on my hair.
Uso la spazzola per pettinarmi.

I brush my hair every morning.
Mi pettino i capelli ogni mattina.

bucket [B∂kit] *n.* • secchia, la
I carry water in a bucket.
Porto l'acqua nella secchia.

build, to [BILD] *v.* • costruire
We are building a new house outside of town.
Costruiamo una casa nuova fuori città.

building [BILding] *n.* • edifizio, l' *(m.)*
 apartment building *n.* • immobile, l' *(m.)*
There are many offices in this building.
Ci sono molti uffici in quest'edifizio.

burn, to [B∂RN] *v.* • bruciare
We burn leaves in autumn.
In autunno bruciamo le foglie.

bus [B∂S] *n.* • autobus, l' *(m.)*
We are waiting for the bus at the depot.
Aspettiamo l'autobus alla stazione.

business [B*I*Zn*i*s] *n.* • affari, gli
  businessman *n.* • uomo d'affari
  businesswoman *n.* • donna d'affari
This store does a lot of business in the summer.
Questo negozio fa molto affare d'estate.

Mind your own business.
Bada ai fatti tuoi.

busy [B*I*Zi] *adj.* • occupato (-a)
The secretary is very busy.
La segretaria è molto occupata.

but [B*ə*T] *conj.; prep.* • ma
I would like some cake, but I am on a diet.
Mi piacerebbe un po' di tórta, ma faccio la dieta.

butcher [B*Uch*ər] *n.* • macellaio, il
  butcher shop *n.* • beccheria, la
We buy meat from the butcher.
Compriamo la carne dal macellaio.

butter [B*ə*tər] *n.* • burro, il
Peter puts butter on his bread.
Pietro mette il burro sul pane.

butterfly [B*ə*tərfla*i*] *n.* • farfalla, la
The child tries to catch the butterfly.
Il bimbo cerca di acchiappare la farfalla.

button [B*ə*tn] *n.* • bottone, il
I don't like to sew buttons.
Non mi piace cucire i bottoni.

buy, to [BA*I*] *v.* • comprare
We buy our vegetables at the market.
Compriamo i legumi al mercato.

by [BA*I*] *prep.* • vicino a; da
  (by) airmail • per via aerea
  by car • in macchina

by day • di giorno
by oneself • da solo
by plane • in aereo
His parents live by a lake.
I suoi genitori abitano vicino al lago.

C

cabbage [KAb*i*dg] *n.* • cavolo, il
Rabbits are eating the cabbages in our garden.
Le lepri mangiano i cavoli nel giardino.

café [k*a*FEI] *n.* • bar, il; caffè, il
sidewalk café • caffè all'aperto, il
Let's meet at the café on the corner.
Incontriamoci al bar in fondo alla strada.

cake [KEIK] *n.* • tórta, la
What kind of cake do you want for your birthday?
Che specie di tórta preferisci per il tuo compleanno?

calculator [KALkj*u*LEIt*ə*r] *n.* • calcolatrice, la
Use a calculator to check your addition.
Usa la calcolatrice per verificare l'addizione.

calendar [KAL*ə*nd*ə*r] *n.* • calendario, il
There is a calendar on the wall.
C'è un calendario appeso al muro.

calf [KAF] *n.* • vitello, il
The calf follows its mother.
Il vitello segue la madre.

call, to [KOL] *v.* • chiamare
Mom calls us when dinner is ready.
Mamma ci chiama quando il pranzo è pronto.

calm [KAM] *adj.* • tranquillo (-a)
When everyone is asleep, the house is calm.
Quando tutti dormono la casa è tranquilla.

camel [KAmǝl] *n.* • cammello, il
Camels can live without water in the desert.
I cammelli sopravvivono nel deserto senza acqua.

camera [KAMrǝ] *n.* • macchina fotografica, la
This camera takes good pictures.
Questa macchina fotografica fa belle fotografie.

camp [KAMP] *n.* • campeggio, il
When are you going to summer camp?
Quando vai al campeggio?

camper [KAMpǝr] *n.* • camper, il
to go camping • fare il campeggio
I go camping with my family in August.
Vado al campeggio con la mia famiglia in agosto.

Canada [KANǝdǝ] *n.* • Canada, il
Canadian *adj.* • canadese *(m., f.)*
Canadian *n.* • canadese, il
Canada is north of the United States.
Il Canada è al nord degli Stati Uniti.

candle [KANdǝl] *n.* • candela, la
Can you light the candles, please?
Accendi la candela per favore.

candy [KANdi] *n.* • caramella, la
candy store *n.* • negozio di confezione, il
Don't eat too much candy before dinner.
Non mangiare troppe caramelle prima del pranzo.

cap [KAP] *n.* • berretto, il
All the members of my team wear the same caps.
*Tutti i membri della mia squadra portano lo stesso
  berretto.*

capital [KAPətəl] *n.* • capitale, la
  capital letter • lettera maiuscola
Washington, D.C. is the capital of the United States.
Washington, D.C. è la capitale degli Stati Uniti.

car [KAR] *n.* • macchina, la
  railroad car • vagone, il
They have a new red car.
Hanno una nuova macchina rossa.

card [KARD] *n.* • carta, la
  to play cards • giocare a carte
  postcard *n.* • cartolina, la
My little brother is learning to play cards.
Il mio fratellino impara a giocare a carte.

cardinal [KARdinəl] *n.* • cardinale, il
The cardinal is a red bird.
Il cardinale è un uccello rosso.

career [kəRIR] *n.* • carriera, la
What career are you going to choose?
Quale carriera sceglierai?

carefully [KEIRfəli] *adv.* • attentamente
When the roads are wet you must drive carefully.
Quando le strade sono bagnate guiderai attentamente.

carnation [karNEIshən] *n.* • garofano, il
Carnations smell good.
I garofani hanno un bel profumo.

carpenter [KARpəntər] *n.* • falegname, il
The carpenters are building a house.
I falegnami costruiscono la casa.

carpet [KARpət] *n.* • tappeto, il
I need to vacuum the carpet.
Devo passare l'aspirapolvere sul tappeto.

carrot [KARət] *n.* • carota, la
The rabbit is eating a carrot.
Il coniglio mangia la carota.

carry, to [KARi] *v.* • portare
I'm going to carry my suitcase to my room.
Porterò la valigia nella mia camera.

cartoon (animated) [karTUN] *n.* • cartone
  animato, il
  cartoon (comic strip) • giornale umoristico, il
Walt Disney created many cartoons.
Walt Disney ha creato molti cartoni animati.

castle [KASəl] *n.* • castello, il
The king lived in a large castle.
Il rè viveva in un grande castello.

cat [KAT] *n.* • gatto, il
We have a cat for a pet.
Il gatto è il nostro animale domestico.

catch, to [KACH] *v.* • acchiappare
  to catch up with • raggiungere
  to catch a cold • prendere un raffreddore
  to catch fire • pigliare fuoco
I am going to throw the ball and Michael is going to catch it.
Io tiro la palla e Michele l'acchiappa.

caterpillar [KATərpilər] *n.* • bruco, il
A caterpillar changes into a butterfly.
Il bruco si trasforma in una farfalla.

cauliflower [KOLiflauər] *n.* • cavolfiore, il
Cauliflower is my favorite vegetable.
Il cavolfiore è la mia verdura preferita.

cave [KEIV] *n.* • grotta, la
Bats live in caves.
I pipistrelli vivono nelle grotte.

ceiling [SIL*ing*] *n.* • soffitto, il
There is a fly on the ceiling.
C'è una mosca sul soffitto.

celebration [sel*ə*BREI*shə*n] *n.* •
celebrazione, la; festa, la
to celebrate *v.* • celebrare
We had a celebration when my sister finished college.
*Abbiamo fatto festa quando mia sorella ha finito
l'università.*

celery [SEL*ə*ri] *n.* • sedano, il
My mother buys celery at the supermarket.
Mia madre compra il sedano al supermercato.

cellar [SEL*ə*r] *n.* • sotterraneo, il
The cellar is always cool and damp.
Il sotterraneo è sempre fresco e umido.

central [SENtr*ə*l] *adj.* • centrale *(m., f.)*
Central America *n.* • America Centrale
center *n.* • centro, il
This store is in the central part of town.
Questo negozio è nella parte centrale della città.

certain [S*ə*RTn] *adj.* • certo (-a)
I'm certain that they are coming tonight.
Sono certo che vengono stasera.

chair [*CH*EIR] *n.* • sedia, la
armchair; easy chair *n.* • poltrona, la
There are six chairs around the table.
Ci sono sei sedie intorno alla tavola.

chalk [*CH*OK] *n.* • gesso, il
chalkboard *n.* • lavagna, la
The teacher writes on the chalkboard with chalk.
Il professore scrive sulla lavagna con il gesso.

change, to [*CH*EIN*DG*] *v.* • cambiare
change (money) *n.* • cambio, il

He always changes his mind.
Lui cambia sempre idea.

cheap(ly) [*CH*IP(li)] *adv.* • buon mercato, a
We bought a used car for a cheap price.
Abbiamo comprato una macchina a buon mercato.

cheat, to [*CH*IT] *v.* • imbrogliare
I don't play with these children anymore because they
  cheat.
Non gioco più con questi ragazzi perché imbrogliano.

check (restaurant) [*CH*EK] *n.* • conto, il
  check (bank) *n.* • assegno, l' *(m.)*
The waiter brings the check after the meal.
Il cameriere porta il conto dopo il pranzo.

checkers [*CH*EKərz] *n.* • dama, la
I play checkers with my little sister.
Gioco a dama con la mia sorellina.

cheek [*CH*IK] *n.* • gota, la
Martine always has rosy cheeks!
Martina ha sempre le gote rosee.

cheerful [*CH*IRfəl] *adj.* • allegro (-a)
The children were in a cheerful mood at the party.
I bambini erano tutti allegri alla festa.

cheese [*CH*IZ] *n.* • formaggio, il
  grilled ham and cheese • tramezzino di
    prosciutto e formaggio
Gruyere is my favorite cheese.
Il Gruyere è il mio formaggio preferito.

chemistry [KEM*i*stri] *n.* • chimica, la
I teach chemistry and physics at the high school.
Insegno chimica e fisica al liceo.

cherry [*CH*Eri] *n.* • ciliegia, la
We picked cherries from the tree.
Abbiamo raccolto le ciliegie dall'albero.

chess [*CH*ES] *n.* • scacchi, gli
  to play chess • giocare a scacchi
We are learning to play chess.
Impariamo a giocare a scacchi.

chicken [*CH*Iкən] *n.* • pollo, il
We have a good recipe for chicken.
Abbiamo una buona ricetta per il pollo.

child [*CH*A*I*LD] *n.* • bambino, il
What is the child's name?
Come si chiama il bambino?

chimney [*CH*IMni] *n.* • comignolo, il
Some birds have made their nest in our chimney.
Gli uccelli hanno fatto il nido sul comignolo.

chin [*CH*In] *n.* • mento, il
Paul has a bruise on his chin.
Paolo ha un livido sul mento.

China [*CH*A*I*nə] *n.* • Cina, la
  Chinese *adj.* • cinese *(m., f.)*
  Chinese *n.* • cinese, il
I hope to visit China someday.
Un giorno spero di visitare la Cina.

chocolate [*CH*OKlət] *n.; adj.* • cioccolata, la
I like chocolate candy.
Mi piace la cioccolata.

choice [*CH*O*I*S] *n.* • scelta, la
Patricia wants to make the right choice.
Patricia vuole fare la scelta giusta.

choir [KWA*Iər*]   *n.*   • coro, il (m,)
This choir sings very well.
Il coro canta molto bene.

choose, to [CH*UZ*]   *v.*   • scegliere
You have to choose one or the other.
Devi scegliere l'uno o l'altro.

Christmas [KR*I*Sm*ə*s]   *n.*   • Natale, il
   Christmas Eve   • vigilia di Natale, la
Christmas is December 25.
Natale è il 25 dicembre.

church [CH*Ə*RCH]   *n.*   • chiesa, la
Many people go to church on Sunday.
Molta gente va in chiesa la domenica.

cigarette [sig*ə*RET]   *n.*   • sigaretta, la
You can't smoke cigarettes on the plane.
Non si possono fumare sigarette sull'aereo.

circle [S*Ə*Rk*ə*l]   *n.*   • circolo, il
Andrew is drawing a circle on the paper.
Andrea traccia un circolo sulla carta.

circus [S*Ə*Rk*ə*s]   *n.*   • circo, il
The circus is in town for a week.
Il circo rimane in città una settimana.

citizen [S*I*t*ə*z*ə*n]   *n.*   • cittadino, il
I am a citizen of the United States.
Sono cittadino degli Stati Uniti.

city [S*I*ti]   *n.*   • città, la
   city hall   *n.*   • comune, il
Do you want to live in the city or in the country?
Vuoi abitare in città o in campagna?

clarinet [klɑriNET] *n.* • clarinetto, il
My sister plays the clarinet.
Mia sorella suona il clarinetto.

class [KLAS] *n.* • classe, la
  classroom *n.* • aula, l' *(f.)*
How many students are in this class?
Quanti studenti ci sono in questa classe?

clean [KLIN] *adj.* • pulito (-a)
  to clean *v.* • pulire
Every Monday she puts clean sheets on the beds.
Ogni lunedì mette le lenzuola pulite sul letto.

We clean the house each week.
Puliamo la casa ogni settimana.

clear [KLIR] *adj.* • chiaro (-a)
Your explanation is not clear.
La tua spiegazione non è chiara.

climb, to [KLAIM] *v.* • salire
Do you want to climb the steps or take the elevator?
Vuoi salire le scale o prendere l'ascensore?

clock [KLAK] *n.* • orologio, l' *(m.)*
  alarm clock • sveglia, la
The clock on the wall is very precise.
L'orologio sul muro è molto preciso.

close [KLOS] *adv.* • vicino a
I live very close to my friend.
Abito molto vicino al mio amico.

close, to [KLOZ] *v.* • chiudere
Close the door, please.
Chiudi la porta, per favore.

closet [KLAzit] *n.* • armadio, l' *(m.)*
He puts his coat in the closet.
Mette il cappotto nell'armadio.

clothes [KLOZ] *n.* • indumenti, gli
  clothing *n.* • abbigliamento, l' *(m.)*
I bought new clothes and shoes for my trip.
Ho comprato nuovi indumenti e scarpe per il viaggio.

cloud [KLA*U*D] *n.* • nuvola, la
  cloudy *adj.* • nuvoloso (-a)
Look at the clouds! It is going to rain!
Guarda le nuvole! Pioverà!

clown [KLA*U*N] *n.* • pagliaccio, il
I like the clown at the circus.
Mi piace il pagliaccio al circo.

clumsy [KL*ə*Mzi] *adj.* • goffo (-a)
The clumsy waiter dropped the tray.
Il cameriere goffo ha fatto cadere il vassoio.

coach [KO*CH*] *n.* • allenatore, l' *(m.)*
Our coach has the game schedule.
Il nostro allenatore ha l'orario delle partite.

coat [KOT] *n.* • cappotto, il
  raincoat *n.* • impermeabile, l' *(m.)*
This coat is very warm.
Questo cappotto è molto caldo.

coconut [KOk*ə*n*ə*t] *n.* • noce di cocco, la
The coconut has a very hard shell.
La noce di cocco ha il guscio molto duro.

coffee [KO*f*i] *n.* • caffè, il
  a cup of coffee • una tazza di caffè
I put sugar in my coffee.
Metto lo zucchero nel caffè.

cold [KOLD] *adj.* • freddo (-a)
  cold (illness) *n.* • raffreddore, il
  it's cold out • fa freddo
  to be cold (person) • avere freddo

It's cold in the winter.
Fa freddo d'inverno.

collar [KAlər] *n.* • colletto, il
   dog collar • collare, il
This collar is too tight.
Questo colletto è troppo stretto.

collection [kəLEKshən] *n.* • collezione, la
My brother has a collection of coins.
Mio fratello fa la collezione di monetine.

color [Kələr] *n.* • colore, il
What are the colors of the rainbow?
Quali sono i colori dell'arco baleno?

What color is ---?
Di che colore è---?

comb [KOM] *n.* • pettine, il
   to comb (one's hair) *v.* • pettinarsi
I have my brush, but where is my comb?
Ho la spazzola, ma dov'è il pettine?

come, to [KəM] *v.* • venire
   to come back • ritornare
   to come into *v.* • entrare
The mail comes at eleven o'clock.
La posta viene alle undici.

They are coming into the classroom now.
Ora entrano in classe.

comfortable [KəMftərbəl] *adj.* • comodo (-a)
This easy chair is very comfortable.
Questa poltrona è molto comoda.

comic strip see *cartoon*

command [kəMAND] *n.* • comando, il
The officer gives commands to the soldiers.
L'ufficiale dà il comando ai soldati.

common [KAmən] *adj.* • comune *(m., f.)*
This disease is quite common in children.
Questa malattia è comune tra i bambini.

company [KəMpəni] *n.* • compagnia, la;
ditta, la
My dad works for a large company.
Il mio babbo lavora per una grande ditta.

competition [kampəTIshən] *n.* •
competizione, la; gara, la
to compete *v.* • competere; fare a gara
Our team is not afraid of competition.
La nostra squadra non ha paura della competizione.

complain, to [kəmPLEIN] *v.* • lagnarsi
He is always complaining about the weather.
Si lagna sempre del tempo.

completely [kəmPLITli] *adv.* • completamente
I read the instructions completely.
Ho letto le indicazioni completamente.

compliment [KAMpləmənt] *n.* •
complimento, il
Everyone likes to receive compliments.
A ognuno piace ricevere complimenti.

computer [kəmPJUtər] *n.* • computer, il
You can play games on the computer.
Si possono fare giochi con il computer.

concert [KANsərt] *n.* • concerto, il
I am going to the concert with my friends.
Vado al concerto con gli amici.

congratulations [kəngradgəLEIshəns] *n.* •
felicitazioni
Congratulations! You won the prize.
Felicitazioni! Hai vinto il premio.

connect, to [kəNEKT] *v.* • connettere
You connect the two parts like that.
Connetti le due parti così.

construct [kənSTRƏKT] *v.* • costruire
The carpenters are constructing a new house.
I falegnami costruiscono una nuova casa.

contain, to [kənTEIN] *v.* • contenere
This book contains many interesting facts.
Questo libro contiene molti fatti interessanti.

content [kənTENT] *adj.* • soddisfatto (-a)
The teacher is content with our work.
Il professore è soddisfatto dei nostri compiti.

contest [KANtest] *n.* • gara, la
I won first prize in the contest.
Ho vinto il primo premio della gara.

continent [KANtənənt] *n.* • continente, il
Africa and Asia are huge continents.
L'Africa e l'Asia sono grandi continenti.

continue, to [kənTINju] *v.* • continuare
Let's continue reading until we finish.
Continuiamo a leggere finchè finiamo.

conversation [kanvərSEIshən] *n.* •
conversaione, la
A conversation with Mary is always fun.
Una conversazione con Maria è sempre piacevole.

cook, to [KUK] *v.* • cucinare
cook, the *n.* • cuocere
We cooked a special dinner for your birthday.
*Abbiamo cucinato un pranzo particolare per il tuo
   compleanno.*

cookie [KUKi] *n.* • biscotto, il
We baked cookies for our guests.
Abbiamo fatto i biscotti per gli ospiti.

cool [KUL] *adj.* • fresco (-a)
it's cool out • fa fresco
A cool drink is welcome on a hot day.
Una bevanda fresca è buona durante una giornata calda.

copy, to [KApi] *v.* • copiare
copy *n.* • copia, la
We are copying the questions that are on the blackboard.
Copiamo le domande scritte sulla lavagna.

corn [KORN] *n.* • granturco, il
This corn comes from our garden.
Questo granturco viene dal nostro giardino.

corner [KORnər] *n.* • angolo, l' *(m.)*
What is the name of the store on the corner?
Come si chiama il negozio all'angolo di quella strada?

correct [kəREKT] *adj.* • corretto (-a)
to correct *v.* • correggere
Is this answer correct?
È corretta questa risposta?

cost, to [KOST] *v.* • costare
cost *n.* • costo, il
to be expensive • costare caro
How much does this jacket cost?
Quanto costa questa giacca?

cotton [KATn] *n.* • cotone, il
The shirt was made of cotton.
Questa camicia è fatta di cotone.

couch [KAUCH] *n.* • divano, il
Sit down on the couch.
Siediti sul divano.

cough, to [KOF] *v.* • tossire
Sometimes you cough when you have a cold.
A volte quando si ha il raffreddore si tossisce.

count, to [KAUNT] *v.* • contare
My little sister can count to 100.
La mia sorellina sa contare fino a 100.

country [KƏNtri] *n.* • nazione, la
What countries have you visited?
Quali nazioni hai visitato.

country (opposite of city)] *n.* • campagna, la
My grandfather lives in the country.
Mio nonno abita in campagna.

courageous [kƏREIdgƏs] *adj.* • coraggioso (-a)
We read a story about a courageous hero.
Abbiamo letto il racconto di un eroe coraggioso.

course [KORS] *n.* • corso, il
   of course • certo!
   of course not • assolutamente no!
Which course are you taking in school?
Quale corso segui a scuola?

cousin [KƏZn] *n.* • cugino, il; cugina, la
My cousin is the same age as I am.
Mio cugino ha la mia stessa età.

cover (lid) [KƏvƏr] *n.* • coperchio, il
   covered *adj.* • coperto (-a)
   to cover *v.* • coprire
The basket has a lid.
Il paniere ha coperchio.

cow [KAU] *n.* • mucca, la
The cow gives milk.
La mucca dà il latte.

cradle [KREIdəl] *n.* • culla, la
The mother puts her baby in the cradle.
La madre mette il bambino nella culla.

crayon [KREIan] *n.* • pastello, il
The child is drawing with his crayons.
Il bambino colora con i pastelli.

crazy [KREIzi] *adj.* • pazzo (-a)
You are crazy! It's too cold to go swimming.
Sei pazzo! Fa troppo freddo per andare a nuotare.

cream [KRIM] *n.* • crema, la; panna, la
My dad puts cream in his coffee.
Mio padre mette la panna nel caffè.

cricket [KRIkit] *n.* • grillo, il
In the summertime we hear crickets at night.
D'estate ascoltiamo i grilli durante la notte.

crocodile [KRAKədail] *n.* • coccodrillo, il
Crocodiles live near rivers and swamps.
I coccodrilli vivono vicino ai fiumi e alle paludi.

cross, to [KROS] *v.* • attraversare
   crossword puzzle • cruciverba, la
Children must cross the street with an adult.
I bambini devono attraversare la strada con un adulto.

crowd [KRAUD] *n.* • folla, la
There is a big crowd at the game.
C'è molta folla alla partita.

crown [KRAUN] *n.* • corona, la
The queen wears a crown.
La regina porta la corona.

crush, to [KRəSH] *v.* • schiacciare
Be careful! Don't crush the eggs!
Attenzione! Non schiacciare le uova.

crust [KR∂ST] *n.* • corteccia, la
I like the crust on French bread.
Mi piace la corteccia del pane.

cry, to [KRA*I*] *v.* • piangere
Many people cried during the funeral.
Molte persone piangevano durante il funerale.

cube [K*J*UB] *n.* • cubo, il
A cube is a solid having six congruent square faces.
Il cubo è un solido con sei superficie quadrate congruenti.

cucumber [K*J*Uk∂mb∂r] *n.* • cetriolo, il
Charles likes cucumber salad.
A Carlo piace l'insalata di cetrioli.

cup [K∂P] *n.* • tazza, la
Please give me a cup of coffee.
Per favore dammi una tazza di caffè.

cupboard [K∂b∂rd] *n.* • credenza, la
I put the dishes away in the cupboard.
Metto i piatti nella credenza.

curious [K*J*URi∂s] *adj.* • curioso (-a)
They say that cats are curious.
Si dice che i gatti siano curiosi.

curtain [K∂*R*Tn] *n.* • tenda, la
At night, you usually pull the curtains.
A notte generalmente si stendono le tende.

custom [K∂St∂m] *n.* • abitudine, l' *(f.)*
It's his custom to drink a glass of milk before bedtime.
*Ha l'abitudine di prendere un bicchiere di latte prima di
    andare a letto.*

cut, to [K∂T] *v.* • tagliare
    to cut oneself • tagliarsi

He cuts his meat with a knife.
Taglia la carne con un coltello.

cute [KJUT] *adj.* • carino (-a)
This puppy is so cute.
Questo cagnolino è carino.

cutlet (chop) [KƏTlət] *n.* • cotoletta, la
I would like a pork cutlet, please.
Vorrei una cotoletta di maiale, per favore.

D

dad; daddy [DAD; DAdi] *n.* • babbo, il ;
  papà, il
Where does your dad work?
Dove lavora il tuo babbo?

daisy [DEIzi] *n.* • margherita, la
The children gather daisies in the field.
I bambini colgono le margherite nel prato.

damp [DAMP] *adj.* • umido (-a)
These towels are damp.
Questi asciugamani sono umidi.

dance, to [DANS] *v.* • ballare
We took classes to learn to dance.
Frequentiamo lezioni per imparare a ballare.

danger [DEINdgər] *n.* • pericolo, il
  dangerous *n.* • pericoloso (-a)
The soldiers were in great danger during the battle.
Durante la battaglia i soldati erano in grande pericolo.

Is skiing dangerous?
È pericoloso lo sci?

dare, to [DEIR] *v.* • osare
I don't dare lie.
Non oso mentire.

dark [DARK] *adj.* • scuro (-a)
It's dark out. • Fuori c'è il buio.
The sky grows dark after the sun sets.
Il cielo diventa scuro dopo il tramonto.

date [DEIT] *n.* • data, la
What date is your appointment?
Qual'è la data del tuo appuntamento?

daughter [DOtər] *n.* • figlia, la
The mother and daughter look very much alike.
Madre e figlia si somigliano molto.

day [DEI] *n.* • giorno, il
day off • giorno feriale
every day • ogni giorno
It's daytime. • È giorno.
What day is she going to arrive?
In quale giorno arriverà?

dead [DED] *adj.* • morto (-a)
The earthquake left many people dead or injured.
Il terremoto ha lasciato molti morti e feriti.

deaf [DEF] *adj.* • sordo(-a)
My grandmother is starting to go deaf.
Mia nonna è un po' sorda.

dear [DIR] *adj.* • caro (-a)
The letter began, "Dear Mom, I miss you."
La lettera comoncia: "Cara mamma, mi manchi."

deceive, to [dəSIV] *v.* • ingannare
Your story won't deceive the police.
Il tuo racconto non inganna la polizia.

December [dəSEMbər] *n.* • dicembre *(m.)*
December is the last month of the year.
Dicembre è l'ultimo mese dell'anno.

decision [dəSIzhən] *n.* • decisione, la
Moving away from my family was a difficult decision.
*Allontanarmi dalla famiglia è stata una decisione
difficile.*

decorate, to [DEKəreit] *v.* • addobbare
I decorate my room with posters.
Addobbo la stanza con i posters.

deep [DIP] *adj.* • profondo (-a)
  deep (color) • scuro (-a)
  deep (feeling) • forte *(m., f.)*
This lake is quite deep in the middle.
Questo lago è abbastanza profondo nel centro.

The dress is deep blue.
La veste è blu scura.

deer [DIR] *n.* • cervo, il
There are deer in these woods.
Ci sono i cervi nel bosco.

delicious [dəLISHəs] *adj.* • squisito (-a)
This meal is delicious.
Questo pranzo è squisito.

delighted [dəLAItəd] *adj.* • incantato (-a)
She is delighted to visit her friends.
È incantata di visitare gli amici.

Denmark [DENmark] *n.* • Danimarca, la
  Dane *n.* • danese, il
  Danish *adj.* • danese
Denmark is a country in northern Europe.
La Danimarca è un paese dell'Europa settentrionale.

dentist [DENt*i*st] *n.* • dentista, il
I go to the dentist twice a year.
Vado dal dentista due volte all'anno.

department store [d*ə*PARTm*ə*nt st*o*r] *n.* •
negozio d'abbigliamento
My mother works in a department store.
Mia madre lavora in un negozio d'abbigliamento.

desert [DEz*ə*rt] *n.* • deserto, il
It is very hot in the desert.
Nel deserto fa molto caldo.

desk [DESK] *n.* • scrivania, la
student's desk • banco, il
The papers are in the desk.
I documenti sono sulla scrivania.

dessert [d*ə*Z*ə*RT] *n.* • dolce, il
The dessert is delicious.
Il dolce è squisito.

destroy, to [d*ə*STR*OI*] *v.* • distruggere
A volcano destroyed the city of Pompeii.
Il vulcano distrusse la città di Pompei.

detective [d*i*TEKt*i*v] *n.* • poliziotto, il
My dad is a policeman.
Mio papà è poliziotto.

detour [DIt*u*r] *n.* • deviazione, la
We followed the signs for the detour.
Abbiamo seguito le tabelle per la deviazione.

dictionary [D*I*Ksh*ə*neri] *n.* • dizionario, il
I am going to look up this word in the dictionary.
Cercherò questo vocabolo nel dizionario.

die, to [D*AI*] *v.* • morire
The hero dies at the end of the play.
Il protagonista muore alla fine della tragedia.

diet [D*AI*ət] *n.* • dieta, la
  on a diet • a dieta
Did you lose weight on your diet?
Hai perduto peso con questa dieta?

different [D*I*Frənt] *adj.* • diverso (-a)
His ideas are very different from mine.
Le sue idee sono molto diverse dalle mie.

difficult [D*I*Fikəlt] *adj.* • difficile *(m., f.)*
This assignment is difficult.
È un incarico difficile.

dim [D*I*M] *adj.* • fioco (-a)
The light in this room is dim.
La luce in questa stanza è fioca.

dine, to [D*AI*N] *v.* • cenare
  dinner *n.* • pranzo, il
  dining room *n.* • sala da pranzo, la
We are dining at our friend's house tonight.
Stasera ceniamo dal nostro amico.

direct, to [dəREKT] *v.* • dirigere
  direct *adj.* • diretto (-a)
The police officer is directing traffic.
Il vigile dirige il traffico.

dirty [DəRti] *adj.* • sporco (-a)
The boots are dirty.
Gli stivali sono sporchi.

disappear [disəPIR] *v.* • scomparire
The stars disappeared as the sun came up.
Le stelle sono scomparse al levarsi del sole.

disaster [di*Z*ASt*ə*r] *n.* • disastro, il
The plane crash was a great disaster.
Il crollo dell'aereo è stato un gran disastro.

discouraged [dis*K*ə*R*ə*dg*d] *adj.* •
scoraggiato (-a)
The team was discouraged after losing the game.
La squadra era scoraggiata dopo la perdita della partita.

discover, to [dis*K*ə*V*ər] *v.* • scoprire
discovery *n.* • scoperta, la
We discovered a new way to get to town.
Abbiamo scoperto una nuova strada per andare in città.

disease [d*ə*ZIZ] *n.* • malattia, la
Your disease can be cured with this medicine.
La malattia si cura con questa medicina.

dishes [D*ISH*ə*z] *n.* • piatti, i
Please put the dishes away in the cupboard.
Per favore metti i piatti nella credenza.

dishonest [dis*AN*ə*st] *adj.* • disonesto (-a)
The dishonest boy told another lie.
Il ragazzo disonesto ha detto un'altra bugia.

distance [D*IS*t*ə*ns] *n.* • distanza, la
distant *adj.* • distante *(m., f.)*
The distance between New York and Rome is about 3,500
miles.
La distanza tra New York e Roma è circa 3,500 miglia.

disturb [dis*T*ə*R*B] *v.* • disturbare
Do not disturb Paul, he is asleep!
Non disturbare Paolo, sta dormendo!

dive, to [D*A*I*V] *v.* • tuffarsi
The swimmer dives into the swimming pool.
Il nuotaore si tuffa nella piscina.

divide, to [di*VAID*] *v.* • dividere
We are dividing the candy among us.
Ci dividiamo le caramelle tra di noi.

do, to [DU] *v.* • fare
We are going to do our work.
Faremo il nostro lavoro.

doctor [DAKt*ər*] *n.* • medico, il
See a doctor if you are not feeling well.
Va dal medico se non ti senti bene.

dog [D*O*G] *n.* • cane, il
We have a dog and a cat.
Abbiamo un cane e un gatto.

Beware of the dog!
Attenti al cane!

doll [DAL] *n.* • bambola, la
  doll house • casa della bambola, la
My little sister puts her dolls on her bed.
La mia sorellina mette la bambola sul letto.

dollar [DAL*ər*] *n.* • dollaro, il
The newspaper costs one dollar.
Il giornale costa un dollaro.

dominoes [DAM*ə*noz] *n.* • domino, il
Do you know how to play dominoes?
Sai giocare a domino?

donkey [D*O*NGKi] *n.* • asino, l' *(m.)*
A donkey has longer ears than a horse.
L'asino ha le orecchie più lunghe del cavallo.

door [D*O*R] *n.* • porta, la
  doorbell *n.* • campanello, il
  doorknob *n.* • maniglia, la
Please open the door for our guests.
Per favore apri la porta per gli invitati.

down [DAUN] *adv.* • disotto; giù
  down there • laggiù
  to go down *v.* • discendere
The skiers go down the mountain.
Gli sciatori scendono giù dalla montagna.

dozen [Dəzən] *n.* • dozzina, la
My brother is going to buy a dozen eggs.
Mio fratello va a comprare una dozzina di uova.

drag, to [DRAG] *v.* • trascinare
His trousers drag on the floor.
Trascinava i pantaloni sul pavimento.

dragon [DRAGən] *n.* • drago, il
The knight is fighting a dragon.
Il cavaliere combatte con il drago.

draw, to [DRO] *v.* • disegnare
  drawing *n.* • disegno, il
Can you draw a picture of what you saw?
Puoi disegnare quello che hai visto?

dreadful [DREDfəl] *adj.* • spaventoso (-a)
The monster in the story is dreadful.
Il mostro del racconto è spaventoso.

dream [DRIM] *n.* • sogno, il
  to dream *v.* • sognare
She dreams about going to America.
Sogna di andare in America.

dress [DRES] *n.* • veste, la; vestito, il
  to dress *v.* • vestirsi
  well dressed • ben vestito
The girl is wearing a pretty dress.
La ragazza porta una bella veste.

dresser [DRESər] *n.* • cassettone, il
There's a dresser in the bedroom.
Nella camera da letto c'è un cassettone.

drink [DR*I*NGK] *n.* • bevanda, la
  to drink *v.* • bere
Do you want something to drink with your meal?
Vuoi qualcosa da bere con il pasto?

drive, to [DRA*I*V] *v.* • guidare
  driver *n.* • autista, l' *(m.)*
  driver's license *n.* • patente, la
She drives about five miles to work.
Lei guida cinque miglia per andare a lavorare.

drop, to [DRAP] *v.* • lasciare cadere
Be careful, don't drop the tray!
Attenzione, non lasciar cadere il vassoio!

drugstore [DR*∂*Gstor] *n.* • farmacia, la
My grandmother buys her medicine at the drugstore.
La mia nonna compra le medicine in farmacia.

drum [DR*∂*M] *n.* • tamburo, il
How long have you played the drums?
Da quando tempo suoni il tamburo?

dry [DRA*I*] *adj.* • asciutto (-a)
  to dry *v.* • asciugare
Get a dry towel from the closet.
Prendi un asciugamano asciutto dallo stipetto.

duck [D*∂*K] *n.* • anatra, l' *(f.)*
There are some ducks on the pond.
Ci sono delle anatre nel laghetto.

dull [D*∂*L] *adj.* • noioso (-a)
This lecture is very dull.
Questa conferenza è molta noiosa.

dumb [D*∂*M] *adj.* • sciocco (-a)
We all laughed at his dumb remarks.
Ridiamo alle sue parole sciocche.

during [DU*Ring*] *prep.* • durante
Don't talk during the speech!
Non parlare durante il discorso.

dust [D*ə*ST] *n.* • polvere, la
Dust makes me sneeze.
La polvere mi fa starnutire.

Dutch [D*ə*CH] *adj.* • olandese (see also
Holland; Netherlands)
  Dutch *n.* • Olandese, l' *(m., f.)*
The Dutch language is similar to German.
La lingua olandese è simile alla tedesca.

E

each [ICH] *adj.* • ogni
  each one *pron.* • ognuno
Each person takes a plate.
Ogni persona prende un piatto.

eagle [Ig*ə*l] *n.* • aquila, l' *(f.)*
The eagle is a bird of prey.
L'aquila è un uccello rapace.

ear [IR] *n.* • orecchio, l' *(m.)*
  earring *n.* • orecchino, l' *(m.)*
The loud noise hurt my ears.
Il rumore forte mi fa male alle orecchie.

early [*ə*R*li*] *adv.* • presto
They get up early to go to school.
Si alzano presto per andare a scuola.

earn, to [*ə*RN] *v.* • guadagnare
I am looking for a job to earn money.
Cerco un impiego per guadagnare soldi.

earth [əRTH] *n.* • terra, la
earthquake *n.* • terremoto, il
earthworm *n.* • verme, il
The Earth is the third planet from the sun.
La Terra è il terzo pianeta dal sole.

east [IST] *n.* • levante, il
The sun rises in the east.
Il sole sorge a levante.

easy [Izi] *adj.* • facile *(m., f.)*
These exercises are too easy.
Questi esercizi sono troppo facili.

eat, to [IT] *v.* • mangiare
to have something to eat • prendere
qualcosa da mangiare
I eat an apple every day.
Mangio una mela al giorno.

edge [EDG] *n.* • orlo, l' *(m.)*
He walks along the edge of the road.
Cammina all'orlo della strada.

egg [EG] *n.* • uovo, l' *(m.)*
boiled egg • uovo a bere
hard-boiled egg • uova sode *(pl.)*
scrambled egg • uova strapazzate *(pl.)*
Carole would like two fried eggs for breakfast.
Carolina vorrebbe due uova fritte per colazione.

eight [EIT] *n.; adj.* • otto
There are eight people on the bus.
Ci sono otto persone sull'autobus.

eighteen [EITIN] *n.; adj.* • diciotto
There are eighteen of us in this class.
Ne siamo diciotto in questa classe.

eighty [EIti] *n.; adj.* • ottanta
Many people now live to be eighty.
Molte persone oggi arrivano a ottanta anni.

elastic [əLAStɪk] *n.; adj.* • elastico (-a)
The elastic in the sleeve is too tight.
L'elastico nella manica è troppo stretto.

elbow [ELbo] *n.* • gomito, il
Please keep your elbows off the table!
Per favore togli i gomiti dalla tavola.

electric [əLEKtrɪk] *adj.* • elettrico (-a)
Do you shave with an electric razor?
Ti radi col rasoio elettrico?

elephant [ELəfənt] *n.* • elefante, l' *(m.)*
These elephants come from Africa.
Questi elefanti vengono dall'Africa.

eleven [əLEVən] *n.; adj.* • undici
There are eleven players on an American football team.
*Ci sono undici giocatori nella squadra del football
americano.*

embarrass [emBArəs] *v.* • imbarazzare
When someone embarrasses him, he blushes.
Quando lo imbarazzano, arrossisce.

embassy [EMbəsi] *n.* • ambasciata, l' *(f.)*
Call the embassy if you lose your passport.
Se perdi il passaporto telefona l'ambasciata.

employee [emPLOIi] *n.* • impiegato, l' *(m.)*
The company has ten employees.
La compagnia ha dieci impiegati.

empty [EMPti] *adj.* • vuoto (-a)
Put the empty bottles on the counter.
Metti le bottiglie vuote sul banco.

end [END] *n.* • fine, la
We eat dessert at the end of the meal.
Mangiamo il dolce alla fine del pranzo.

energetic [en*ə*r*D*GET*i*k] *adj.* • energico (-a)
energy *n.* • energia, l' *(f.)*
These children are so energetic!
Questi bambini sono tutti energici!

engaged (to marry) [enGE*L*D*G*D] *adj.* •
fidanzato (-a)
She was engaged for a year before she married.
È stata fidanzata un anno prima di sposarsi.

engineer [en*dgə*NIR] *n.* • ingegnere
My brother is an engineer.
Mio fratello è ingegnere.

England [*ING*gl*ə*nd] *n.* • Inghilterra, l' *(f.)*
English *n.* • Inglese, l' *(m., f.)*
English *adj.* • inglese *(m., f.)*
London and Manchester are cities in England.
Londra e Manchester sono città in Inghilterra.

enough [*ə*N*ə*F] *adv.* • abbastanza
Thank you, I have had enough to eat.
Grazie, ho mangiato abbastanza.

enter, to [ENt*ə*r] *v.* • entrare
The teacher enters the classroom.
Il professore entra nella classe.

enthusiasm [en*THU*zia*zə*m] *n.* •
entusiasmo, l' *(m.)*
enthusiastic *adj.* • entusiastico (-a)
You show a lot of enthusiasm for new subjects.
Dimostri grande entusiasmo per le nuove materie.

entire [enTA*I*R] *adj.* • intero (-a)
Our entire family is home for the holiday.
L'intera famiglia è a casa per le feste.

entrance [ENtrəns] *n.* • entrata, l' *(f.)*
Where is the entrance to the museum?
Dov'è l'entrata del museo?

envelope [ENvəlop] *n.* • busta, la
Fold the letter and put it in an envelope, please.
Piega la lettera e mettila nella busta, per favore.

equal [Ikwəl] *adj.* • uguale *(m., f.)*
Both halves are equal.
Ambe le metà sono uguali.

erase, to [əREIS] *v.* • cancellare
I erase my mistakes with an eraser.
Cancello gli sbagli con la gomma.

errand [ERənd] *n.* • faccenda, la
We have errands to run in town.
Ho delle faccende da fare in città.

error [ERər] *n.* • errore, l' *(m.)*
There aren't any errors in my homework.
Non ci sono errori nei miei compiti.

especially [esPESHəli] *adv.* • specialmente
I like to swim, especially when it is hot.
Mi piace nuotare, specialmente quando fa caldo.

Europe [JURəp] *n.* • Europa, l' *(f.)*
  European *n.* • europeo, l' *(m.)*
  European *adj.* • europeo (-a)
They will travel in Europe this summmer.
Quest'estate viaggeranno in Europa.

eve [IV] *n.* • vigilia, la; sera prima, la
  Christmas Eve • Vigilia di Natale, la
On the eve of our trip, we're going to go to bed early.
La sera prima della gita andremo a letto presto.

evening [IVn*ing*] *n.* • sera, la
  good evening • buona sera
  in the evening • di sera
  last evening • ieri sera
I do my homework in the evening.
La sera faccio i compiti in casa.

event [əVENT] *n.* • evento, l' *(m.)*
The opening of the Olympic Games is always a big event.
L'apertura dei giochi olompici è sempre un grande evento.

ever [EVər] *adv.* • sempre; mai
  hardly ever • quasi mai
If you ever need help, call me.
Se mai hai bisogno di aiuto, chiamami.

I'll always love you.
Ti amerò sempre.

every [EVri] *adj.* • ogni
  everybody *pron.* • tutti
  every day • ogni giorno
  everything *pron.* • tutto
  everywhere *adv.* • dappertutto
I was at work every day last month.
Ho lavorato ogni giorno il mese scorso.

exam [egZAM] *n.* • esame, l' *(m.)*
  to fail an exam • essere respinto agli esami.
  to pass an exam • riuscire agli esami.
  to take an exam • dare gli esami
The teacher gave an exam at the end of the course.
Il professore ci ha dato un esame alla fine del corso.

example [egZAMpəl] *n.* • esempio, l' *(m.)*
  for example • per esempio
Your behavior sets an example for the others.
Il tuo comportamento serve da esempio agli altri.

excellent [EKsələnt] *adj.* • eccellente *(m., f.)*
She was rewarded for her excellent work.
Lei è stata premiata per il suo lavoro eccellente.

except [ekSEPT] *prep.* • eccetto
Everyone else can leave except me!
Tutti partono eccetto io!

excuse me [ekSKJUZ mi] *v.* • mi scusi
Please excuse me for being late.
Scusami per essere in ritardo.

exercise [EKSərsaiz] *n.* • esercizio, l' *(m.)*
I have to do ten math exercises.
Devo fare dieci esercizi di matematica.

exit [EGzit] *n.* • uscita, l' *(f.)*
  emergency exit • uscita di emergenza, l' *(f.)*
The exits in the theater are clearly marked.
Le uscite del teatro sono chiaramente indicate.

expensive [ekSPENsiv] *adj.* • caro (-a);
  costoso
  to be expensive • costare caro
  to be inexpensive • costare poco
Diamonds are expensive.
I diamanti sono costosi.

experience [ekSPIRiəns] *n.* • esperienza, l' *(f.)*
He has three years of experience on this job.
Ha tre anni di esperienza in questo lavoro.

explain, to [ekSPLEIN] *v.* • spiegare
Please explain to us why you did this.
Per favore spiegaci perché hai fatto questo.

extend, to [ekSTEND] *v.* • distendere
Peter extends his hand to Marie.
Pietro distende la mano a Maria.

exterior [ekSTIRiər] *n.* • esteriore, l' *(m.)*
John is painting the exterior of the house.
Giovanni vernicia l'esteriore della casa.

extraordinary [ekSTRORdəneri] *adj.* •
straordinario (-a)
Marie plays the piano with extraordinary skill.
Maria suona il pianoforte con un'abiltà straordinaria.

extreme [ekSTRIM] *adj.* • estremo (-a)
Weather conditions on Mt. Everest are extreme.
Le condizioni del tempo sul monte Everest sono estreme.

eye [AI] *n.* • occhio, l' *(m.)*
eyebrows *n.* • sopracciglia
eyelash *n.* • ciglia, la
eyelid *n.* • palpebra, la
Both my parents have brown eyes.
Ambe i miei genitori hanno gli occhi neri.

F

face [FEIS] *n.* • viso, il
I wash my face in the morning.
Mi lavo il viso ogni mattina.

factory [FAKtəri] *n.* • fabbrica, la
What do they make in this factory?
Che cosa costruiscono in questa fabbrica?

fail, to [FEIL] *v.* • mancare; non riuscire
I failed to finish the assignment on time.
Non sono riuscito a finire i compiti in tempo.

fair [FEIR] *n.* • fiera, la
We are going to spend the day at the fair.
Passeremo la giornata alla fiera.

fairy [FEIRi] *n.* • fiaba, la
Children enjoy fairy tales.
Ai ragazzi piacciono le fiabe.

fall [FOL] *n.* • autunno, l' *(m.)*
The leaves are beautiful in the fall.
Le foglie sono belle in autunno.

fall, to [FOL] *v.* • cadere
Don't fall on the ice.
Non cadere sul ghiaccio.

false [FOls] *adj.* • falso (-a)
Is the answer true or false?
La risposta è vera o falsa?

family [FAMəli] *n.* • famiglia, la
The whole family is together for the holidays.
Tutta la famiglia è insieme per le feste.

famous [FEIməs] *adj.* • famoso (-a)
This restaurant is famous for its seafood.
Questo ristorante è famoso per i frutti di mare.

fan [FAN] *n.* • ventilatore, il
The fan will cool the room quickly.
Il ventilatore subito raffredda la stanza.

far [FAR] *adj.* • lontano (-a)
Do you live far from here?
Abiti lontano di quì?

farm [FARM] *n.* • fattoria, la
This farm produces corn and wheat.
Questa fattoria produce granturco e grano.

fashion [FAshən] *n.* • moda, la
Are hats the fashion this year?
I cappelli sono di moda quest'anno?

fast [FAST] *adj.* • veloce *(m., f.)*
This is a fast train.
Questo treno è veloce.

fat [FAT] *adj.* • grasso, il
Exercise will help you lose fat.
L'esercizio ti aiuta a perdere il grasso.

father [FA*dhər*] *n.* • padre, il
My father helped me with my homework.
Mio padre mi ha aiutato con i compiti.

fault [FOLT] *n.* • colpa, la
It is my fault that we are late.
È colpa mia che siamo in ritardo.

favorite [FEI*vərit*] *adj.* • preferito (-a)
What is your favorite color?
Qual'è il tuo colore preferito?

fear, to [FIR] *v.* • temere
  fear *n.* • paura, la
I fear for my life when he is driving.
Temo per la mia vita quando lui guida.

feather [FE*dhər*] *n.* • penna, la
The parrot has colorful feathers.
Il pappagallo ha le penne variopinte.

February [FEB*j*ueri] *n.* • febbraio *(m.)*
February is the shortest month.
Febbraio è il mese più corto dell'anno.

feel, to [FIL] *v.* • sentirsi
I feel bad about losing the game.
Mi sento male d'aver perduto la partita.

feet (see also *foot*) [FIT] *n.* • piedi, i
These shoes make my feet hurt.
Queste scarpe mi fanno male ai piedi.

ferocious [fəROshəs] *adj.* • feroce *(m., f.)*
This dog looks ferocious.
Questo cane sembra feroce.

fever [FIvər] *n.* • febbre, la
Often you get a fever with the flu.
Spesso si ha la febbre con l'influenza.

few [FJU] *adj.; pron.* • pochi (-e)
There are only a few cookies left.
Ci sono rimasti solamente pochi biscotti.

fiancé(e) [fianSEI] *n.* • fidanzato (-a)
My fiancé wants the wedding in June.
Il mio fidanzato vuole le nozze a giugno.

field [FILD] *n.* • campo, il
The sheep are in the field.
Le pecore sono nel campo.

fierce [FIRS] *adj.* • feroce *(m., f.)*
Wild animals are fierce.
Gli animali selvatici sono feroci.

fifteen [FIFTIN] *n.; adj.* • quindici
I live fifteen kilometers from here.
Abito a quindici chilometri di qui.

fifty [FIFti] *n.; adj.* • cinquanta
Fifty dollars is expensive for a sweater.
Cinquanta dollari è caro per una masglia.

fight, to [FAIT] *v.* • battersi
My little brothers fight all the time.
I miei fratellini si battono sempre.

fill, to [FIL] *v.* • riempire
She fills their plates with noodles.
Lei riempie i piatti con fettuccine.

film [F*I*LM] *n.* • film, il
There is an old film playing at the theater.
Al cinema danno un vecchio film.

finally [FA*I*Nəli] *adj.* • finalmente
I'm finally done with my project.
Finalmente ho terminato il progetto.

find, to [FA*I*ND] *v.* • trovare
I can't find my gloves!
Non posso trovare i guanti.

fine [FA*I*N] *adj.; adv.* • buono (-a); bello (-a);
  bene
We had a fine day at the beach.
Abbiamo passato una bella giornata alla spiaggia.

I am feeling fine now.
Mi sento bene ora.

finger [F*I*NGgər] *n.* • dito, il
  fingernail *n.* • unghia, l' *(f.)*
Don't eat with your fingers!
Non mangiare con le dita!

finish, to [F*I*Nish] *v.* • finire
I finished my homework at 10:00 p.m.
Ho finito i compiti alle ventidue.

fire [FA*I*R] *n.* • fuoco, il
  fireman *n.* • pompiere, il
  fireplace *n.* • camino, il
  firetruck *n.* • pompa d'incendio, la
  fireworks *n.* • fuoco pirotecnico, il
I started the fire with a match.
Ho acceso i fuoco con un fiammifero.

first [FəRST] *adj.* • primo (-a)
It's the first time she has flown on a jet.
È la prima volta che lei ha viaggiato in un avioggetto.

fish [F*ISH*] *n.* • pesce, il
  to fish *v.* • péscare
  to go fishing • andare a péscare
Is there fish on the menu?
Il menù contiene pesce?

We like to fish in the summer.
Ci piace péscare durante l'estate.

five [F*AI*V] *n.; adj.* • cinque
A nickel is worth five cents.
Un nichelio vale cinque centesimi.

fix, to [F*I*KS] *v.* • riparare
Can you fix the flat tire?
Puoi riparare la gomma?

flag [FL*A*G] *n.* • bandiera, la
The American flag is red, white, and blue.
La bandiera americana è rossa, bianca, e azzurra.

flat [FL*A*T] *adj.* • piano (-a)
You need a flat surface to play this game.
Ci bisogna una superficie piana per questa partita.

flavor [FLE*I*v*ə*r] *n.* • sapore, il
This soup has the flavor of onions.
Questo brodo ha il sapore di cipolle.

flight [FL*AI*T] *n.* • volo, il
  flight attendant • hostess, l' *(f.)*
Flight 507 just arrived at the gate.
Volo 507 è arrivato alla porta d'imbarco.

floor [FL*O*R] *n.* • pavimento, il
  floor (in a building) *n.* • piano, il
  ground floor • pian terreno
I am going to sweep the floor.
Scópo il pavimento.

flour [FLAUər] *n.* • farina, la
You need flour to make bread.
Ci vuole la farina per fare il pane.

flower [FLAUər] *n.* • fiore, il
These flowers grow in the woods.
Questi fiori crescono nel bosco.

flu [FLU] *n.* • influenza, l' *(f.)*
It's no fun to have the flu.
Non è divertente avere l'influenza.

flute [FLUT] *n.* • flauto, il
Gina plays the flute.
Gina suona il flauto.

fly [FLAI] *n.* • mosca, la
The screen will keep the flies out.
Questa retina terrà via le mosche.

fly, to [FLAI] *v.* • volare
I want to fly on the Airbus A330.
Vorrei volare sull'Airbus A330.

fog [FOG] *n.* • nebbia, la
It's hard to see in this fog.
È impossibile vedere attraverso questa nebbia.

fold, to [FOLD] *v.* • piegare
I fold the towels before I put them away.
Piego gli asciugamani prima di metterli via.

follow, to [FAlo] *v.* • seguire
I always follow the professor's directions.
Seguo sempre le indicazioni del professore.

food [FUD] *n.* • cibo, il
We buy food at the grocery store.
Compriamo il cibo al negozio di generi alimentari.

foolish [FUl*ish*] *adj.* • sciocco (-a)
It is foolish to drive so fast.
È sciocco guidare così velocemente.

foot [FUT] *n.* • piede, il
  on foot • a piedi
You are stepping on my foot!
Mi stai pestando il piede!

football [FUTb*o*l] *n.* • football, il
  to play football *v.* • giocare al football
My brother plays football.
Mio fratello gioca al football.

for [FOR] *prep.* • per
This present is for you.
Questo regalo è per te.

foreign(er) [FOR*ə*n*ə*r] *n.* • straniero (-a)
These foreigners are visiting the United States.
Questi stranieri visitano gli Stati Uniti.

forest [FORest] *n.* • foresta, la
The forest has many pine trees.
La foresta ha molti pini.

forever [fOrEV*ə*r] *adv.* • per sempre
I will keep this memory forever.
Terrò questo ricordo per sempre.

forget, to [fOrGET] *v.* • dimenticare
Don't forget to do your homework!
Non dimenticare di fare i compiti!

forgive, to [fOrG*I*V] *v.* • perdonare
Will you forgive me for being late?
Mi perdonerai se sono in ritardo?

fork [FORK] *n.* • forchetta, la
Did you put out the knives and forks?
Hai messo a tavola i coltelli e le forchette.

forty [FORti] *n.; adj.* • quaranta
The bus can carry forty passengers.
L'autobus può trasportare quaranta passeggeri.

fountain [FAUNtən] *n.* • fontana, la
There is a pretty fountain in the middle of the village.
C'è una bella fontana al centro del paese.

four [FOR] *n.; adj.* • quattro
The table has four legs.
La tavola ha quattro piedi.

fourteen [FORT-TIN] *n.; adj.* • quattordici
I am inviting fourteen friends to my house.
Invito quattordici amici a casa.

fox [FAKS] *n.* • volpe, la
The fox is very sly.
La volpe è molto astuta.

France [FRANS] *n.* • Francia, la
    French *n.* • francese, il
    French *adj.* • francese
Can you find Dijon on a map of France?
Puoi trovare Dijon sulla carta geografica della Francia?

free [FRI] *adj.* • libero (-a); gratis *(m., f.)*
    freedom *n.* • libertà, la
Admission to the museum is free on Mondays.
Il lunedì l'entrata del museo è gratis.

Are you free for dinner?
Sei libero per il pranzo?

Freedom of religion is a basic right.
Libertà di religione è un diritto fondamentale.

freeze, to [FRIZ] *v.* • ghiacciare
In winter, the rain freezes on the roads.
D'inverno la pioggia ghiaccia sulla strada.

French horn [FREN*CH HORN*] *n.* • corno, il
I'd like to learn how to play the French horn.
Mi piacerebbe imparare a suonare ilcorno.

fresh [FRE*SH*] *adj.* • fresco (-a)
Are these vegetables fresh?
Questi legumi sono freschi?

Friday [FR*AI*dei] *n.* • venerdì
On Fridays, we leave for the weekend.
Venerdì partiamo per il week-end.

friend [FREND] *n.* • amico, l' *(m.)*; amica, l' *(f.)*
   friendship *n.* • amicizia, l' *(f.)*
   friendly *adj.* • amichevole *(m., f.)*
I went to the movie with a friend.
Sono andato a cinema con un amico.

frightened, to be   see *afraid*

frightening [FR*AI*Tn*ing*] *adj.* • spaventoso (-a)
Do you think that ghosts are frightening?
Pensi che i fantasmi siano spaventosi?

frog [FRAG] *n.* • rana, la
There are several frogs in this pond.
Ci sono diverse rane in questo laghetto.

from [FR*∂*M] *prep.* • da
   across from • dirimpetto
They are coming from Australia.
Vengono dall'Australia.

front [FR*∂*NT] *n., prep.* • davanti
The teacher is standing in front of the class.
Il professore è in piedi davanti la classe.

fruit [FRUT] *n.* • frutta, la
Fruits and vegetables are good for your health.
Frutta e legumi sono buoni per la salute.

full [F*UL*] *adj.* • pieno (-a)
  I am full • Sto sazio
The sky is full of clouds.
Il cielo è pieno di nubi.

fun [F*Ə*N] *n.; adj.* • divertimento, il
  for fun • per divertimento
  fun; funny *adj.* • divertente
  to have fun • divertirsi
This game is lots of fun.
Questo gioco è molto divertente.

We always have fun at the beach.
Ci divertiamo sempre alla spiaggia.

fur [F*Ə*R] *n.* • pelliccia, la; pelo, il
The rabbit's fur is very soft.
La pelliccia del coniglio è molto soffice.

furious [FJ*U*Ri*ə*s] *adj.* • furioso (-a)
If I don't clean my room my mother will be furious.
Se non pulisco la mia camera, mia madre diventa furiosa.

furniture [F*Ə*Rn*ə*ch*ə*r] *n.* • mobili, i
We moved some furniture to clean the rug.
Abbiamo spostato i mobili per pulire il tappeto.

future [FJ*U*ch*ə*r] *n.* • futuro, il
The future of this business is promising.
Il futuro di questo negozio è promettente.

G

game [GEIM] *n.* • partita, la; gioco, il
  games of skill • giochi d'abilità
Are you going to the basketball game tonight?
Vai alla partita di pallacanestro stasera?

garage [gəRAZH; gəRADG]   n.   •   garage, il
Dad is parking the car in the garage.
Il babbo mette la macchina nel garage.

garbage [GARbidg]   n.   •   immondizia, l' *(f.)*
Put garbage into the garbage can.
Metti l'immondizia nel cestino.

garden [GARdn]   n.   •   giardino, il
These flowers are from our garden.
Questi fiori sono del nostro giardino.

gas [GAS]   n.   •   gas, il
We have a gas stove.
Abbiamo una stufa a gas.

gasoline [gasəLIN]   n.   •   benzina, la
  gas pump   •   distributore di benzina, il
Our car needs gasoline.
L'automobile ha bisogno di benzina.

gather [GAdhər]   v.   •   radunare
Gather the children so we can play a game.
Raduna i bambini per giocare una partita.

general [DGENərəl]   adj.   •   generale *(m., f.)*
I have general directions, but please give me details.
*Ho le indicazioni generali, ma per favore, dammi i
  particolari.*

generous [DGENərəs]   adj.   •   generoso (-a)
My grandparents are very generous.
I miei nonni sono molto generosi.

gentle [DGENtəl]   adj.   •   gentile *(m., f.)*
  gentleman   n.   •   gentiluomo, il
  gently   adv.   •   gentilmente
The nurse is very gentle.
L'infermiera è molto gentile.

geography [*dg*iAGr*ə*fi] *n.* • geografia, la
I learned about maps in geography class.
Ho imparato le carte geografiche nella classe di geografia.

geometry [*dg*iAM*ə*tri] *n.* • geometria, la
I like geometry better than algebra.
Mi piace la geometria più dell'algebra.

Germany [*DG*ƏR*m*ə*ni] *n.* • Germania, la
  German *adj.* • tedesco (-a)
  German *n.* • tedesco, il
  German shepherd (dog) • pastore tedesco
My father's ancestors come from Germany.
Gli antenati di mio padre vennero dalla Germania.

get, to [GET] *v.* • ricevere
  to get rid of • sbarazzarsi
  to get dressed • vestirsi
  to get up • alzarsi
  to get out of • uscire da
If you study hard, you will get a good grade.
Se studi molto, riceverai un buon punto.

ghost [GOST] *n.* • fantasma, il
Do you believe in ghosts?
Credi ai fantasmi?

giant [*DGAI*ə*nt] *n.* • gigante, il
There is a giant in this fairy tale.
C'è un gigante in questa fiaba.

gift [G*I*FT] *n.* • dono, il; regalo, il
  gifted *adj.* • dotato (-a)
You get gifts on your birthday.
Al tuo compleanno ricevi regali.

giraffe [*dg*ə*RAF] *n.* • giraffa, la
Giraffes have very long necks.
Le giraffe hanno un collo molto lungo.

girl [GƏRL] *n.* • ragazza, la
There are three girls and two boys in the room.
Ci sono tre ragazze e due ragazzi nella stanza.

give, to [GIV] *v.* • dare
 to give back • restituire
Please give me a chance to speak.
Per favore dammi l'opportunità di parlare.

glad [GLAD] *adj.* • lieto (-a)
I am very glad to see you.
Sono molto lieto di vederti.

gladiola [gladiOlƏ] *n.* • gladiolo, il
Gladiolas grow during the summer.
I gladioli crescono d'estate.

glass [GLAS] *n.* • vetro, il
 made of glass • è di vetro
 glass (for drinking) *n.* • bicchiere, il
The glass in the window is broken.
Il vetro della finestra è rotto.

glasses (for vision) [GLASƏz] *n.* • occhiali, gli
 sun glasses • occhiali da sole
I need my glasses to read this.
Ho bisogno degli occhiali per leggere questo.

glove [GLƏV] *n.* • guanto, il
These two gloves don't match.
Questi due guanti non sono lo stesso.

glue, to (paste) [GLU] *v.* • incollare
We glued the cover back on the book.
Abbiamo incollato la copertina al libro.

go, to [GO] *v.* • andare
 to go (leave for) • partire
 to go into • entrare

to go near • avvicinarsi
to go up • salire
to go down • scendere
to go back • ritornare
to go out (leave) • uscire
to go to bed • andare a letto
We'll be going home soon.
Andremo a casa presto.

Tomorrow we're going to Paris.
Domani andremo a Parigi.

They go back to Europe next month.
Ritornano in Europa il mese prossimo.

Be careful when you go down the steps.
Fai attenzione quando scendi le scalinate.

goal [GOL] *n.* • fine, il
What is the goal of this project?
Qual'è il fine di questo progetto?

goat [GOT] *n.* • capra, la
The farmer raises sheep and goats.
L'agricoltore alleva pecore e capre.

gold [GOLD] *n.* • oro, l' *(m.)*
Is this necklace made of gold?
È d'oro questa collana?

golf [GALF] *n.* • golf, il
  golf course *n.* • prato di golf, il
  to play golf • giocare al golf
We play golf in the summer.
D'estate giochiamo al golf.

good [GUD] *adj.* • buono (-a)
  Good-bye • Arrivederci
  Good day • Buon giorno
  Good evening • Buona sera
  Good luck • Buona fortuna

Good night • Buona notte
good-looking *adj.* • bello (-a)
She always gets good grades.
Lei riceve sempre buoni punti.

goose [GUS] *n.* • oca, l' *(f.)*
Geese are white.
Le oche sono bianche.

gorilla [gǝRJLǝ] *n.* • gorilla, il
This gorilla scares me!
Questo gorilla mi fa paura!

government [GǝVǝrnmǝnt] *n.* • governo, il
The mayor is the head of the city's government.
Il sindaco è il capo del governo comunale.

granddaughter; grandson [GRANdotǝr;
GRAN(D)sǝn] *n.* • nipote *(m., f.)*
Her granddaughter is two years old.
Sua nipote ha due anni.

grandfather [GRANDfadhǝr] *n.* • nonno, il
My grandfather is retired now.
Mio nonno è pensionato adesso.

grandmother [GRANDmǝdhǝr] *n.* • nonna, la
Both my grandmothers came to my wedding.
Ambo le nonne sono venute alle nozze.

grandson see *granddaughter*

grape [GREIP] *n.* • uva, l' *(f.)*
We are having grapes for dessert.
Come frutta prendiamo l'uva.

grapefruit [GREIPfrut] *n.* • pompelmo, il
I like grapefruit with my breakfast.
Mi piace un pompelmo con la colazione.

grass [GRAS] *n.* • erba, l' *(f.)*
The grass is very tall in this field.
L'erba è molto alta in questo prato.

grasshopper [GRAS-hapər] *n.* • locusta, la
The grasshopper jumped away from the cat.
La locusta saltò via dal gatto.

gravy [GREIvi] *n.* • sugo, il
Do you want gravy with your roast beef?
Vuoi sugo con l'arrosto?

gray [GREI] *adj.* • grigio (-a)
My grandpa's beard is gray.
La barba del nonno è grigia.

great [GREIT] *adj.* • grande *(m., f.)*
Great! *interj.* • Benissimo!
Abraham Lincoln was one of the great U.S. presidents.
Abraham Lincoln fu uno dei grandi presidenti americani.

Greece [GRIS] *n.* • Grecia, la
Greek *n.* • greco, il
Greek *adj.* • greco (-a)
Athens is the capital of Greece.
Atene è la capitale della Grecia.

green [GRIN] *adj.* • verde *(m., f.)*
Pine trees are green all year long.
I pini sono verdi tutto l'anno.

grocer [GROsər] *n.* • erbivendolo, l' *(m.)*
grocery store *n.* • negozio di generi
alimentari, il
The grocer sells fruits and vegetables.
L'erbivendolo vende frutta e legumi.

We buy food at the grocery store.
Compriamo cibo al negozio di generi alimentari.

ground [GRAUND] *n.* • suolo, il
  ground floor *n.* • pian terreno, il
They plant the seeds in the ground.
Piantano i semi nel suolo.

group [GRUP] *n.* • gruppo, il
The students leave class in groups.
Gli studenti escono dalla classe in gruppo.

grow, to [GRO] *v.* • coltivare
I grow vegetables in my garden.
Coltivo legumi nel giardino.

guard [GARD] *n.* • guardia, la *(m., f.)*
  to guard *v.* • guardare
The bank has a guard at the door.
La banca ha una guardia vicino alla porta.

guess, to [GES] *v.* • indovinare
Can you guess how old I am?
Indovina quanti anni ho?

guest [GEST] *n.* • ospite, l' *(m., f.)*
When are the guests arriving?
Quando arrivano gli ospiti?

guilty [GILti] *adj.* • colpevole *(m., f.)*
The jury decides if the defendant is guilty.
La giuria decide se l'imputato è colpevole.

guitar [giTAR] *n.* • chitarra, la
  to play the guitar • suonare la chitarra
This guitar has six strings.
La chitarra ha sei corde.

gun [GƏN] *n.* • pistola, la
You must be careful with guns.
Devi essere prudente con le pistole.

gymnasium [*dgi*mNEIzi*ə*m] *n.* • palestra, la
  gymnast *n.* • ginnasta *(m., f.)*
  gymnastics *n.* • ginnastica, la
We play basketball in the gymnasium.
Giochiamo a pallacanestro nella palestra.

H

habit [*HA*bit] *n.* • abitudine, l' *(f.)*
To get up early is a good habit.
Alzarsi presto è una buona abitudine.

hair [*H*EIR] *n.* • capelli, i
  hairbrush *n.* • spazzola da capelli, la
  haircut *n.* • taglio di capelli, il
  hairdo *n.* • capigliatura, la
  hair setting • messa in piega
My sister has long hair.
Mia sorella ha i capelli lunghi.

half [*HA*F] *adj.; n.* • metà, la; mezzo (-a)
  half an hour • mezz'ora
Do you want half of this apple?
Vuoi la metà di questa mela?

ham [*HA*M] *n.* • prosciutto, il
I would like ham on my sandwich.
Vorrei un panino al prosciutto.

hammer [*HA*M*ə*r] *n.* • martello, il
The carpenter uses a hammer to drive nails.
Il falegname si serve del martello per inchiodare.

hand [*HA*ND] *n.* • mano, la
  left hand • mano sinistra, la
  right hand • mano destra, la
  to shake hands • darsi la mano

If you know the answer, raise your hand.
Se sai la risposta, alza la mano.

handsome [*HAN*səm] *adj.* • simpatico *(m.)*
Martine thinks your brother is handsome.
Martina pensa che tuo fratello è simpatico.

happen, to [*HAP*ən] *v.* • accadere
I don't know what happened after I left.
Non so cosa sia accaduto dopo che sono partito.

happy [*HAP*i] *adj.* • felice *(m., f.)*
   happiness *n.* • felicità, la
   Happy Birthday! • Felice Compleanno!
I am happy when I get a good grade.
Sono felice quando ricevo un buon punto.

hard [*HARD*] *adj.* • duro (-a)
Chopping wood is very hard work.
Spaccare legna è un lavoro duro.

harvest [*HAR*vəst] *n.* • raccolta, la
The farmers have a good harvest this year.
Gli agricoltori hanno fatto una buona raccolta quest'anno.

hat [*HAT*] *n.* • cappello, il
He wears a hat to cover his head.
Porta il cappello per coprirsi la testa.

hate, to [*H*EIT] *v.* • odiare
I hate rainy weather!
Odio la pioggia!

have, to [*HAV*] *v.* • avere
   to have to • dovere
   to have (food) • prendere
   to have a good time • divertirsi
I have a date at seven.
Ho un appuntamento alle sette.

Do you have time to read this letter?
Hai tempo per leggere questa lettera?

We have to leave very soon.
Dobbiamo partire subito.

I'm having ice cream for dessert.
Come frutta prendo il gelato.

We have a good time at the beach.
Ci divertiamo alla spiaggia.

hay [*H*EI] *n.* • fieno, il
  hay-fever • allergia, l' *(f.)*
The cattle ate the hay we gave them.
Il bestiame ha mangiato il fieno che gli abbiamo dato.

he [*H*I] *pers. pron.* • egli; esso; lui
He is the man with the red sweater.
Lui è l'uomo con la maglione rossa.

head [*H*ED] *n.* • testa, la
  headache *n.* • mal di testa, il
  headlight *n.* • fanale, il
I lay my head on the pillow.
Metto la testa sul cuscino.

health [*H*EL*TH*] *n.* • salute, la
Walking is good for your health.
Il camminare fa bene alla salute.

hear, to [*H*IR] *v.* • udire
We hear the wind blowing in the trees.
Udiamo il vento che soffia tra gli alberi.

heart [*H*ART] *n.* • cuore, il
When you run, your heart beats fast.
Quando corri il cuore batte più forte.

heat [*H*IT] *n.* • calore, il
Do you feel the heat of the fire?
Senti il calore del fuoco?

heavy [*HE*vi] *adj.* • pesante *(m.)*
This box is too heavy for me.
Questa scatola è troppo pesante per me.

height [*HAI*T] *n.* • altezza, l' *(f.)*
What is the height of this building?
Qual'è l'altezza di questo edifizio?

helicopter [*HEL*əkaptər] *n.* • elicottero, l' *(m.)*
Do you see the helicopter above us?
Vedi l'elicottero sopra di noi?

hello [*h*eLO] *interj.* • buon giorno; pronto
(telephone)
Hello, my name is Philip.
Buon giorno, mi chiamo Filippo.

helmet [*HEL*mət] *n.* • elmetto, l' *(m.)*; casco,
l' *(m.)*
You must wear a helmet when riding a motorcycle.
Quando vai in motocicletta devi portare l'elmetto.

help, to [*HE*LP] *v.* • aiutare
  help *n.* • aiuto, l' *(m.)*
I help my dad prepare dinner.
Aiuto mio padre a preparare il pranzo.

hen [*HE*N] *n.* • gallina, la
These hens are protecting their chicks.
Queste galline proteggono i loro pulcini.

her [*H*ə*R*] *poss. pron.; adj.* • suo (-a)
She always forgets her keys.
Lei dimentica sempre le sue chiavi.

here [*HI*R] *adj.* • quì
  here is; here are • ecco
I am here.
Sono quì.

Here is the book you were looking for.
Ecco il libro che cercavi.

herself [*hər*SELF] *pron.* • sé; se stessa; da sola
She did it by herself.
L'ha fatto da sé.

Hi [*HAI*] *interj.* • ciao!
Hi! How are you?
Ciao! Come stai?

hide, to [*HAI*D] *v.* • nascondere
to play hide and seek • giocare a nascondiglio
The lady hides her jewelry.
La signora nasconde i suoi gioielli.

high [*HAI*] *adj.* • alto (-a)
These mountains are high.
Queste montagne sono alte.

hill [*HI*L] *n.* • collina, la
We go sledding on this hill in the winter.
Andiamo a slittare su questa collina d'inverno.

him [*HI*M] *pron.* • lo
I see him.
Lo vedo.

himself [*hi*mSELF] *pron.* • lo; si; lui stesso
Marc looks at himself in the mirror.
Marco si guarda nello specchio.

hippopotamus [*hipə*PAT*əm*əs] *n.* •
ippopotamo, l' *(m.)*
The hippopotamus stands in the river.
L'ippopotamo sta nel fiume.

his [*HI*Z] *poss. pron.; adj.* • suo (-a)
My father took his clothes to the cleaner.
Mio padre ha portato i suoi vestiti al lavaggio a secco.

history [*HI*Stəri] *n.* • storia, la
In history class, we are studying the French Revolution.
Nella classe di storia studiamo la rivoluzione francese.

hit, to [*HIT*] *v.* • colpire
Can you hit the ball?
Puoi colpire la palla?

hitchhike, to [*HICH*haik] *v.* • fare l'autostop
One summer my father hitchhiked through France.
Un'estate mio padre ha fatto l'autostop attraverso la Francia.

hobby [*H*Abi] *n.* • passatempo, il
What is your favorite hobby?
Qual'è il tuo passatempo preferito?

hockey [*H*Aki] *n.* • hockey, il
  to play hockey • giocare a hockey
We play hockey on the pond when it's frozen.
Giochiamo a hockey sul lago quando è ghiacciato.

hog [*HOG*] *n.* • maiale, il
The hogs are eating corn.
I maiali mangiano il granturco.

hold, to [*HOLD*] *v.* • mantenere
Please hold my place in line.
Per favore mantienimi il posto in fila.

hole [*HOL*] *n.* • buco, il
Don't fall in this big hole!
Non cadere in questo grande buco!

holiday [*HAL*ədei] *n.* • festa, la
We have no school on holidays.
Non c'è scuola durante le feste.

Holland [*HAL*ənd] *n.* • Olanda, l' *(f.)*
  (see also *Dutch; Netherlands*)

They grow tulips in Holland.
In Olanda coltivano i tulipani.

home [*H*OM] *n.* • casa
 at home • a casa
 homesick • nostalgico (-a)
 to come home • tornare a casa
My sister gets home at six in the evening.
Mia sorella arriva a casa alle sei di sera.

Make yourself at home.
Fate come a casa vostra.

homework [*H*OMwərk] *n.* • compiti in casa
We are finishing our homework.
Stiamo finendo i compiti.

honest [ANəst] *adj.* • onesto (-a)
The boy gave an honest answer.
Il ragazzo ha dato una risposta onesta.

honey [*H*əni] *n.* • miele, il
 honeymoon *n.* • luna di miele, la
I put honey on my bread.
Metto il miele sul pane.

hope, to [*H*OP] *v.* • sperare
 hopeful *adj.* • pieno di speranza (aspirante)
 hopeless *adj.* • disperato (-a)
I hope you can come!
Spero che verrai!

horrible [*H*ORəbəl] *adj.* • orribile *(m., f.)*
 horror *n.* • orrore, l' *(m.)*
That movie was horrible!
Quel film era orribile!

horse [*HOR*S] *n.* • cavallo, il
 horse race • corsa di cavalli, la
 horse shoe • ferro di cavallo, il
I rode my horse out of the barn.
Ho cavalcato il cavallo fuori della stalla.

hospital [*HA*Sp*itəl*] *n.* • ospedale, l' *(m.)*
The surgeon works at the hospital.
Il chirurgo lavora all'ospedale.

hot [*HA*T] *adj.* • caldo (-a)
 to be hot (person) • avere caldo
It's hot (outside).
Fa caldo.

Be careful! The oven is hot!
Attenzione! Il forno è caldo.

hotel [*ho*TEL] *n.* • hotel, l' *(m.)*
Our hotel is very near the station.
Il nostro hotel è molto vicino alla stazione.

hour [*AU*ə*r*] *n.* • ora, l' *(f.)*
I have been waiting for my friend for an hour.
Aspetto il mio amico da un'ora.

house [*HAU*S] *n.* • casa, la
 to do housework • accudire alle faccende di casa
They have a big house with twelve rooms.
Hanno una grande casa con dodici stanze.

how [*HAU*] *adv.* • come
Now I understand how you do that!
Adesso capisco come si fa!

How are things?
Come si va?

How far is --?
Quanto è lontano--?

How old are you?
Quanti anni hai?

however [*hau*EV*ə*r] *conj.* • comunque
I always lose; however, I keep playing!
Perdo sempre; comunque, continuo a giocare!

humid [*H*J*U*m*i*d] *adj.* • umido (-a)
The days are hot and humid in summer.
D'estate i giorni sono caldi e umidi.

hundred [*H*UNdr*ə*d] *n.; adj.* • cento
There are one hundred years in a century.
Ci sono cento anni in un secolo.

hungry (to be) [*H*ə*NG*gri] *v.* • avere fame
We are hungry in the morning before breakfast.
La mattina abbiamo fame prima della colazione.

Our cat is hungry all the time.
Il nostro gatto ha sempre fame.

hunt, to [*H*əNT] *v.* • cacciare
    hunter *n.* • cacciatore, il
Some people use a bow and arrow to hunt deer.
Alcuni si servono dell'arco e freccia per cacciare i cervi.

hurry, to [*H*ə*R*i] *v.* • affrettarsi
    Hurry! • Affrettati!
    Hurry up! • Presto!
    to be in a hurry • avere fretta
We are hurrying to catch the train.
Ci affrettiamo per prendere il treno.

hurt, to [*H*əRT] *v.* • fare male a
    to be hurt • aversi fatto male
I can't walk because my feet hurt.
Non posso camminare perché i piedi mi fannno male.

husband [*H*əZb*ə*nd] *n.* • marito, il
What is your husband's name?
Come si chiama tuo marito?

I

I [*AI*] *pron.* • io
I want to go out with my friends.
Io voglio uscire con i miei amici.

ice [*AIS*] *n.* • ghiaccio, il
  ice cube • pezzo di ghiaccio
There is ice in the freezer.
C'è ghiaccio nel frigorifero.

ice cream [*AIS* krim] *n.* • gelato, il
We are having ice cream for dessert.
Prendiamo un gelato come frutta.

ice-skate, to [*AIS* SKET] *v.* • pattinare sul
  ghiaccio
Do you ice-skate in the winter?
Pattini sul ghiaccio d'inverno?

idea [*ai*DI*ə*] *n.* • idea, l' *(f.)*
Checking the map is a good idea.
Consultare la cartina è una buona idea.

if [*IF*] *conj.* • se
  as if • come se
  if not • se no
If I can't come, I'll call you.
Se non posso venire, ti telefonerò

ill [*IL*] *adj.* • male
  illness *n.* • malattia, la
When you are ill, you go to the doctor.
Quando stai male, vai dal dottore.

imagine, to [iMADGən] *v.* • immaginare
Can you imagine how she must feel?
Immagina come si sente!

immediately [iMIdiətli] *adv.* •
immediatamente
I will come immediately if you need help.
Vengo immediatamente se hai bisogno di aiuto.

impatient [imPEIshənt] *adj.* • impaziente
(*m., f.*)
When John is in a hurry, he is impatient.
Quando Giovanni ha fretta, è impaziente.

impolite [impəLAIT] *adj.* • sgarbato (-a)
It was impolite not to introduce me to your friend.
È stato sgarbato non presentarmi al tuo amico.

important [imPORtnt] *adj.* • importante
(*m., f.*)
It's important that you do not fail.
È importante che tu ci riesca.

in [IN] *prep.* • in
  in case of • in caso di
  in front of • davanti a
  in order to • per
  in this way • in questo modo
She puts her keys in her pocket.
Lei mette le chiavi in tasca.

incomplete [inkəmPLIT] *adj.* • incompleto (-a)
If your work is incomplete, please finish.
Se il tuo lavoro è incompleto, finiscilo per favore.

incorrect [inkəREKT] *adj.* • incorretto (-a)
I have three incorrect answers on this test.
In questo esame ho tre risposte incorrette.

indicate, to [*I*Nd*i*keit] *v.* • indicare
Can you indicate the correct route?
Puoi indicarmi la strada corretta?

indoors [*in*DORZ] *adv.* • dentro
When the weather is bad, we stay indoors.
Quando fa cattivo tempo, stiamo dentro.

industry [*I*Nd*ə*stri] *n.* • industria, l' *(f.)*
Hollywood is the center of the U.S. movie industry.
*Hollywood è il centro dell'industria cinematografica degli
   Stati Uniti.*

inexpensive [*i*nekSPENs*i*v] *adj.* • buon
   mercato, a
   to be inexpensive • essere a buon mercato
I bought an inexpensive used car.
Ho comprato una macchina usata a buon mercato.

information [*i*nforMEIsh*ə*n] *n.* •
   informazione, l' *(f.)*
If you don't know, ask for information.
Se non lo sai, chiedi informazioni.

injure, to [*I*Ndg*ə*r] *v.* • farsi male
   injured *adj.* • ferito (-a)
She injured her knee playing soccer.
Si è fatto male al ginocchio giocando a calcio.

ink [*I*NGK] *n.* • inchiostro, l' *(m.)*
There's no more ink in my pen!
Non c'è più inchiostro nella penna!

innocent [*I*N*ə*s*ə*nt] *adj.* • innocente *(m., f.)*
It is unfair to punish the innocent with the guilty.
Non è giusto punire gli innocenti con i colpevoli.

insect [*I*Nsekt] *n.* • insetto, l' *(m.)*
The screen keeps the insects out.
La retina tiene fuori gli insetti.

inside [*in*SA*I*D] *adv.* • dentro
Here is an old trunk. What is inside?
Ecco un vecchio baule. Cosa c'è dentro?

insist, to [*in*S*I*ST] *v.* • insistere
He insists that he is right.
Insiste che ha ragione.

inspect, to [*in*SPEKT] *v.* • ispezionare
  inspector *n.* • ispettore, l' *(m.)*
  inspection *n.* • ispezione, l' *(f.)*
He inspects his work with care.
Ispeziona il suo lavoro con diligenza.

instant [*I*Nst*ə*nt] *n.* • istante, l' *(m.)*
The light flashed for only an instant.
La luce ha lampeggiato solo per un istante.

instead [*in*STED] *adv.* • invece
Instead of taking the train, we'll fly.
Invece di prendere il treno, viaggeremo in aereo.

instructor [*in*STR*ə*Kt*ə*r] *n.* • istruttore, l' *(m.)*
My ski instructor is great!
Il mio istruttore di sci è bravissimo.

insurance [*in*SH*ə*R*ə*ns] *n.* • assicurazione, l' *(f.)*
We have insurance for the house and the car.
Noi abbiamo l'assicurazione per la macchina e la casa.

intelligent [*in*TEL*ə*dg*ə*nt] *adj.* • intelligente
  (m., f.)
Which animal is the most intelligent?
Quale animale è il più intelligente?

interest [*I*Ntr*ə*st] *n.* • interesse, l' *(m.)*
  interesting *adj.* • interessante *(m., f.)*
  to be interested in • interessarsi
My brother is interested in chemistry.
Mio fratello s'interessa alla chimica.

international [intərNAshənəl] *adj.* •
internazionale *(m., f.)*
There is an international conference in Washington, D.C.
this week.
*Questa settimana c'è una conferenza internazionale a
Washington, D.C.*

interpreter [inTƏRprətər] *n.* • interprete, l'
(m., f.)
She works as an interpreter at the United Nations.
Lavora da interprete alle Nazioni Unite.

interrupt, to [intəRƏPT] *v.* • interrompere
He always interrupts our conversations.
Interrompe sempre la nostra conversazione.

into [*I*Ntu] *prep.* • in; dentro
Put the butter into the frying pan.
Metti il burro nella padella.

introduce, to [intrəDUS] *v.* • presentare
Mr. Brown, I'd like to introduce you to my parents.
Signor Brown, le presento i miei genitori.

invite, to [inVA*I*T] *v.* • invitare
 invitation *n.* • invito, l' *(m.)*
We're inviting all our friends to the party.
Invitiamo tutti gli amici alla festa.

iris [A*I*ris] *n.* • iris, l' *(f.)*
The iris is a delicate flower.
L'iris è un fiore delicato.

iron [A*I*ərn] *n.* • ferro, il
 made of iron • è di ferro
 iron (appliance) *n.* • ferro da stiro, il
 to iron *v.* • stirare
You'll have to iron the shirt to get the wrinkles out.
Devi stirare la camicia per toglierle le pieghe.

island [*AI*lənd] *n.* • isola, l' *(f.)*
Have you ever visited a Caribbean island?
Hai visitato mai un'isola dei Caraibi?

it [*I*T] *pron.* • esso *(m.)*; essa *(f.)*; lo *(m.)*; la
Where is it? I don't see it.
Dov'è (esso)? Non lo vedo.

Italy [*It*əli] *n.* • Italia, l' *(f.)*
  Italian *n.* • italiano (-a), l'
  Italian *adj.* • italiano (-a)
On a map, Italy is shaped like a boot.
Sulla carta geografica, l'Italia ha la forma di uno stivale.

An Italian restaurant should have espresso.
Un ristorante italiano dovrebbe avere il caffè espresso.

J

jacket [*DGA*kət] *n.* • giacca, la
  ski jacket • giacca a vento
It is cool, so take a jacket.
Fa fresco, prendi la giacca.

jam [DGAM] *n.* • marmellata, la
Vincent puts jam on his bread.
Vincenzo mette la marmellata sul pane.

January [*DGA*Njueri] gennaio *(m.)*
We have snow here in January.
C'è la neve a gennaio.

Japan [*dg*əPAN] *n.* • Giappone, il
  Japanese *adj.* • giapponese *(m., f.)*
  Japanese *n.* • giapponese, il
Japan is an island country in Asia.
Il Giappone è una nazione isola in Asia.

jar [*DG*AR] *n.* • vaso, il
Is there a jar of olives in the refrigerator?
C'è un vaso di olive nel frigorifero?

jealous [*DG*ELəs] *adj.* • geloso (-a)
Our cat is jealous of our new kitten.
Il nostro gatto è geloso del nuovo gattino.

jeans [*DG*INZ] *n.* • jeans, i
I prefer to wear jeans when I travel.
Preferisco portare i jeans quando viaggio.

jet [*DG*ET] *n.* • aviogetto, l' *(m.)*
Jets are faster than propeller planes.
Gli aviogetti sono più veloci degli aerei.

jewel [*DG*Uəl] *n.* • gioiello, il
  jeweler *n.* • gioielliere, il
The jeweler showed me a diamond ring.
Il gioielliere mi ha mostrato un anello con diamante.

job [*DG*AB] *n.* • impiego, l' *(m.)*
Have you found a job for the summer?
Hai trovato un impiego per l'estate?

jog, to (run) [*DG*AG] *v.* • correre
The same people go jogging in the park every morning.
Le stesse persone corrono nel parco ogni mattina.

joke [*DG*OK] *n.* • barzelletta, la
  to joke *v.* • scherzare
They all laugh when he tells a joke.
Tutti ridono quando lui racconta le barzellette.

journey [*DG*əRni] *n.* • viaggio, il
He is taking a long journey across North America.
Fa un lungo viaggio attraverso l'America Settentrionale.

joy [*DGOI*] *n.* • gioia, la
The child shouts with joy.
Il bambino grida dalla gioia.

judge [*DGƏDG*] *n.* • giudice, il
The judge instructs the jury.
Il giudice istruisce la giuria.

juice [*DG*US] *n.* • succo, il
I like to drink orange juice at breakfast.
A colazione mi piace bere il succo d'arancia.

July [*dgƏLAI*] *n.* • luglio *(m.)*
The Fourth of July is a big holiday in the U.S.
Il Quattro Luglio è una grande festa negli Stati Uniti.

jump, to [*DGƏ*MP] *v.* • saltare
The children are jumping into the pool.
I ragazzi saltano nella piscina.

June [*DG*UN] *n.* • giugno *(m.)*
Their wedding anniversary is in June.
Il loro anniversario di nozze è a giugno.

K

kangaroo [*kanggƏRU*] *n.* • canguro, il
Kangaroos live in Australia.
I canguri vivono in Australia.

keep, to [KIP] *v.* • tenere
  keeper *n.* • guardiano, il
I will keep your picture in my wallet.
Terrò la tua foto nel mio portafoglio.

key [KI] *n.* • chiave, la
I can't open the door without a key.
Non posso aprire la porta senza la chiave.

kick, to [K*I*K] *v.* • calciare; dare pedate
He is kicking me under the table.
Mi dà pedate sotto il tavolo.

kill, to [K*I*L] *v.* • uccidere
In the story, the hero kills the giant.
Nel racconto, il protagonista uccide il gigante.

kilometer [kəLAMətər] *n.* • chilometro, il
How many kilometers are there between New York and
      Chicago?
Quanti chilometri ci sono da New York a Chicago?

kind [KA*I*ND] *adj.* • gentile *(m., f.)*
My grandmother is kind and generous.
La mia nonna è gentile e generosa.

kind (sort) [KA*I*ND] *n.* • specie, la
What kind of tree is it?
Che specie di albero è?

kindergarten [K*I*Ndərgartn] *n.* • asilo
      (infantile), l' *(m.)*
My little sister goes to kindergarten.
La mia sorellina va all'asilo.

king [K*I*NG] *n.* • rè, il
The king wears a crown.
Il rè porta la corona.

kiss, to [K*I*S] *v.* • baciare *n.* • bacio, il
   a kiss *n.* •
The mother kisses the baby.
La madre bacia il bambino.

kitchen [K*Ich*ən] *n.* • cucina, la
We eat lunch in the kitchen.
Facciamo colazione nella cucina.

kite [K*A*IT] *n.* • aquilone, l' *(m.)*
It must be windy to fly a kite.
Deve tirar vento per far volare l'aquilone.

kitten [K*I*tn] *n.* • micio, il
  kitty *n.* • gattino, il
Our cat has one kitten.
Il nostro gatto ha un micio.

knee [NI] *n.* • ginocchio, il
My leg hurts from the knee down.
La gamba mi fa male dal ginocchio in giù.

knife [N*A*IF] *n.* • coltello, il
  pocket knife • coltello da tasca
I put the knives next to the spoons.
Metto i coltelli affianco ai cucchiai.

knight [N*A*IT] *n.* • cavaliere, il
I read about knights and armor at the library.
Nella biblioteca ho letto di cavalieri e armi.

knit, to [N*I*T] *v.* • fare la maglia
My mother is knitting me a sweater.
Mia madre mi fa una maglia.

knock, to [NAK] *v.* • bussare
  knock *n.* • colpo, il
Aldo knocked on the door.
Aldo ha bussato alla porta.

know, to [NO] *v.* • sapere (facts); conoscere
  (people)
    to get to know • venire a sapere
    to know for certain • sapere per certo

I just met (came to know) her parents.
Ho appena conosciuto i suoi genitori.

I know how to speak Italian.
So parlare italiano.

L

laborer [LEIbərər] *n.* • operaio, l' *(m.)*
The laborers work in the factory.
Gli operai lavorano nella fabbrica.

lace [LEIS] *n.* • il merletto
This lace collar is elegant.
Questo colletto di merletto è elegante.

ladder [LAdər] *n.* • scala, la
My dad is climbing the ladder.
Mio padre sale sulla scala.

lady [LEIdi] *n.* • signora, la
 young lady • signorina, la
She has the manners of a lady.
Lei ha le maniere di una signora.

ladybug [LEIdibəg] *n.* • coccinella, la
Ladybugs have black spots.
Le coccinelle honno le macchie nere.

lake [LEIK] *n.* • lago, il
We are going swimming in the lake.
Andiamo a nuotare nel lago.

lamb [LAM] *n.* • agnello, l' *(m.)*
 leg of lamb • coscia d'agnello
The lambs stay close to their mothers.
Gli agnelli stanno vicino alle loro madri.

lamp [LAMP] *n.* • lampada, la
Can you please turn on the lamp?
Per favore accendi la lampada?

land [LAND] *n.* • terra, la
 to land *v.* • atterrare
 landing *n.* • atterraggio, l' *(m.)*
The birds fly over the land.
Gli uccelli volano sopra la terra.

language [LANGgwədg] *n.* • lingua, la
How many languages do you speak?
Quante lingue parli?

large [LARDG] *adj.* • grande *(m., f.)*
The elephant is a very large animal.
L'elefante è un animale molto grande.

last [LAST] *adj.* • ultimo (-a)
 at last • finalmente
 last night • ieri sera
 last one, the • ultimo (-a), l'
I get off at the last stop on the bus line.
Scendo all'ultima fermata dell'autobus.

late [LEIT] *adj.; adv.* • in ritardo; tardi
 later *adv.* • più tardi
 to be late • essere in ritardo
 to sleep late • dormire fino a tardi
The bus is late today.
L'autobus è in ritardo oggi.

laugh, to [LAF] *v.* • ridere
The children laugh when they see the clown.
I bambini ridono quando vedono il pagliaccio.

law [LO] *n.* • légge, la
You must obey the law.
Si deve obbedire la légge.

lawn [LON] *n.* • prato, il
I mow the lawn when the grass gets too high.
Falcio il prato quando cresce troppo l'erba.

lawyer [LOIjər] *n.* • avvocato, l' *(m.)*
The lawyers are at the court house.
Gli avvocati stanno in corte.

lay, to [LEI] *v.* • mettere
Marie lays her books on the table.
Maria mette i libri sul tavolo.

lazy [LEIzi] *adj.* • pigro (-a)
This cat is so lazy! He sleeps all day.
Questo gatto è così pigro! Dorme tutto il giorno.

lead, to [LID] *v.* • guidare
   leader *n.* • capo, il
   lead (in a play) *n.* • parte principale, la
The guide leads the tourists through the castle.
La guida guida i turisti attraverso il castello.

leaf [LIF] *n.* • foglia, la
The leaves are beautiful in the fall.
Le foglie sono belle d'autunno.

leap, to [LIP] *v.* • saltare
The news made me leap for joy.
La notizia mi ha fatto saltare per la gioia.

learn, to [LƏRN] *v.* • imparare
   to learn how • imparare
   to learn by heart • imparare a memoria
You learn many things when you travel.
S'impara molto quando si viaggia.

leave, to [LIV] *v.* • lasciare
We leave school at the end of the day.
Noi lasciamo la scuola alla fine del giorno.

left [LEFT] *adj.* • sinistro (-a)
  left hand • mano sinistra, la
  to the left • a sinistra
Our house is on the left side of the street.
La nostra casa è dalla parte sinistra della strada.

leg [LEG] *n.* • gamba, la
The dancer has beautiful legs.
La ballerina ha belle gambe.

legend [LE*DG*ənd] *n.* • legenda, la
Do you know the legend of King Arthur?
Conosci la legenda del rè Arturo?

lemon [LEMən] *n.* • limone, il
We squeezed a lemon on the fish.
Abbiamo spremuto il limone sul pesce.

lend, to [LEND] *v.* • prestare
Can you lend me a dollar?
Puoi prestarmi un dollaro?

leopard [LEPərd] *n.* • leopardo, il
Leopards live in the jungle.
I leopardi vivono nella giungla.

less [LES] *adv.* • meno
This blouse is less expensive than that one.
Questa camicetta è meno costosa di quella.

lesson [LESən] *n.* • lezione, la
Do you understand the lesson?
Capisci la lezione?

let, to [LET] *v.* • lasciare
  to let alone • lasciar stare
Will your parents let us stay longer?
I tuoi genitori ci lasciano stare di più?

letter [LET∂r] *n.* • lettera, la
I put the letter in the mailbox.
Ho messo la lettera nella casella postale.

lettuce [LET∂s] *n.* • lattuga, la
My salad is made with lettuce and tomatoes.
L'insalata si fa con lattuga e pomodori.

library [LA*I*breri] *n.* • biblioteca, la
I am going to take these books back to the library.
Riporterò questi libri alla biblioteca.

lie, to [LA*I*] *v.* • mentire
   liar *n.* • bugiardo, il
   lie *n.* • bugia, la
Don't lie; tell me the truth.
Non mentire; dimmi la verità.

life [LA*I*F] *n.* • vita, la
Water is necessary for life on Earth.
L'acqua è necessaria per la vita sulla Terra.

light [LA*I*T] *n.* • luce, la
   traffic light • semaforo, il
I need light to read.
Ho bisogno della luce per leggere.

lightning [LA*I*Tn*ing*] *n.* • fulmine, il
Lightning struck the tower in the storm.
Durante la tempesta il fulmine ha colpito la torre.

like [LA*I*K] *prep.* • come
I love him like a brother.
Lo amo come un fratello.

like, to [LA*I*K] *v.* • piacere
   I would like • mi piacerebbe
   we would like • ci piacerebbe
We like to have dessert every night.
Ci piace prendere la frutta ogni sera.

lily of the valley [L*I*Li ǝv dhǝ VALi] *n.* •
mughetto, il
We have some lilies of the valley in our garden.
Abbiamo dei mughetti nel giardino.

line [L*A*IN] *n.* • linea, la
This is a straight line.
È una linea retta.

lion [L*A*Iǝn] *n.* • leone, il
There are lions in Africa.
In Africa ci sono i leoni.

lips [L*I*PS] *n. pl.* • labbra, le
   lipstick *n.* • rossetto, il
I have dry lips in the winter.
D'inverno ho le labbra abboreate.

list [L*I*ST] *n.* • elenco, l' *(m.)*
I have a long list of errands to run.
Ho un lungo elenco di faccende da fare.

listen [L*I*Sǝn] *v.* • ascoltare
We listened carefully to the directions.
Abbiamo ascoltato attentamente alle indicazioni.

little [L*I*Tǝl] *adj.* • piccolo (-a)
   a little • un poco
   little by little • a poco a poco
They have a small house.
Hanno una piccola casa.

I would like a little more coffee, please.
Mi piacerebbe un altro poco di caffè.

live, to [L*I*V] *v.* • vivere; abitare
   lively *adj.* • vivace *(m., f.)*
   living room *n.* • salotto, il
We live very far from town.
Abitiamo molto lontano dal paese.

The whole family lives together.
Tutta la famiglia vive insieme.

lizard [L*I*Zərd] *n.* • lucertola, la
The lizard is sleeping on the rock.
La lucertola dorme sulla pietra.

lobster [LABstər] *n.* • aragosta, l' *(f.)*
This lobster is absolutely delicious.
Quest'aragosta è assolutamente squisita.

location [loKEIshən] *n.* • sito, il
to be located • trovarsi
That corner is a good location for a store.
Quel sito è ottimo per un negozio.

lock, to [LAK] *v.* • chiudere a chiave
Do you lock your house when you leave?
Chiudi la porta a chiave quando parti?

lollipop [LALipap] *n.* • caramella, la
Children like lollipops.
Ai bambini piacciono le caramelle.

long [L*O*NG] *adj.* • lungo (-a)
a long time • molto tempo
This snake is very long.
Questo serpente è molto lungo.

look, to [LUK] *v.* • guardare
to look after • sorvegliare
to look for • cercare
to look like • somigliare
They're looking at pictures.
Guardano le fotografie.

We are looking for an apartment.
Cerchiamo un appartamento.

She looks like her sister.
Si somiglia alla sorella.

lose, to [LUZ] *v.* • perdere
I lost my way in the crowd.
Ho perduto la strada nella folla.

lot (of) [LAT] *adv.* • molto (-a)
a lot of people • molte persone
We have a lot of snow this winter.
D'inverno abbiamo molta neve.

loud [LAUD] *adj.* • forte *(m., f.)*; ad alta voce
a loud noise • un forte rumore
loud speaker • altoparlante, l' *(m.)*
He speaks too loud.
Parla ad alta voce.

love, to [LƏV] *v.* • amare
love *n.* • amore, l' *(m.)*
to be in love • essere innammorato (-a)
to love each other • amarsi
We love our parents.
Amiamo i genitori.

low [LO] *adj.* • basso (-a)
to lower *v.* • abbassare
The wall is low.
Il muro è basso.

We lower our voices when we go into church.
Abbassiamo la voce quando andiamo in chiesa.

luck [LƏK] *n.* • fortuna, la
to be lucky • essere fortunato (-a)
Good luck!
Buona fortuna!

Did you have any luck at the casino?
Hai avuto fortuna al casinò?

luggage [LƏGƏdg] *n.* • bagagli, i
Please help me put my luggage in the car.
Per favore aiutami a mettere i bagagli nella macchina.

lunch [L*∂*N*CH*]   *n.*   •   colazione, la
  lunch time   •   ora di colazione, l' *(f.)*
  to have lunch   •   fare colazione
We had soup and sandwiches for lunch.
A colazione abbiamo preso brodo e panini.

M

machine [m*∂*S*H*IN]   *n.*   •   macchina, la
Can you fix this machine?
Puoi aggiustare questa macchina?

mad (crazy) [MAD]   *adj.*   •   pazzo (-a)
Are you mad? That's dangerous!
Sei pazzo? È pericoloso.

made of   [MEID *∂*v]   *adj.*   •   fatto di
This sweater is made of wool.
Questa maglia è fatta di lana.

magazine [MAG*∂*zin]   *n.*   •   rivista, la
Which magazine do you like to read?
Quale rivista ti piace leggere?

magic [M*A*dg*i*k]   *n.*   •   magia, la
  magician   *n.*   •   mago, il
He used magic to make the coin disappear.
Con la magia ha fatto sparire le monetine.

magnificent [m*∂*gN*I*F*∂*s*∂*nt]   *adj.*   •   magnifico (-a)
These horses are magnificent!
Questi cavalli sono magnifici!

maid [MEID]   *n.*   •   domestica, la
The maid does the housework.
La domestica accudisce alle faccende di casa.

mail [MEIL] *n.* • posta, la
   mail carrier • portalettere, il
   mailbox *n.* • buca da lettere, la
Did I get any mail today?
Ho ricevuto posta oggi?

make, to [MEIK] *v.* • fare
   make happy • fare felice
   makeup *n.* • trucco, il
I make my bed every morning.
Faccio il letto ogni mattina.

mama [MAma] *n.* • mamma, la
Mama always asks me to set the table.
Mia madre mi chiede sempre di apparecchiare la tavola.

man [MAN] *n.* • uomo, l' *(m.)*
This man is my uncle.
Quest'uomo è mio zio.

many [MENi] *adj.; pron.* • molti (-e)
   as many as • tanti quanti
   how many? • quanti?
   so many • tanti
   too many • troppi
My parents have many friends.
I miei genitori hanno molti amici.

map [MAP] *n.* • carta geografica, la
There is a map of Italy on the wall.
C'è una carta geografica dell'Italia sulla parete.

maple [MEIpəl] *n.* • acero, l' *(m.)*
Is this leaf from a maple or an oak?
Questa foglia è di acero o quercia?

March [MARCH] *n.* • marzo *(m.)*
Spring arrives in March.
La primavera arriva a marzo.

market [MARkət] *n.* • mercato, il
You buy fruits and vegetables at the market.
Al mercato si comprano frutta e legumi.

marry, to (to get married) [MARi] *v.* •
sposarsi
Robert and Jane are getting married tomorrow.
Roberto e Jane si sposano domani.

marvelous [MARvələs] *adj.* • meraviglioso (-a)
This carnival is marvelous!
Questo carnevale è meraviglioso!

match [MACH] *n.* • fiammifero, il
Do you have a match to light the fire?
Hai un fiammifero per accendere il fuoco?

mathematics [mathəMATiks] *n.* •
matematica, la
Engineers need to study mathematics.
Gli ingegnieri devono studiare la matematica.

mature [məCHƏR] *adj.* • maturo (-a)
My mother says that I am mature for my age.
Mia madre dice che io sono maturo per la mia età.

may [MEI] *v.* • potere
maybe *adv.* • forse
May I help you?
Posso aiutarti?

May [MEI] *n.* • maggio *(m.)*
There are many flowers in May.
Ci sono molti fiori a maggio.

mayor [MEIər] *n.* • sindaco, il
The office of the mayor is in city hall.
L'ufficio del sindaco è al comune.

me [MI] *pers. pron.* • mi
He gives me the book.
Lui mi dà il libro.

meal [MIL] *n.* • pasto, il
We have a light meal in the morning.
La mattina prendiamo un pasto leggiero.

mean [MIN] *adj.* • cattivo (-a)
The guard dog looks mean.
Il cane da guardia sembra cattivo.

mean, to [MIN] *v.* • significare
What does it mean?
Che cosa significa?

measure, to [MEZHər] *v.* • misurare
Patrick is measuring the page with a ruler.
Patrizio misura la pagina con una riga.

meat [MIT] *n.* • carne, la
I can smell the meat roasting in the oven.
Sento l'odore della carne arrosto nel forno.

mechanic [məKANik] *n.* • meccanico, il
The mechanic repairs my car.
Il meccanico mi aggiusta la macchina.

medicine [MEDəsən] *n.* • medicina, la
Grandma buys her medicine at this pharmacy.
La nonna compra le medicine in farmacia.

meet, to [MIT] *v.* • incontrare
Sometimes I meet friends at this cafe.
A volte incontro gli amici al bar.

melon [MELən] *n.* • melone, il
In the summer, we eat melons from our garden.
D'estate mangiamo i meloni del nostro giardino.

melt, to [MELT] *v.* • sciogliersi
The snowman is melting in the sun.
L'uomo di neve si scioglie al sole.

member [MEMbər] *n.* • membro, il
There are fifteen members in our club.
Ci sono quindici membri nel nostro circolo.

memory [MEMəri] *n.* • memoria, la
  to memorize *v.* • imparare a memoria
She has an excellent memory for names.
Ha una memoria eccellente per i nomi.

menu [MENju] *n.* • lista, la
I would like to see a menu, please.
Vorrei vedere una lista, per favore.

merry-go-round [MERi-go-raund] *n.* •
  giostra, la
Do you like to ride the merry-go-round?
Ti piace andare in giostra?

mess [MES] *n.* • disordine, il
  to make a mess • mettere in disordine
Please clean up the mess in your room.
Metti a posto questo disordine nella tua camera.

message [MESidg] *n.* • messaggio, il
There is a message on the door.
C'è un messaggio sulla porta.

meter [MItər] *n.* • metro, il
She just ran 100 meters in the race.
Lei ha corso 100 metri.

Mexico [MEKsiko] *n.* • Messico, il
  Mexican *n.; adj.* • messicano (-a)
My brother is going to Mexico with the Spanish class.
Mio fratello va in Messico con la classe di spagnolo.

middle [M*I*Dl] *n.* • centro, il; in mezzo
   middle of the garden • il centro del giardino
The ducks are in the middle of the lake.
Le anatre sono in mezzo al lago.

midnight [M*I*Dn*ai*t] *n.* • mezzanotte, la
The clock strikes twelve times at midnight.
L'orologio batte le dodici a mezzanotte.

mile [MA*I*L] *n.* • miglio, il
They walk five miles a day.
Camminano cinque miglia al giorno.

milk [M*I*LK] *n.* • latte, il
The child drinks milk at each meal.
Il bambino beve il latte con tutti i pasti.

million [M*I*Lj*ə*n] *n.; adj.* • milione, il
There are millions of stars in the sky.
In cielo ci sono milioni di stelle.

mind [MA*I*ND] *n.* • mente, la
He has a quick mind.
Ha una mente viva.

minus [MA*I*n*ə*s] *prep.* • meno
Four minus two is two.
Quattro meno due fa due.

minute [M*I*Nit] *n.* • minuto, il
There are sixty seconds in a minute.
Ci sono sessanta secondi in un minuto.

mirror [MIR*ə*r] *n.* • specchio, lo
I look in the mirror when I comb my hair.
Guardo nello specchio quando mi pettino.

Miss [M*I*S] *n.* • signorina, la
Our teacher is Miss Pasko.
La nostra professoressa è la signorina Pasko.

miss, to [M*I*S] *v.* • mancare
I miss you very much.
Mi manchi molto.

mistake [m*i*sTEIK] *n.* • sbaglio, lo
He makes mistakes when he's not careful.
Fa sbagli quando non è attento.

mister [M*I*St*ə*r] *n.* • signore, il
I'd like you to meet my neighbor, Mr. Stuart.
Ti presento il mio vicino di casa, il signore Stuart.

mix, to [M*I*KS] *v.* • mescolare
The recipe says, "Mix the ingredients."
La ricetta dice, "Mescolare gli ingredienti."

modern [MAd*ə*rn] *adj.* • moderno (-a)
The new part of town has modern buildings.
Il nuovo quartiere ha costruzioni moderne.

mom [MAM] *n.* • mamma, la
My mom helped me learn to read.
Mamma mi ha aiutato a imparare a leggere.

moment [MOm*ə*nt] *n.* • momento, il
If you wait a moment I will help you.
Se aspetti un momento, ti aiuto.

Monday [M*ə*Ndei] *n.* • lunedì, il
Monday is the first day of the work week.
Il lunedì è il primo giorno della setimana di lavoro.

money [M*ə*ni] *n.* • soldi, i
I have spent all my money.
Ho speso tutti i soldi.

monkey [M*ə*NGki] *n.* • scimmia, la
I like to watch the monkeys at the zoo.
Mi piace guardare le scimmie allo zoo.

monster [MANstər] *n.* • mostro, il
There is a monster in this movie.
C'è un mostro in questo film.

month [MƏNTH] *n.* • mese, il
March is the third month of the year.
Marzo è il terzo mese dell'anno.

mood [MUD] *n.* • umore, l' *(m.)*
  bad mood • cattivo umore
  good mood • buon umore
Her mood changes with the weather!
Cambia umore con il tempo.

moon [MUN] *n.* • luna, la
The moon is shining brightly tonight.
La luna splende stasera.

more [MOR] *adj.; adv.* • più
  more and more • ancora di più
  more or less • più o meno
  once more • di nuovo
  some more • un altro poco
Please let me have a little more cake.
Per favore dammi un po' di tórta in più.

morning [MORniŋg] *n.* • mattina, la
Good morning!
Buon giorno!

I read the newspaper every morning.
Ogni mattina leggo il giornale.

mosquito [məSKIto] *n.* • zanzara, la
The mosquitos are really annoying this summer.
Le zanzare sono noiose quest'estate.

mother [MƏdhər] *n.* • madre, la
  Mother's Day • Il giorno della mamma
When did your mother and father marry?
Tua madre e tuo padre quando si sono sposati?

motor [MOTər] *n.* • motore, il
   motorcycle • motocicletta, la
Do you know how a motor works?
Sai come funziona il motore?

mountain [MAUNtən] *n.* • montagna, la
   to go mountain climbing • fare l'alpinismo
It's always cool in the mountains.
Fa sempre fresco in montagna.

mouse [MAUS] *n.* • topo, il
Our cat caught a mouse last night.
Ieri sera il nostro gatto ha acchiappato un topo.

mouth [MAUTH] *n.* • bocca, la
The dentist told me to open my mouth wide.
Il dentista mi ha detto di aprire molto la bocca.

move, to [MUV] *v.* • muovere
   to move (furniture) *v.* • spostare
The car is moving slowly through the snow.
La macchina si muove piano sulla neve.

movie [MUvi] *n.* • cinema, il
   movies *n.* • cinema
We're going to the theater to see a new movie.
Andiamo a cinema per vedere un nuovo film.

Mr. (see *mister*)

Mrs. [MISiz] signora, la
Please meet my grandmother, Mrs. Smith.
Ti presento mia nonna, la signora Smith.

much [MəCH] *adj.* • molto (-a)
   as much as • tanto quanto
   how much? • quanto?
   so much • tanto
   too much • troppo
   very much • moltissimo

I have too much work to do.
Ho molto lavoro da fare.

mud [MƏD] *n.* • fango, il
His shoes are covered with mud.
Le scarpe sono coperte di fango.

muscle [MƏSƏl] *n.* • muscolo, il
Which muscles do you use when you run?
Quali muscoli usi quando corri?

museum [mjuZIƏm] *n.* • museo, il
Let's go to the art museum today.
Andiamo al museo d'arte oggi.

mushroom [MƏSHrum] *n.* • fungo, il
Do you want fresh mushrooms on your salad?
Vuoi i funghi freschi nell'insalata?

music [MJUzik] *n.* • musica, la
   musician *n.* • musicista *(m., f.)*
Do you like classical music?
Ti piace la musica classica?

must [MƏST] *v.* • dovere
We must leave by eight o'clock.
Dobbiamo partire per le otto.

mustache [MƏStash] *n.* • baffi, i
My dad has a mustache.
Mio padre ha i baffi.

mustard [MƏStərd] *n.* • mostarda, la
I would like some mustard on my sandwich.
Mi piace un po' di mostarda sul panino.

my [MAI] *adj.* • (il) mio, (la) mia
My brother and sister are coming tonight.
Mio fratello e mia sorella vengono stasera.

myself [maiSELF] *pron.* • da me; io stesso
I made that dress myself.
Ho fatto quel vestito da me.

mysterious [miSTIRiəs] *adj.* • misterioso (-a)
   mystery *n.* • mistero, il
What is that mysterious woman doing?
Che fa quella donna misteriosa?

N

nail [NEIL] *n.* • chiodo, il
Hang the picture on that nail.
Appendi il quadro a quel chiodo.

name [NEIM] *n.* • nome, il
   first name • nome, il
   last name • cognome, il
   my name is • mi chiamo
   to be called (name) *v.* • chiamarsi
   named *adj.* • chiamato
Please pronounce your name for me.
Per favore pronunzia il tuo nome per me.

What is your cousin's name?
Come si chiama tuo cugino?

napkin [NAPkin] *n.* • salvietta, la
She puts the napkin on her lap.
Lei mette la salvietta sulle ginocchia.

narrow [NARo] *adj.* • stretto (-a)
These old streets are narrow.
Queste vecchie strade sono strette.

nation [NEIsh∂n] *n.* • nazione, la
nationality *n.* • nazionalità, la
national *adj.* • nazionale *(m., f.)*
This nation's history is very interesting.
La storia di questa nazione è molto interessante.

natural [NAch∂r∂l] *adj.* • naturale *(m., f.)*
nature *n.* • natura, la
naturally *adv.* • naturalmente
He has a natural gift for music.
Ha un talento naturale per la musica.

naughty [NOti] *adj.* • cattivo (-a)
This little boy is naughty sometimes.
Questo bambino a volte fa il cattivo.

near [NIR] *adv.* • vicino a
nearly *adv.* • quasi
We live near the airport.
Abitiamo vicino all'aeroporto.

necessary [NES∂seri] *adj.* • necessario (-a)
Calcium is necessary for strong bones.
Il calcio è necessario per le ossa.

neck [NEK] *n.* • collo, il
necklace *n.* • collana, la
necktie *n.* • cravatta, la
This shirt is too tight around my neck.
Questa camicia è troppo stretta intorno al collo.

needle [NId∂l] *n.* • ago, l' *(m.)*
A seamstress needs a needle and thread.
La sarta ha bisogno di ago e filo.

need, to [NID] *v.* • avere bisogno
The little boy needs help getting dressed.
Il bambino ha bisogno di aiuto per vestirsi.

neighbor [NEIbər] *n.* • vicino di casa, il
Our neighbors have a large dog.
I nostri vicini di casa hanno un cane grande.

nephew [NEfʒu] *n.* • nipote, il
My nephew is my sister's son.
Mio nipote è il figlio di mia sorella.

nest [NEST] *n.* • nido, il
There is a bird's nest in the tree.
C'è un nido di uccelli sull'albero.

Netherlands [NEDHərlənz] • Olanda, l' *(f.)*
(see also *Dutch; Holland*)

   person from the Netherlands *n.* •
    olandese, l' *(m., f.)*
I have a pen pal in the Netherlands.
Ho un corrispondente in Olanda.

never [NEVər] *adv.* • mai
   never again • mai più
It almost never rains in the desert.
Non piove quasi mai nel deserto.

new [NU] *adj.* • nuovo (-a)
Did you buy any new clothes for school?
Hai comprato nuovi vestiti per la scuola?

news [NUZ] *n.* • notizia, la
I hope the news is good!
Spero che la notizia sia buona.

newspaper [NUZpeipər] *n.* • giornale, il
Many people read the newspaper on the train.
Molte persone leggono il giornale sul treno.

next [NEKST] *adj.* • prossimo (-a)
   next to • vicino a
Next time I drive.
La prossima volta guido io.

nice [NA*I*S] *adj.* • bello; buono
  nice people • buona gente
She always has a nice, friendly smile.
Lei ha sempre un bel sorriso.

niece [NIS] *n.* • nipote, la
My niece is my brother's daughter.
Mia nipote è la figlia di mio fratello.

night [NA*I*T] *n.* • notte, la
  every night • ogni sera
  last night • ieri sera
  tonight • stasera
  nightstand *n.* • comodino, il
  nightmare *n.* • incubo, l' *(m.)*
At night the sky is full of stars.
Di notte il cielo è pieno di stelle.

nine [NA*I*N] *n.; adj.* • nove
There are nine players on a baseball team.
Ci sono nove giocatori nella squadra di baseball.

nineteen [NA*I*Ntin] *n.; adj.* • diciannove
There are nineteen of us in the Italian club.
Ce ne siamo diciannove nel circolo italiano.

ninety [NA*I*Nti] *n.; adj.* • novanta
The movie lasted for ninety minutes.
Il cinema è durato novanta minuti.

no [NO] *adv.* • no
  no admittance • vietato l'ingresso
  no doubt • senza dubbio
  no longer • non più
  no matter • non importa
  no one • nessuno
  no smoking • vietato fumare
No, I don't want to leave yet.
No, non voglio partire ancora.

noise [NO*IZ*] *n.* • rumore, il
Who is making that loud noise?
Chi sta facendo quel forte rumore?

noodles [NUdəlz] *n. pl.* • tagliatelle, le
Let's put butter on the noodles.
Mettiamo il burro sulle tagliatelle.

noon [NUN] *n.* • mezzogiorno, il
We eat lunch at noon.
Facciamo colazione a mezzogiorno.

north [NO*RTH*] *n.* • nord; settentrione, il
  North America • America settentrione
Belgium is to the north of France.
Il Belgio è al nord della Francia.

Norway [NO*R*wei] *n.* • Norvegia, la
  Norwegian *adj.* • norvegese *(m., f.)*
  Norwegian *n.* • norvegese, il
We are going skiing in Norway.
Andiamo a sciare in Norvegia.

nose [NOZ] *n.* • naso, il
My nose is stuffed and I can't smell.
Il mio naso è otturato e non posso odorare.

not [NAT] *adv.* • non
  not at all • niente affatto
  not yet • non ancora
You're not going to like the bad news.
Non ti piacerà la cattiva notizia.

notebook [NOTbuk] *n.* • quaderno, il
I have a notebook for each class.
Per ogni classe ho un quaderno.

nothing [Nəth*i*ng] *pron.* • niente
There's nothing more important than good health.
Non c'è niente più importante della buona salute.

notice, to [NOt*is*] *v.* • notare
She notices every detail.
Lei nota ogni particolare.

novel [NAv*ə*l] *n.* • romanzo, il
  mystery novel • giallo, un
I bought a novel to read on the plane.
Ho comprato un romanzo per leggere sull'aereo.

November [noVEMb*ə*r] *n.* • novembre *(m.)*
November is the month before Christmas.
Novembre è il mese prima di Natale.

now [NAU] *adv.* • adesso
  right now • proprio adesso
The teacher says we can leave now.
Il professore dice che possiamo andare ora.

number [N*ə*Mb*ə*r] *n.* • numero, il
  numerous *adj.* • numeroso (-a)
Please give me your phone number.
Per favore dammi il numero di telefono.

nurse [N*ə*RS] *n.* • infermiera, l'; infermiere l'
The nurse works in the hospital.
L'infermiera lavora in ospedale.

O

oak [OK] *n.* • quercia, la
The table is made of solid oak.
Questa tavola è di quercia.

oats [OTS] *n.* • avena, l' *(f.)*
The horse is eating oats.
Il cavallo mangia l'avena.

obey, to [oBEI] *v.* • ubbidire
   obedient *adj.* • ubbidiente *(m., f.)*
The dog obeys his master.
Il cane ubbidisce il padrone.

occupation [akjuPEIshən] *n.* • occupazione,
   l' *(f.)*
   occupied (busy) *adj.* • occupato (-a)
What occupation are you going to choose?
Quale occupazione sceglierai?

ocean [Oshən] *n.* • oceano, l' *(m.)*
   ocean liner • transatlantico, il
To go to Italy from the U.S., you must cross the Atlantic
   Ocean.
*Per andare in Italia dagli Stati Uniti, si deve attraversare
   l'oceano.*

October [akTObər] *n.* • ottobre *(m.)*
We are in school during October.
Siamo a scuola durante il mese di ottobre.

odd [AD] *adj.* • strano (-a)
That's odd! She is never late for work.
È strano! Non è mai in ritardo per il lavoro.

of [əV] *prep.* • di
Francine would like a piece of cake.
A Francesca piacerebbe un pezzo di tórta.

offer, to [Ofər] *v.* • offrire
Mrs. Peters is offering us a present.
La signora Peters ci offre un regalo.

office [Ofəs] *n.* • ufficio, l' *(m.)*
   post office • ufficio postale, l' *(m.)*
My dad's office is in this building.
L'ufficio di mio padre è in questo edifizio.

often [Ofən] *adv.* • spesso
  How often? • ogni quanto tempo?
I often wonder how my old friend is doing.
Spesso penso al mio vecchio amico.

oil [O*I*L] *n.* • olio, l' *(m.)*
Oil and vinegar are condiments.
Olio e aceto sono condimenti.

OK [oKEI] *interj.* • va bene
OK! You can come with me.
Va bene! Vieni con me.

old [OLD] *adj.* • vecchio (-a)
  How old are you? • Quanti anni hai?
I like old movies from the 1930s.
Mi piacciono i vecchi film del 1930.

omelet [AMlət] *n.* • frittata, la
We need eggs to make an omelet.
Ci vogliono le uova per fare la frittata.

on [AN] *prep.* • su
He put his books on his desk.
Ha messo i libri sul banco.

once [WəNS] *adv.* • una volta
  all at once • tutto ad un tratto
  once again • di nuovo
  once upon a time • c'era una volta
Show me just once and I'll know how to do it.
Fammelo vedere una volta e imparo a farlo.

one [WəN] *n.; adj.* • un(o)
  (the) one *pron.* • uno, l' *(m.)*
  one by one • uno a uno
  that one • quello (-a)
  the one who • colui che
  this one • questo (-a)

Do you want one cookie or two?
Vuoi un biscotto o due?

Please give me the one in the corner.
Dammi l'uno nell'angolo.

onion [ƏNjƏn] *n.* • cipolla, la
Slicing onions makes my eyes water.
Affettare le cipolle mi fa uscire le lacrime.

only [ONli] *adj.* • unico (-a)
 only *adv.* • solamente
She is the only person who speaks Italian here!
È l'unica persona che parli italiano qui.

I can only speak English.
Parlo solamente inglese.

open, to [OpƏn] *v.* • aprire
 opening *n.* • apertura, l' *(f.)*
Open the window and let in the breeze.
Apri la finestra e fa entrare il vento.

opera [APrƏ] *n.* • opera, l' *(f.)*
Do you know Bizet's opera "Carmen"?
Conosci l'opera "Carmen" di Bizet?

opposite [APƏzit] *n.* • contrario, il
 opposite *prep.* • dirimpetto
You say that you prefer dogs to cats. For me it is the opposite.
Dici che preferisci i cani ai gatti. Per me è il contrario.

The parking lot is opposite the train station.
Il parcheggio è dirimpetto alla stazione.

or [OR] *conj.* • o
Do you want fish or chicken?
Vuoi pesce o pollo?

orange [ORƏndƷ] *n.* • arancia, l' *(f.)*
 orange juice • succo d'arancia

These oranges are juicy and sweet.
Queste arance sono succose e dolci.

orchestra [*OR*kestrə] *n.* • orchestra, l' *(f.)*
The orchestra gave a concert tonight.
L'orchestra ha dato un concerto stasera.

order, to [*OR*dər] *v.* • ordinare
  in order that • per
I have just ordered our meal.
Ho appena ordinato il pasto.

organize, to [*OR*gənaiz] *v.* • organizzare
  organization *n.* • organizzazione, l' *(f.)*
The physical education teacher organizes the games.
Il professore di educazione fisica organizza le partite.

original [ə*RI*DGənəl] *adj.* • originale
  originality *n.* • originalità, l' *(f.)*
Is this an original painting?
Questa è una pittura originale?

other [ə*dh*ər] *adj.* • altro (-a)
  otherwise *adv.* • altrimenti
This book is mine; the other is yours.
Questo libro è mio; l'altro è il tuo.

our [*AU*R; AR] *adj.* • nostro (-a)
That's our house next to the park.
È la nostra casa affianco al parco.

out; outside [*AU*T; *au*t*SAI*D] *adv.* • fuori
Please come out so we can see you better.
Per favore vieni fuori così ti vediamo meglio.

We go outside to see the stars at night.
Di notte usciamo fuori per vedere le stelle.

oval [*OV*əl] *adj.* • ovale, l' *(m.)*
This table has an oval shape.
Questa tavola è ovale.

oven [ǝvǝn] *n.* • forno, il
The bread is baking in the oven.
Il pane si cuoce nel forno.

over [Ovǝr] *prep.* • sopra
 over there • di là
I hold the umbrella over my head.
Tengo l'ombrello sopra la testa.

overturn, to [ovǝrTǝRN] *v.* • rovesciare
The revolution overturned the government.
La rivoluzione rovesciò il governo.

owl [AUL] *n.* • gufo, il
An owl lives in this tree.
Un gufo vive su quest'albero.

own [ON] *adj.* • proprio (-a)
 to own *v.* • possedere
This is my very own camera.
Questa è la mia propria macchina fotografica.

Our wealthy friends own several houses.
Il nostro ricco amico possiede molte case.

oyster [OIstǝr] *n.* • ostrica, l' *(f.)*
Will you eat raw oysters?
Mangi ostriche crude?

P

Pacific Ocean [pǝSIfik Oshǝn] *n.* • Oceano
 Pacifico, l' *(m.)*
Hawaii is in the middle of the Pacific Ocean.
Hawaii è nel mezzo dell'Oceano Pacifico.

pack, to (suitcase) [PAK] *v.* • fare le valigie
I can pack my bags in one hour.
Faccio le valigie un in ora.

package [PAK*idg*] *n.* • pacco, il
I received the package you sent in the mail.
Ho ricevuto il pacco che mi hai spedito.

page [PEI*DG*] *n.* • pagina, la
Turn to page 36 in your book.
Apri il libro alla pagina 36.

pail [PEIL] *n.* • secchia, la
He pours water from the pail.
Rovescia l'acqua dalla secchia.

pain [PEIN] *n.* • dolore, il
  painful *adj.* • doloroso (-a)
The tennis player has a pain in his shoulder.
Il giocatore di tennis ha un dolore nella spalla.

paint, to [PEINT] *v.* • verniciare
  painter *n.* • verniciatore, il; pittore, il
  painting; paint *n.* • pittura, la
Who is painting your house?
Chi vernicia la tua casa?

pair [PEIR] *n.* • paio, il
I need a pair of boots.
Mi servono un paio di stivali.

pajamas [p*ə*DGAM*ə*z] *n.* • pigiama, il
I forgot to pack my pajamas.
Ho dimenticato di impaccare il pigiama.

pal [PAL] *n.* • compagno, il; compagna, la
He is an old pal of mine.
È un mio vecchio compagno.

palace [PAL∂s] *n.* • palazzo, il
The palace is huge!
Il palazzo è immenso.

pan [PAN] *n.* • padella, la
Dad is frying eggs in a pan.
Il babbo frigge le uova nella padella.

pancake [PANkeik] *n.* • frittella, la
I love pancakes for breakfast.
Mi piacciono le frittelle per colazione.

panther [PANth∂r] *n.* • pantera, la
The panther resembles a leopard but is black.
La pantera si somiglia al leopardo ma è nera.

pants [PANTS] *n.* • pantaloni, i
I'm ironing my pants myself.
Mi stiro i pantaloni io stesso.

paper [PEIp∂r] *n.* • carta, la
  a sheet of paper • foglio di carta, il
  paperback (book) *n.* • tascabile, il
I need some paper to draw on.
Mi serve un po' di carta per disegnare.

parachute [PAR∂shut] *n.* • paracadute, il
One day I'm going to make a parachute jump.
Un giorno farò un salto col paracadute.

parade [p∂REID] *n.* • sfilata, la
They celebrate every year with a big parade.
Celebrano ogni anno con una grande sfilata.

paragraph [PAR∂graf] *n.* • paragrafo, il
Write two paragraphs for tomorrow.
Scrivi due paragrafi per domani.

parakeet [PARəkit] *n.* • pappagallo, il
This parakeet is a very noisy bird!
Questo pappagallo fa molto chiasso!

pardon, to [PARdn] *v.* • perdonare
 pardon me • scusa
I hope you will pardon my interruption.
Perdona la mia interruzione.

parents [PARənts] *n.* • genitori, i
My parents are celebrating their anniversary.
I miei genitori festeggiano il loro anniversario.

park [PARK] *n.* • parco, il
We are going to fly our kites in the park.
Faremo volare l'aquilone nel parco.

parrot [PARət] *n.* • pappagallo, il
This parrot is a beautiful bird.
Questo pappagallo è bello.

part [PART] *n.* • parte, la
 to be part of • fare parte di
Literature is part of my studies.
La letteratura fa arte dei miei studi.

Here is one part of the newspaper.
Ecco una parte del giornale.

party [PARti] *n.* • festa, la
They are having a party tonight.
Fanno festa stasera.

pass, to (a test) [PAS] *v.* • passare
 to pass (a car) • sorpassare
He passed the test.
Ha passato l'esame.

You should not pass a car on the right.
Non sorpassare sulla destra.

passenger [PAS*ə*ndg*ə*r] *n.* • passeggiero, il
The passengers are on the train.
I passeggieri sono sul treno.

past, the [PAST] *n.* • passato, il
In history class, we study the past.
Nella classe di storia studiamo il passato.

paste [PEIST] *n.* • colla, la
 to paste *v.* • incollare
Use the paste to keep the pictures on the paper.
Usa la colla per attaccare le foto sulla carta.

pastry [PEIStri] *n.* • dolce, il
Nancy is going to buy the pastries at the bakery.
Nancy comprerà i dolci alla pasticceria.

path [PATH] *n.* • sentiero, il
Does this path lead out of the woods?
Questo sentiero porta fuori il bosco?

paw [PO] *n.* • zampa, la
The dog has a sore paw.
Al cane fa male la zampa.

pay, to (for) [PEI] *v.* • pagare
Dad is paying for the tickets.
Il babbo paga per i biglietti.

peach [PICH] *n.* • pesca, la
Are these peaches ripe?
Sono mature queste pesche?

peanut [PIn*ə*t] *n.* • nocciolina, la
 peanut butter • marmellata di noccioline
My sister is allergic to peanuts.
Mia sorella è allergica alle noccioline.

pear [PEIR] *n.* • pera, la
The fruit bowl is full of pears and apples.
Il vaso è pieno di pere e mele.

peas [PIZ] *n. pl.* • piselli, i
We prefer fresh peas.
Preferiamo i piselli freschi.

pen [PEN] *n.* • penna, la
  ball-point pen • penna a biro, la
May I borrow your pen to write down the address?
Prestami la penna per scrivere l'indirizzo?

pencil [PENsəl] *n.* • matita, la
I like to write with a pencil so I can erase my mistakes.
Mi piace scrivere con la matita così posso cancellare gli errori.

people [PIpəl] *n.* • gente, la
  a lot of people • la folla
Where are all those people going to sit?
Dove si sederà tutta quella gente?

pepper [PEPər] *n.* • pepe, il
  green pepper • peperone, il
Please pass the pepper and salt.
Per favore passa il sale e pepe.

perfect [PƏRfïkt] *adj.* • perfetto (-a)
That sculpture is perfect.
Quella scultura è perfetta.

perfume [pərFJUM] *n.* • profumo, il
This French perfume smells lovely.
Il profumo francese ha un ottimo odore.

perhaps [pərHAPS] *adv.* • forse
Perhaps you can help me find the way.
Forse puoi aiutarmi a trovare la strada.

perm [PəRM] *n.* • permanente, la
She goes to the hairdresser's to get a perm.
Va dal parrucchiere per farsi la permanente.

permission [pərMIshən] *n.* • permesso, il
We need our parent's permission to go on the trip.
*Abbiamo bisogno del permesso dei genitori per andare
alla gita.*

permit, to [pərMIT] *v.* • permettere
The teacher doesn't permit us to talk in class.
Il professore non ci permette di parlare in classe.

person [PəRsən] *n.* • persona, la
  personality *n.* • personalità, la
What is that person's name?
Come si chiama quella persona?

pet [PET] *n.* • animale domestico, il
Do you have a dog as a pet?
Hai un cane come animale domestico?

pharmacy [FARməsi] *n.* • farmacia, la
  pharmacist *n.* • farmacista *(m., f.)*
My grandma buys her medicine at this pharmacy.
La nonna compra le medicine alla farmacia.

phone [FON] *n.* • telefono, il
Use the phone in the hall to call home.
Serviti del telefono nel corridoio per telefonare a casa.

photo(graph) [FOto; FOtəgraf] *n.* • foto, la
  photograher *n.* • fotografo, il
She has old photos of our great-grandparents.
Lei ha vecchie foto dei nostri nonni.

physics [FIziks] *n.* • fisica, la
We studied Newton's laws in physics class.
Nella classe di fisica abbiamo studiato le leggi di Newton.

piano [piAno] *n.* • piano(forte), il
   to play the piano • suonare il piano
She plays the piano very well.
Lei suona il piano molto bene.

pick, to [P*I*K] *v.* • cogliere
I don't like to pick strawberries.
Non mi piace cogliere le fragole.

picnic [P*I*Kn*i*k] *n.* • scampagnata, la
   to go on a picnic • fare una scampagnata
I hope the rain doesn't spoil your picnic.
Spero che la pioggia non rovini la scampagnata.

picture [P*I*Kch*ə*r] *n.* • ritratto, il
   painting *n.* • quadro, il
I have a picture of my family on my desk.
Ho il ritratto della mia famiglia sulla scrivania.

pie [PA*I*] *n.* • focaccia, la; tórta, la
   apple pie • tórta di mele
I like pie for dessert.
Come dolce mi piace la focaccia.

piece [PIS] *n.* • pezzo, il
There are three pieces of apple pie left.
Ci sono rimasti tre pezzi di tórta di mele.

pig [P*I*G] *n.* • maiale, il
   piggy bank • salvadanaio, il
There are pigs and horses on the farm.
Nella fattoria ci sono maiali e cavalli.

pillow [P*I*Lo] *n.* • cuscino, il
I put the pillow on my bed.
Ho messo il cuscino sul letto.

pilot [PA*I*lət] *n.* • pilota, il
He is a pilot for Alitalia.
È un pilota dell'Alitalia.

pin [P*I*N] *n.* • spillo, lo
You need pins when you sew.
Quando cuci hai bisogno di spilli.

pineapple [P*AI*Napəl] *n.* • ananasso, l' *(m.)*
They grow pineapples in Hawaii.
In Hawaii si coltivano gli ananassi.

pink [P*ING*k] *adj.* • roseo
The little girl has pink cheeks!
La bambina ha le gote rosee.

pipe [P*AI*P] *n.* • pipa, la
My grandfather smokes a pipe.
Mio nonno fuma la pipa.

pitcher [P*I*chər] *n.* • brocca, la
Pour some milk from the pitcher, please.
Mesci il latte dalla brocca, per favore.

place [PLEIS] *n.* • luogo, il
  to place *v.* • mettere
Find a flat, dry place for the tent.
Troviamo un luogo piano e asciutto per la tenda.

place mat [PLEIS MAT] *n.* • sottopiatto, il
We always use place mats.
Sempre usiamo i sottopiatti.

plane [PLEIN] *n.* • aeroplano, l' *(m.)*
Our plane is on time.
Il nostro aeroplano è in orario.

planet [PLANət] *n.* • pianeta, il
Which planet is nearest the sun?
Quale pianeta è più vicino al sole?

plans [PLANZ] *n.* • progetti, i
Do you have plans for the weekend?
Hai dei progetti per il weekend?

plant [PLANT] *n.* • pianta, la
  to plant *v.* • piantare
Most plants need sunlight.
Molte piante hanno bisogno di luce.

plastic [PLAStik] *adj.* • plastica, la
This toy is made of plastic.
Questo giocattolo è di plastica.

plate [PLEIT] *n.* • piatto, il
We put food on our plates.
Mettiamo il cibo nei piatti.

play, to [PLEI] *v.* • giocare
  to play (a game) *v.* • fare una partita
  to play (a musical instrument) *v.* •
    suonare
  to put on a play • mettere in scena un
    dramma
  play (theater) *n.* • dramma, il
  playground *n.* • cortile di ricreazione
We went to the theater to see the play.
Siamo andati al teatro per vedere un dramma.

The children enjoyed the playground in the park.
*I bambini si sono divertiti nel cortile di ricreazione al
  parco.*

pleasant [PLEZənt] *adj.* • piacevole *(m., f.)*
We had a very pleasant walk in the country.
Abbiamo fatto una passeggiata piacevole in campagna.

please [PLIZ] *v.* • per favore
May I have the salt, please?
Mi passi il sale, per favore?

pleasure [PLEzhər] *n.* • piacere, il
  with pleasure • con piacere
May we have the pleasure of joining you for dinner?
Possiamo avere il piacere di venire a cenare con voi?

plum [PLəM] *n.* • prugna, la
Plums aren't in season now.
Le prugne non sono di stagione ora.

p.m. [PI-EM] *adj.* • pomeridiano
It's 6:00 p.m. and time for dinner.
Sono le sei pomeridiane ed è l'ora di cena.

pocket [PAk*i*t] *n.* • tasca, la
  pocketbook *n.* • borsetta, la
  pocketknife *n.* • coltello da tasca
What do you have in your pocket?
Cosa hai nella tasca?

poem [POəm] *n.* • poema, il
  poet *n.* • poeta, il
  poetry *n.* • poesia, la
The words to this song are from a poem.
Le parole di questa canzone provengono da un poema.

I like the poetry of William Shakespeare.
Mi piace la poesia di William Shakespeare.

point, to [PO*I*NT] *v.* • indicare
  pointed *adj.* • aguzzo (-a)
The guide points out Giotto's Tower to us.
La guida ci indica il Campanile di Giotto.

poison [PO*I*zn] *n.* • veleno, il
You use poison to kill rats.
Col veleno si ammazzano i topi.

Poland [POlənd] *n.* • Polonia, la
  Pole *n.* • polacco, il
  Polish *adj.* • polacco *(m., f.)*
Warsaw is the capital of Poland.
Varsavia è la capitale della Polonia.

police [pəLIS] *n.* • polizia, la
  police officer • poliziotto, il; poliziotta, la
  police department • questura, la

The police have caught the thieves.
La polizia ha catturato i ladri.

polite [pəLA*I*T] *adj.* • cortese *(m., f.)*
These children are very polite.
Questi bambini sono molto cortesi.

pond [POND] *n.* • stagno, lo
There are frogs in the pond.
Le rane stanno nello stagno.

pool (swimming) [PUL] *n.* • piscina, la
Let's go swimming in the pool!
Andiamo a nuotare nella piscina!

poor [PUR] *adj.* • povero (-a)
These poor people don't have money.
Questi poveri non hanno soldi.

pork [PORK] *n.* • maiale, il
  pork chops • costoletta, la
  pork roast • arrosto di maiale
Do you want pork or veal for dinner?
Per pranzo preferisci maiale o vitello?

port [PORT] *n.* • porto, il
The ship comes into port.
Questa nave viene al porto.

Portugal [PORchəgəl] *n.* • Portogallo, il
  Portuguese *n.; adj.* • portoghese *(m., f.)*
We are going to spend our vacation in Portugal.
Passeremo le vacanze in Portogallo.

post office [POST *O*fis] *n.* • ufficio postale,
  l' *(m.)*
The post office is on the same street as the town hall.
L'ufficio postale si trova sulla stessa strada del municipio.

postcard [POSTkard] *n.* • cartolina postale, la
I sent a postcard home during my trip.
Durante la gita ho mandato una cartolina a casa.

potato [pəTEIto] *n.* • patata, la
Would you like a baked potato with your steak?
Con la bistecca preferisci patate al forno?

pound [PAUND] *n.* • libbra, la
There are 2.2 pounds in a kilogram.
Ci sono 2.2 libbre in un chilo.

pour, to [POR] *v.* • mescere
Mom pours coffee for everyone.
La mamma mesce un caffè per tutti.

practical [PRAKtikəl] *adj.* • pratico (-a)
It won't be practical to call, but please write to us.
Non è pratico telefonare, ma scrivici.

precious [PREshəs] *adj.* • prezioso (-a)
Diamonds are precious stones.
I diamanti sono pietre preziose.

prefer, to [prəFƏR] *v.* • preferire
Do you prefer vanilla or chocolate ice cream?
Preferisci gelato alla vaniglia o a cioccolato?

preparation [prepəREIshən] *n.* •
   preparazione, la
We are making preparations for our trip.
Stiamo facendo le preparazioni per il viaggio.

prepare, to [prəPEIR] *v.* • preparare
My sister is preparing dinner tonight.
Mia sorella prepara la cena stasera.

present [PREzənt] *n.* • regalo, il
Look at all the presents under the Christmas tree!
Guarda i regali sotto l'albero di Natale!

president [PREZədənt] *n.* • presidente, il
The president is giving a speech on T.V.
Il presidente fa un discorso alla televisione.

press, to [PRES] *v.* • stirare
Can you press my pants, please?
Puoi stirarmi i pantaloni, per favore?

pretty [PRIti] *adj.* • carino (-a)
What a pretty dress!
Che veste carina!

price [PRAIS] *n.* • prezzo, il
What's the price of this bike?
Qual'è il prezzo della bicicletta.

prince [PRINS] *n.* • principe, il
The prince and princess are the king's children.
Il principe e la principessa sono i figli del rè.

principal [PRINsipəl] *n.* • preside, il
The school has a new principal this year.
Quest'anno la scuola ha un nuovo preside.

print, to [PRINT] *v.* • stampare
This is where they print the newspaper.
Quì stampano il giornale.

prison [PRIZn] *n.* • prigione, la
prisoner *n.* • prigioniero, il
The criminals are in prison.
I criminali sono in prigione.

private [PRAIvit] *adj.* • privato (-a)
Don't open that letter, it's private!
Non aprire la lettera, è privata!

prize [PRAIZ] *n.* • premio, il
The first prize is a new car.
Il primo premio è una nuova macchina.

probably [PRAbəbli] *adv.* • probabilmente
I haven't decided, but I'll probably go with you.
Non ho deciso, ma probabilmente andrò con te.

problem [PRABləm] *n.* • problema, il
I'll help you solve the problem.
Ti aiuto a risolvere il problema.

profession [prəFEshən] *n.* • professione, la
Doctors learn their profession through years of training.
I medici imparano la professione attraverso anni di istruzione.

progress [PRAgres] *n.* • progresso, il
to make progress • fare progresso
Are you making progress in your science experiment?
Stai facendo progresso nell'esperimento di scienza?

promise, to [PRAmis] *v.* • promettere
promise *n.* • promessa, la
We promise to be careful!
Promettiamo di essere cauti!

pronounce, to [prəNAUNS] *v.* • pronunziare
How do you pronounce this word?
Come si pronunzia questa parola?

protect, to [prəTEKT] *v.* • proteggere
The cat protects her kittens.
Il gatto protegge i gattini.

proud [PRAUD] *adj.* • orgoglioso (-a)
We are proud of our team.
Siamo orgogliosi della nostra squadra.

province [PRAvins] *n.* • provincia, la
How many provinces are there in Canada?
Quante provincie ci sono in Canada?

psychology [sai KAL*ə*dgi] *n.* • psicologia, la
My sister is studying psychology at the university.
Mia sorella studia la psicologia all'università.

public [P*ə*Bl*i*k] *adj.* • pubblico (-a)
This is a public meeting and everyone is welcome.
È una seduta pubblica e tutti sono benvenuti.

publicity [p*ə*BL*I*S*i*ti] *n.* • pubblicità, la
Movie stars get lots of publicity.
Gli attori ricevono molta pubblicità.

pull, to [P*U*L] *v.* • tirare
You pull the rope to ring the bell.
Si tira la fune per suonare il campanello.

pumpkin [P*ə*MPk*i*n] *n.* • zucca, la
Do you like pumpkin pie?
Ti piace la tórta di zucca?

punish, to [P*ə*n*i*sh] *v.* • punire
They are going to punish the criminal.
Puniranno il criminale.

pupil [P*JU*p*ə*l] *n.* • alunno, l' *(m.)*; alunna, l' *(f.)*
The pupils raise their hands before speaking.
Gli alunni alzano la mano prima di parlare.

puppy [P*ə*pi] *n.* • cagnolino, il
The dog has four puppies.
Il cane ha quattro cagnolini.

purple [P*ə*Rp*ə*l] *n.* • violetto
These flowers are purple.
Questi fiori sono violetti.

purse [P*ə*RS] *n.* • borsa, la
She puts her billfold in her purse.
Lei mette il portafoglio nella borsa.

push, to [P*USH*] *v.* • spingere
Don't push, please, you'll make me fall.
Per favore non spingere, mi fai adere.

put, to [P*UT*] *v.* • mettere
   to put clothes on • vestirsi
I put the flowers in a vase.
Ho messo i fiori in un vaso.

puzzle [P*ə*zl] *n.* • rebus, il
This puzzle has 1000 pieces.
Questo rebus ha 1000 pezzi.

Q

quarrel [KW*OR*əl] *n.* • litigio, il
The brothers had a quarrel over the toy.
I miei fratelli hanno fatto un litigio per il giocattolo.

quarter [KW*OR*tər] *n.* • quarto, il
Let's cut the apple into four quarters.
Tagliamo la mela in quattro quarti.

queen [KW*IN*] *n.* • regina, la
The queen lives in the castle.
La regina abita nel castello.

question [KW*ES*chən] *n.* • domanda, la
   to ask a question • fare una domanda
Can you repeat the question?
Puoi ripetere la domanda?

quick [KW*IK*] *adj.* • rapido (-a)
   quickly *adv.* • rapidamente
I'll take a quick shower before I go.
Faccio una doccia rapida prima di partire.

Dad walks quickly when he is in a hurry.
Il babbo cammina rapidamente quando va di fretta.

quiet [KWA*I*ət] *adj.* • silenzioso (-a)
 to be quiet • tacere; stare zitto
The students are quiet when the teacher enters the
 classroom.
*Gli studenti stanno zitti quando il professore entra nella
 classe.*

When everyone is sleeping the house is quiet.
Quando tutti dormono la casa è silenziosa.

R

rabbit [RAb*i*t] *n.* • coniglio, il
The rabbits ate all our lettuce from the garden.
I conigli hanno mangiato la lattuga nel giardino.

raccoon [r*a*KUN] *n.* • procione, il
Raccoons have thick fur.
I procioni hanno il pelo lungo.

radio [REIdio] *n.* • radio, la
They are listening to the radio.
Ascoltano la radio.

radish [RAd*ish*] *n.* • ravanello, il
These radishes are from our kitchen garden.
Questi ravanelli sono del nostro orto.

railroad [REILrod] *n.* • ferrovia, la
 railroad station • stazione ferroviaria, la
This railroad is very long.
Questa ferrovia è molto lunga.

rain [REIN] *n.* • pioggia, la
  it's raining • piove
  rainbow *n.* • arco baleno, l' *(m.)*
  raincoat *n.* • impermeabile, l' *(m.)*
  to rain *v.* • piovere
The grass is wet from the rain.
La pioggia ha bagnato l'erba.

raise, to [REIZ] *v.* • alzare
We raise our hands in class before speaking.
In classe alziamo la mano prima di parlare.

raisin [REIzən] *n.* • uva passa, l' *(f.)*
Mom gives us raisins for a snack.
La mamma ci dà l'uva passa per spuntino.

rapid [RApid] *adj.* • rapido (-a)
This is a rapid train.
Questo treno è un rapido.

rare [REIR] *adj.* • raro (-a)
Do you have any rare stamps?
Hai dei francobolli rari?

raspberry [RAZberi] *n.* • lampone, il
I love fresh raspberries.
Mi piacciono i lamponi freschi.

rat [RAT] *n.* • topo di fogna, il
The rats are very large.
I topi di fogna sono molto grandi.

rather [RAdhər] *adv.* • piuttosto
This movie is rather long.
Questo film è piuttosto lungo.

raw [RO] *adj.* • crudo (-a)
You can eat carrots raw or cooked.
Puoi mangiare le carote crude o cotte.

razor [REIzər] *n.* • rasoio, il
My brother shaves with an electric razor.
Mio fratello si rade col rasoio elettrico.

read, to [RID] *v.* • leggere
What book are you reading?
Quale libro stai leggendo?

ready [REdi] *adj.* • pronto (-a)
We are ready to go.
Siamo pronti per partire.

really [RIli] *adv.* • veramente
Do you really think this is the right way?
Veramente credi che questa è la via giusta?

reason [RIzən] *n.* • ragione, la
   reasonable *adj.* • ragionevole *(m., f.)*
What's the reason for your decision?
Qual'è la ragione per la tua decisione?

receive, to [riSIV] *v.* • ricevere
She received many gifts.
Lei ha ricevuto molti regali.

recipe [REsəpi] *n.* • ricetta, la
The recipe calls for one whole chicken.
Questa ricetta richiede un intero pollo.

record [REkərd] *n.* • disco, il
Play the record on the phonograph.
Suona il disco sul giradischi.

record, to [rəKORD] *v.* • registrare
The teacher records our conversations in class.
Il professore ha registrato la nostra conversazione in classe.

rectangle [REKtanggəl] *n.* • rettangolo, il
A rectangle has four sides.
Il rettangolo ha quattro lati.

red [RED] *adj.* • rosso (-a)
  red-head *n.* • rossa, la
  to turn red (blush) *v.* • arrossire
The sky turned red just after sunset.
Il cielo diventa rosso appena dopo il tramonto.

refrigerator [riFRI*DG*əreitər] *n.* •
  frigorifero, il
The milk is in the refrigerator.
Il latte è nel frigorifero.

region [RI*dg*ən] *n.* • regione, la
What region of the country are you from?
Di quale regione sei?

remain, to [riMEIN] *v.* • rimanere
Remain in your seats until the plane comes to a stop.
Rimanete nei sedili fichè l'aereo si ferma.

remember, to [riMEMbər] *v.* • ricordare
I still remember my old phone number.
Ricordo ancora il mio vecchio numero di telefono.

remind, to [riMA*I*ND] *v.* • rammentare
Please remind me to take my medicine.
Per favore rammentami di prendere la medicina.

remove, to [riMUV] *v.* • togliere
We must remove the decorations tonight.
Dobbiamo togliere gli addobbamenti stasera.

rent, to [RENT] *v.* • appigionare
Do you rent this home or own it?
Appigioni questa casa o è tua?

repair, to [riPEIR] *v.* • aggiustare
The mechanic repaired our car.
Il meccanico ha aggiustato la macchina.

repeat, to [riPIT] *v.* • ripetere
Please repeat what you said but more slowly.
Per favore ripeti quello che hai detto ma adagiamente.

replace, to [riPLEIS] *v.* • ricollocare
I replaced the broken window.
Ho ricollocato il vetro rotto alla finestra.

reply, to [riPLAI] *v.* • rispondere
I always reply to his letters.
Rispondo sempre alle sue lettere.

rescue, to [RESkju] *v.* • salvare
The lifeguard is rescuing the swimmer.
Il salvagente salva il nuotatore.

respond, to [riSPAND] *v.* • rispondere
Can someone respond to the question?
Qualcuno risponde alla domanda?

responsibility [rispansəBILəti] *n.* •
  responsabilità, la
We have a responsibility to do our homework.
Abbiamo la responsabilità di fare i nostri compiti.

rest, to [REST] *v.* • riposarsi
The doctor told me to rest all day.
Il dottor mi ha detto di riposarmi tutto il giorno.

restaurant [REStərant] *n.* • ristorante, il
We know a good restaurant that's not too expensive.
Sappiamo un buon ristorante e non è caro.

return, to [riTəRN] *v.* • ritornare
  return (give back) *v.* • restituire
They are returning from their trip.
Ritornano dalla gita.

rhinoceros [raiNAsərəs] *n.* • rinoceronte, il

The rhinoceros has a horn on its head.
Il rinoceronte ha un corno sulla testa.

ribbon [RIbən] *n.* • nastro, il
This little girl has ribbons in her hair.
La bambina ha dei nastri sulla testa.

rice [RAIS] *n.* • riso, il
I like chicken with rice.
Il pollo mi piace con il riso.

rich [RICH] *adj.* • ricco (-a)
My rich uncle owns five cars.
Il mio ricco zio ha cinque macchine.

ride, to [RAID] *v.* • andare in macchina
to ride a bike • andare in bicicletta
to ride a horse • andare a cavallo
Let's ride downtown in the car.
Andiamo in centro in macchina.

right [RAIT] *adj.* • destro (-a)
right away • subito
the right hand • mano destra, la
to be right • avere ragione
to the right (of) • a destra
Most people write with their right hand.
Molte persone scrivono con la mano destra.

I don't know who is right.
Non so chi abbia ragione.

ring [RING] *n.* • anello, l' *(m.)*
She is wearing a wedding ring on her left hand.
Porta un anello matrimoniale alla mano sinstra.

ripe [RAIP] *adj.* • maturo (-a)
Is this melon ripe yet?
È maturo questo melone?

river [RÍvər] *n.* • fiume, il
The best farmland is near the river.
I migliori terreni sono vicino al fiume.

road [ROD] *n.* • strada, la
  highway *n.* • autostrada, l' *(f.)*
Does this road go to Milan?
Questa strada porta a Milano?

roast, to [ROST] *v.* • arrostire
  roast beef • arrosto di manzo, l' *(m.)*
We are roasting a turkey for dinner.
Per cena arrostiamo un tacchino.

rob, to [RAB] *v.* • rubare
  robber *n.* • ladro, il
  robbery *n.* • furto, il
The police caught the man who robbed the store.
La polizia ha catturato colui che ha rubato il negozio.

rock [RAK] *n.* • pietra, la
Let's climb this big rock.
Saliamo su questa grande pietra.

rocket [RAkət] *n.* • missile, il
The weather satellite was launched by a rocket.
Il satellite metereologico è stato lanciato da un missile.

role [ROL] *n.* • parte, la
  lead role • parte principale, la
Which role do you have in the play?
Quale parte interpreti nel dramma?

roll [ROL] *n.* • panino, il
I put butter on my roll.
Metto il burro sul panino.

roll, to [ROL] *v.* • rotolare
  roller coaster • montagne russe, le
  roller skates • pattini, i

The ball rolled into the street.
La palla rotolava sulla strada.

roof [RUF] *n.* • tetto, il
There is snow on the roof.
C'è la neve sul tetto.

room [RUM] *n.* • stanza, la
   bathroom *n.* • bagno, il
   classroom *n.* • aula, l' *(f.)*
   dining room *n.* • sala da pranzo, la
Our house has eight rooms.
La nostra casa ha otto stanze.

rooster [RUstər] *n.* • gallo, il
The rooster wakes us up in the morning.
Il gallo ci sveglia la mattina.

rope [ROP] *n.* • fune, la
This rope is used for tying.
Questa fune si usa per legare.

rose [ROZ] *n.* • rosa, la
I love the smell of roses.
Amo il profumo delle rose.

round [RAUND] *adj.* • rotondo (-a)
Please hand me the round tray.
Per favore dammi il vassoio rotondo.

row [RO] *n.* • fila, la
There are thirty rows of seats in the theater.
Al teatro ci sono trenta file di sedili.

rubber [Rəbər] *n.* • gomma, la
   made of rubber • è di gomma

These tires are made of rubber.
Queste ruote sono di gomma.

rug [RƏG] *n.* • tappeto, il
   throw rug *n.* • scendiletto, il
There is a thick rug on the floor.
C'è un tappeto spesso sul pavimento.

rule [RUL] *n.* • regola, la
Have you learned the rules of the game?
Hai imparato le regole del gioco?

ruler [RUlƏr] *n.* • riga, la
I measure the paper with a ruler.
Misuro la carta con la riga.

run, to [RƏN] *v.* • correre
   to run (function) *v.* • funzionare
   to run (operate) *v.* • adoperare
   to run away • andar via
Run or you'll miss the bus!
Corri o perderai l'autobus.

The car runs on gasoline.
L'automobile funziona con la benzina.

I don't know how to run the machine.
Non so come adoperare la macchina.

When the dog comes in, the cat runs away.
Quando il cane entra, il gatto va via.

Russia [RƏshƏ] *n.* • Russia, la
   Russian *n.* • russo, il
   Russian *adj.* • russo (-a)
Russia is a huge country.
La Russia è una grande nazione.

The Russian ballet is in New York for a week.
Il balletto russo è a New York per una settimana.

S

sad [SAD] *adj.* • triste *(m., f.)*
I'm so sad today!
Sono molto triste oggi!

safety [SEIFti] *n.* • sicurezza, la
  safety-belt *n.* • cintra di sicurezza, la
The lifeguard is here for the safety of the swimmers.
Il salvagente è quì per la sicurezza dei nuotatori.

sailboat [SEILbot] *n.* • barca a vela, la
See the sailboats on the lake!
Vedi la barca a vela sul lago!

sailor [SEIlər] *n.* • marinaio, il
The sailors are on the ship.
I marinai sono sulla nave.

salad [SALəd] *n.* • insalata, l' *(f.)*
Julia has a salad for lunch.
Giulia prende un'insalata per colazione.

sale [SEIL] *n.* • svendita, la
  for sale • si vende
  on sale • in vendita
  salesman; saleswoman *n.* • commesso, il;
    commessa, la
The store is having a sale on summer clothes.
Il negozio ha una svendita di indumenti estivi.

There's a house for sale on our street.
Si vende una casa in questa strada.

I only buy shoes when they're on sale.
Solamente compro le scarpe quando sono in vendita.

My cousin is a salesman in this store.
Mio cugino è commesso in questo negozio.

salt [SOLT] *n.* • sale, il
Put more salt into the soup.
Metti più sale nel brodo.

same [SEIM] *adj.* • stesso (-a)
You have the same jacket as your brother.
Hai la stessa giacca di tuo fratello.

sand [SAND] *n.* • sabbia, la
We are building a sand castle on the beach.
Costruiamo un castello di sabbia sulla spiaggia.

sandwich [SANDwich] *n.* • panino imbottito, il
I would like a sandwich for lunch.
Per colazione vorrei un panino imbottito.

Saturday [SAtərdei] *n.* • sabato, il
We are going to the theater on Saturday.
Sabato andiamo al teatro.

sauce [SOS] *n.* • salsa, la
Pour some sauce over my spaghetti, please.
Per favore metti un po' di salsa sugli spaghetti.

saucer [SOsər] *n.* • sottotazza, la
Put the cups on the saucers.
Metti le tazze sulle sottotazze.

sauerkraut [SAUərkraut] *n.* • crauti, il
Sauerkraut is made with cabbage.
Si fa il crauti con il cavolo.

sausage [SOsədg] *n.* • salsiccia, la
We buy sausages at the delicatessen.
Compriamo la salsiccia alla beccheria.

save, to [SEIV] *v.* • salvare
to save money • risparmiare
The firefighter saved the child's life.
I pompieri hanno salvato la vita del ragazzo.

saxophone [SAKsəfon] *n.* • sassofano, il
My brother plays the saxophone.
Mio fratello suona il sassofano.

say, to [SEI] *v.* • dire
that is to say • vale a dire
Can you say "Hello" in Italian?
Sai dire "Hello" in italiano?

scare, to [SKEIR] *v.* • far paura
The barking dog scared the baby.
Il cane che abbaia fa paura al bambino.

scarf [SKARF] *n.* • sciarpa, la
I wear a scarf in the winter.
Porto la sciarpa d'inverno.

schedule [SKEdgul] *n.* • orario, l' *(m.)*
What is your schedule for this week?
Qual'è l'orario per questa settimana?

school [SKUL] *n.* • scuola, la
high school • liceo, il
What's the name of your school?
Come si chiama la tua scuola?

science [SAIəns] *n.* • scienza, la
scientific *adj.* • scientifico (-a)
scientist *n.* • scienziato, lo
We learned about magnetism in science class.
Nella classe di scienza abbiamo imparato il magnetismo.

scissors [SIzərz] *n.* • forbici, le *(pl.)*
You need sharp scissors to cut through cloth.
Hai bisogno di forbici per tagliare la stoffa.

scold, to [SKOLD] *v.* • rimproverare
Dad scolds us when we are naughty.
Il babbo ci rimprovera quando facciamo i cattivi.

Scotland [SKATlənd] *n.* • Scozia, la
person from Scotland *n.* • scozzese, lo
Scottish *adj.* • scozzese *(m., f.)*
Scotland is north of England.
La Scozia è nell'Inghilterra settentrionale.

scout [SKAUT] *n.* • esploratore, l' *(m.)*
My brothers are Boy Scouts.
I miei fratelli sono piccoli esploratori.

scream, to [SKRIM] *v.* • gridare
I screamed in pain when I banged my thumb.
Ho gridato quando mi son fatto male il pollice.

sculptor [SKƏLPtər] *n.* • scultore, lo
The sculptor was carving a statue from wood.
Lo scultore ha scolpito una statua di legno.

sea [SI] *n.* • mare, il
seashore *n.* • costa, la
We like to swim in the sea.
Ci piace nuotare nel mare.

search, to [SƏRCH] *v.* • cercare
We are searching for our lost dog.
Cerchiamo il nostro cane.

season [SIzən] *n.* • stagione, la
Is autumn your favorite season?
L'autunno è la tua stagione preferita?

seat [SIT] *n.* • posto, il
seated *adj.* • seduto (-a)
Is the seat next to you taken?
È occupato questo posto vicino a te?

second [SEKənd] *adj.* • secondo (-a)
This is her second trip to Italy.
Questo è il suo secondo viaggio in Italia.

secret [SIkrət] *n.* • segreto, il
Do you know how to keep a secret?
Sai mantenere un segreto?

secretary [SEKrəteri] *n.* • segretaria, la;
segretario, il
My secretary answers the phone.
Il mio segretario risponde al telefono.

see, to [SI] *v.* • vedere
to see again • rivedere
see you soon • a presto vederci
I see better with my new glasses.
Vedo meglio con i nuovi occhiali.

seed [SID] *n.* • seme, il
I plant flower seeds in our garden.
Pianto i semi di fiori nel giardino.

seem, to [SIM] *v.* • sembrare
You seem to be in a bad mood.
Sembri di cattivo umore.

seesaw [SIso] *n.* • altalena, l' *(f.)*
There is a seesaw in the park.
C'è un'altalena nel parco.

sell, to [SEL] *v.* • vendere
My brother sells cars.
Mio fratello vende macchine.

send, to [SEND] *v.* • mandare
We send many packages at Christmas.
Mandiamo molti pacchi a Natale.

sense [SENS] *n.* • significato, il
common sense • buon senso, il
sensible *adj.* • sensibile *(m., f.)*
sensitive *adj.* • sensisitivo (-a)
Calculus makes no sense to me at all.
Il calcolo non ha nessun significato per me.

sentence [SENt∂ns] *n.* • periodo, il
Write five sentences in Italian.
Scrivere cinque periodi in italiano.

September [sepTEMb∂r] *n.* • settembre *(m.)*
We go back to school in September.
A settembre si ritorna a scuola.

serious [SIRi∂s] *adj.* • serio (-a)
Stop giggling and be serious!
Smettila di ridere e fa il serio!

serve, to [S∂RV] *v.* • servire
at your service • al vostro servizio
to serve as • servire da
First, we serve our guests.
Prima, serviamo gli ospiti.

set, to [SET] *v.* • mettere
to set the table • preparare la tavola
Set the box down on the table.
Metti la scatola sul tavolo.

seven [SEV∂n] *n.; adj.* • sette
There are seven days in the week.
Ci sono sette giorni nella settimana.

seventeen [sev∂nTIN] *n.; adj.* • diciassette
I was only seventeen when I started college.
Ho incominciato l'università a diciassette anni.

seventy [SEVənti] *n.; adj.* • settanta
My grandpa is seventy years old.
Mio nonno ha settanta anni.

several [SEVrəl] *adj.* • qualche
Let's wait for him several more minutes.
Aspettiamolo qualche minuto in più.

sew, to [SO] *v.* • cucire
  sewing machine • macchina da cucire, la
Can you sew with the sewing machine?
Sai cucire con la macchina da cucire?

shade [*SH*EID] *n.* • ombra, l' *(f.)*
Let's sit in the shade of this tree.
Sediamoci all'ombra di quest'albero.

shadow [*SHA*do] *n.* • ombra, l' *(f.)*
Shadows are shortest at noon.
Le ombre sono più corte a mezzogiorno.

shake, to [*SH*EIK] *v.* • tremare
  to shake hands • darsi la mano
I'm so scared I'm shaking all over.
Tremo dalla paura.

shampoo [*sha*mPU] *n.* • shampoo, lo
  to shampoo *v.* • farsi lo shampoo
We are out of shampoo.
Abbiamo finito lo shampoo.

shape [*SH*EIP] *n.* • forma, la
Look at the shape of that cloud.
Guarda la forma di quella nuvola.

share, to [*SH*EIR] *v.* • dividere
We can share this serving of cake.
Dividiamo questo pezzo di tórta.

shave, to [*SH*EIV] *v.* • farsi la barba
Dad shaves in the morning.
La mattina il babbo si fa la barba.

she [*SH*I] *pron.* • lei; essa
She is my mother's sister.
Lei è la sorella di mia madre.

sheep [*SH*IP] *n.* • pecora, la
The sheep are following the shepherd.
Le pecore seguono il pastore.

sheet [*SH*IT] *n.* • lenzuolo, il
The maid put clean sheets on the bed.
La domestica ha cambiato le lenzuola al letto.

shelf [*SH*ELF] *n.* • scaffale, lo
The cups are on the bottom shelf.
Le tazze stanno sul'ultimo scaffale.

shell [*SH*EL] *n.* • conchiglia, la
I look for shells on the beach.
Cerco le conchiglie sulla spiaggia.

shepherd [*SH*Epərd] *n.* • pastore, il
  shepherdess *n.* • pastorella, la
The shepherd watches the sheep.
Il pastore guarda le pecore.

shine, to [*SH*AIN] *v.* • brillare
The stars shine at night.
A notte le stelle brillano.

ship [*SH*Ip] *n.* • nave, la
The ship crosses the ocean.
La nave attraversa l'oceano.

shirt [*SH*əRT] *n.* • camicia, la
He wears a shirt and tie to work.
Al lavoro porta camicia e cravatta.

shoe [*SH*U] *n.* • scarpa, la
  sandal *n.* • sandalo, il
I bought a new pair of shoes.
Ho comprato un nuovo paio di scarpe.

shoot, to [*SH*UT] *v.* • sparare
The hunter shoots his gun.
Il cacciatore spara il fucile.

shop [*SH*AP] *n.* • bottega, la
  to go shopping • fare gli acquisti
What do they sell in that shop?
Cosa vendono alla bottega?

shore [*SH*OR] *n.* • costa, la
They live near the shore.
Abitano vicino alla costa.

short [*SH*ORT] *adj.* • basso (-a)
The little girl is too short to reach the top shelf.
La bambina è troppo bassa per raggiungere lo scaffale in alto.

shorts [*SH*ORTS] *n.* • calzoni corti
We wear shorts when it's hot.
Portiamo i calzoni corti quando fa caldo.

shot [*SH*AT] *n.* • iniezione, l' *(f.)*
The doctor gives me a shot.
Il dottore mi fa un'iniezione.

shoulder [*SH*OLdər] *n.* • spalla, la
Martine has a sore shoulder.
Martina le fa male la spalla.

shout, to [*SH*AUT] *v.* • gridare
The children shout when they play baseball.
I bambini gridano quando giocano a baseball.

shovel [*SHƏvəl*] *n.* • vanga, la
The little boy plays in the sand with a shovel.
Il bambino gioca con la vanga nella sabbia.

show, to [*SHO*] *v.* • mostrare
  show *n.* • spettacolo, lo
Show me your new book.
Mostrami il tuo nuovo libro.

shower [*SHAUƏr*] *n.* • doccia, la
Do you prefer a shower or a bath?
Preferisci una doccia al bagno?

shrimp [*SHRIMP*] *n.* • gamberetto, il
When we go to this restaurant, I usually order shrimp.
Quando andiamo al ristorante, generalmente ordino i
  gamberetti.

shut, to [*SHƏT*] *v.* • chiudere
  to shut up (person) • stai zitto (-a)
Please shut the window! It's cold!
Per favore chiudi la finestra! Fa freddo!

shy [*SHAI*] *adj.* • timido (-a)
Nicole is shy around strange people.
Nicolina è timida con gli estranei.

sick [*SIK*] *adj.* • ammalato (-a)
  sickness *n.* • malattia, la
I stay in bed when I am sick.
Sto a letto quando sono ammalato.

side [*SAID*] *n.* • lato, il
He lives on the other side of the street.
Abita all'altro lato della strada.

sidewalk [*SAIDwok*] *n.* • marciapiedi, il
  sidewalk cafe • caffè all'aperto, il
The dog walks on the sidewalk.
Il cane cammina sul marciapiedi.

silence [SA*I*ləns] *n.* • silenzio, il
  silent *adj.* • silenzioso (-a)
The teacher asked the class for silence.
Il professore ha intimato silenzio alla classe.

silly [S*I*Li] *adj.* • sciocco (-a)
That's a silly joke.
È una barzelletta sciocca.

silver [S*I*Lvər] *n.* • argento, l' *(m.)*
My mother has a silver ring.
Mia madre ha un anello d'argento.

similar [S*I*Mələr] *adj.* • simile *(m., f.)*
The brothers are similar in appearance.
I fratelli sono simili in apparenza.

since [S*I*NS] *conj.* • giacchè
  since when? • da quando?
Since you are here, stay for lunch!
Giacchè sei quì, stai a colazione.

sincere [sinSIR] *adj.* • sincero (-a)
She is sincere about her love for animals.
Lei è sincera riguardo l'amore per gli animali.

sing, to [S*I*NG] *v.* • cantare
  singer *n.* • cantante, il
The class sang a song at the end of the show.
*La classe ha cantato una canzone alla fine dello
  spettacolo.*

sink [S*I*NGK] *n.* • lavandino, il
We wash the dishes in the sink.
Noi laviamo i piatti nel lavandino.

sir [SəR] *n.* • signore, il
May I take your hat, sir?
Signore, mi dà il suo cappello?

sister [S*I*St*ə*r] *n.* • sorella, la
Your sister seems like a nice girl.
Tua sorella sembra una brava ragazza.

sit (down), to [S*I*T] *v.* • sedersi
He always sits in this chair.
Sta sempre seduto su questa sedia.

six [S*I*KS] *n.; adj.* • sei
I was six years old in first grade.
Avevo sei anni quando frequentavo la prima.

sixteen [s*i*ksTIN] *n.; adj.* • sedici
Many people learn to drive at sixteen.
Molte persone imparano a guidare a sedici anni.

sixty [S*I*KSti] *n.; adj.* • sessanta
There are sixty minutes in an hour.
Ci sono sessanta minuti in un ora.

size [SA*I*Z] *n.* • misura, la
Is this the right size?
Questa è la misura giusta?

skate [SKEIT] *n.* • pattine, il
  skater *n.* • pattinatore, il; pattinatrice, la
  to skate *v.* • pattinare
Do you know how to skate?
Sai pattinare?

skeleton [SKEL*ə*t*ə*n] *n.* • scheletro, lo
How many bones are in a skeleton?
Quante ossa ci sono nello scheletro?

ski, to [SKI] *v.* • sciare
  ski *n.* • sci, lo
  water ski *n.* • sci nautico, lo
We go skiing in the Alps.
Andiamo a sciare sulle Alpi.

skin [SK*I*N] *n.* • pelle, la
The baby has soft skin.
Il bimbo ha la pelle morbida.

skinny [SK*I*Ni] *adj.* • magro (-a)
You look skinny. You should eat more.
Sei magro. Dovresti mangiare di più.

skirt [SK*∂*RT] *n.* • gonna, la
She is wearing a new skirt to the party.
Lei porta una gonna nuova alla festa.

sky [SK*AI*] *n.* • cielo, il
  skyscraper *n.* • grattacielo, il
The sun shines, the sky is blue, the weather is great!
Il sole brilla, il cielo è azzurro, fa bel tempo!

slang [SL*A*NG] *n.* • gergo, il
Student slang is very funny.
Il gergo dello studente è divertente.

sled [SLED] *n.* • slitta, la
My sled goes down the hill fast.
La mia slitta scivola velocemente.

sleep, to [SLIP] *v.* • dormire
  sleeping bag • sacco a pelo, il
  to be (very) sleepy • avere (molto) sonno
  to fall asleep • addormentarsi
  to sleep late • dormire fino a tardi
Did you sleep well last night?
Hai dormito bene la notte scorsa?

If I am sleepy, I go to bed.
Se ho sonno, vado a letto.

sleeve [SLIV] *n.* • manica, la
The sleeves are too short!
Le maniche sono troppo corte!

slice [SL*AI*S] *n.* • fetta, la
Would you like a slice of ham?
Ti piacerebbe una fetta di prosciutto?

slide, to [SL*AI*D] *v.* • scivolare
The skaters slide on the ice.
I pattinatori scivolano sul ghiaccio.

slim [SL*I*M] *adj.* • snello (-a)
You're looking very slim after your diet.
Dopo la dieta sembri molto snello.

slip, to [SL*I*P] *v.* • scivolare
Be careful! Don't slip on the ice!
Attento! Non scivolare sul ghiaccio!

slipper [SL*I*P*ə*r] pantofola, la
Grandma wears her slippers at home.
In casa la nonna porta le pantofole.

slow [SLO] *adj.* • lento (-a)
  slowly *adv.* • piano
  to slow down • rallentare
This slow train will make us late.
Questo treno lento ci farà arrivare in ritardo.

Slow down! You are going too fast!
Rallenta! Vai troppo veloce!

small [SM*O*L] *adj.* • piccolo (-a)
These shoes are too small!
Queste scarpe sono troppo piccole!

smart [SMART] *adj.* • intelligente *(m., f.)*
All these students are smart.
Tutti questi studenti sono intelligenti.

smash, to [SM*A*S*H*] *v.* • rompere
Be careful not to smash the fence with the car.
Attento a non rompere la fenza con la macchina.

smell, to [SMEL] *v.* • odorare
The lady is smelling the flowers.
La signora odora i fiori.

smile, to [SMA*I*L] *v.* • sorridere
We ought to smile for the picture.
Sorridiamo per la foto.

smoke [SMOK] *n.* • fumo, il
  no smoking • vietato fumare
  to smoke *v.* • fumare
My parents do not smoke.
I miei genitori non fumano.

snack [SNAK] *n.* • spuntino, lo
  mid-afternoon snack • merenda, la
We have a snack when we get home from school.
Quando ritorniamo dalla scuola facciamo uno spuntino.

snail [SNEIL] *n.* • chiocciola, la
You can order snails in this restaurant.
Al ritorante puoi ordinare chiocciole.

snake [SNEIK] *n.* • serpente, il
A cobra is a dangerous snake.
Il cobra è un serpente pericoloso.

snow [SNO] *n.* • neve, la
  snowman *n.* • uomo di neve, l' *(m.)*
  to snow *v.* • nevicare
Let's go play in the snow!
Andiamo a giocare sulla neve!

so [SO] *adv.* • così
  and so on • e via di seguito
  so much (many) • tanto (tanti)
  so-so • così così
This suitcase is so light.
Questa valigia è così leggera.

soap [SOP] *n.* • sapone, il
I wash my hands with soap before every meal.
Prima di mangiare mi lavo le mani con il sapone.

soccer [SAk*ər*] *n.* • calcio, il
Soccer is becoming popular in the U.S.
Il calcio sta divenendo popolare negli Stati Uniti.

social studies [SO*shə*l ST*ə*diz] *n.* • studi
 sociali, gli
Who is your social studies teacher?
Chi è il tuo professore di studi sociali?

sock [SAK] *n.* • calzino, il
Do these two socks go together?
Sono abbinati questi calzini?

soda (carbonated drink) [SOd*ə*] *n.* •
 gassosa, la
My father puts soda in the wine.
Mio padre mette la gassosa nel vino.

sofa [SOf*ə*] *n.* • divano, il
The cat is sleeping on the sofa.
Il gatto dorme sul divano.

soft [S*O*FT] *adj.* • morbido (-a)
This blanket is soft.
Questa coperta è morbida.

soil, to [S*O*IL] *v.* • insudiciare
 soil *n.* • suolo, il
Don't soil the rug with your dirty shoes!
Non insudiciare il tappeto con codeste scarpe sporche.

soldier [SOL*dgər*] *n.* • soldato, il
The soldiers are waiting for their orders.
I soldati aspettano gli ordini.

solid [SALid] *adj.* • solido (-a)
The ice on the lake is solid.
Il ghiaccio sul lago è solido.

some [SƏM] *adj.* • qualche; un po' di
  sometimes *adv.* • qualche volta
  somewhere *adv.* • in qualche parte
Do you want some cake?
Vuoi un po' di tórta?

somebody; someone [SƏMbƏdi; SƏMwƏn]
pron. • qualcuno (-a)
There is someone at the door.
C'è qualcuno alla porta.

something [SƏMthing] *pron.* • qualche cosa;
  qualcosa
  to have something to eat • prendere
  qualcosa da mangiare
Something tells me he will speak.
Qualche cosa mi dice che parlerà.

son [SƏN] *n.* • figlio, il
Grandpa and grandma have six sons.
Il nonno e la nonna hanno sei figli.

song [SONG] *n.* • canzone, la
The music teacher taught us a new song.
Il professore di musica ci ha insegnato una nuova canzone.

soon [SUN] *adv.* • presto
  as soon as • non appena
  See you soon! • A presto vederci!
The plane will arrive soon.
L'aereo arriverà presto.

sorry, to be [SAri] *v.* • dispiacersi
I am sorry I am late.
Mi dispiace di essere in ritardo.

sort [SORT] *n.* • specie, la
What sort of cake is this?
Che specie di tórta è questa?

sound [SAUND] *n.* • suono, il
That sound is pleasant.
Quel suono è piacevole.

soup [SUP] *n.* • brodo, il
Hot soup is good in the winter.
Il brodo caldo è buono d'inverno.

sour [SAUR] *adj.* • acro (-a)
Lemon juice is sour.
Il succo di limone è acro.

south [SAUTH] *n.* • sud; il meridione
South America • America Meridionale
We traveled south from Texas into Mexico.
Abbiamo viaggato verso sud dal Texas al Messico.

space [SPEIS] *n.* • spazio, lo
space ship • disco volante, il
Do you want to go into space one day?
Vuoi andare nello spazio un giorno?

Spain [SPEIN] *n.* • Spagna, la
Spanish *n.* • spagnuolo, lo
Spanish *adj.* • spagnuolo (-a)
My friends spent their vacation in Spain.
I miei amici hanno passato le vacanze in Ispagna

speak, to [SPIK] *v.* • parlare
I will speak with the teacher after class.
Dopo scuola parlerò con il professore.

special [SPESHəl] *adj.* • speciale *(m., f.)*
specially *adv.* • specialmente
There is a special show on T.V. tonight.
C'è uno spettacolo speciale alla televisione stasera.

speech [SPI*CH*] *n.* • discorso, il
 to give a speech • fare un discorso
Your speech is very clear.
Il tuo discorso è molto chiaro.

spend, to (time) [SPEND] *v.* • passare
 to spend (money) *v.* • spendere
Paul spends a month at summer camp.
Paolo passa un mese al campeggio.

spider [SP*AI*d*ə*r] *n.* • ragno, il
Are you afraid of spiders?
Hai paura dei ragni?

spill, to [SP*I*L] *v.* • versare
The child spilled her milk.
Il bambino ha versato il latte a terra.

spinach [SP*I*N*ə*ch] *n.* • spinaci, gli *(pl.)*
The salad is made with spinach.
L'insalata si fa con gli spinaci.

splendid [SPLENd*i*d] *adj.* • splendido (-a)
The fireworks are splendid!
I fuochi pirotecnici sono splendidi.

sponge [SP*ə*N*DG*] *n.* • spugna, la
You clean the bathtub with a sponge.
Pulisci la vasca da bagno con la spugna.

spoon [SPUN] *n.* • cucchiaio, il
How many spoons are there on the table?
Quanti cucchiai ci stanno sulla tavola?

sport [SP*O*RT] *n.* • sport, lo
Did you play sports in college?
Hai giocato qualche sport all'università?

spot [SPAT] *n.* • macchia, la
 spotted *adj.* • macchiato (-a)

He has a spot on his shirt.
Ha una macchia sulla camicia.

spring [SPR*ING*] *n.* • primavera, la
It rains a lot in the spring.
A primavera piove molto.

square [SKWEIR] *adj.* • quadrato (-a)
The napkin is square.
La salvietta è quadrata.

squirrel [SKW*ə*R*ə*l] *n.* • scoiattolo, lo
There is a grey squirrel in the tree.
C'è uno scoiattolo grigio sull'albero.

stadium [STEIdi*ə*m] *n.* • stadio, lo
We are going to a game at the stadium.
Andiamo a vedere la partita allo stadio.

stain [STEIN] *n.* • macchia, la
Nancy is trying to get the stain out of her blouse.
Nancy sta togliendo la macchia sulla camicetta.

stairs [STEIRZ] *n.* • scalinata, la
We climb the stairs.
Saliamo la scalinata.

stamp (postage) [STAMP] *n.* • francobollo, il
My sister collects stamps.
Mia sorella colletta i francobolli.

stand, to [STAND] *v.* • stare in piedi
  standing *adj.* • sta in piedi
  to stand up • alzarsi
The saleswoman stands all day.
La commessa sta in piedi tutto il giorno.

stapler [STEIpl*ə*r] *n.* • cucitrice, la
Please lend me the stapler.
Prestami la cucitrice, per favore.

star [STAR] *n.* • stella, la
   movie star *n.* • divo, il; diva, la
There are many stars in the sky tonight.
Ci sono molte stelle in cielo stasera.

start, to [START] *v.* • incominciare
   to start (a car) *v.* • mettere in moto
The movie starts at 7:30 p.m.
Il cinema incomincia alle diciannove e trenta.

state [STEIT] *n.* • stato, lo
There are fifty states in the United States.
Ci son cinquanta stati negli Stati Uniti.

station [STEI*shən*] *n.* • stazione, la
How many railroad stations are there in Rome?
Quante stazioni ferroviarie ci stanno a Roma?

statue [ST*Ach*u] *n.* • statua, la
The "Venus de Milo" is a famous statue.
La "Venus di Milo" è una statua famosa.

stay, to [STEI] *v.* • stare
I am staying at my friend's house tonight.
Sto dalla mia amica stasera.

steak [STEIK] *n.* • bistecca, la
I would like my steak done medium.
La bistecca mi piace cotta media.

steal, to [STIL] *v.* • rubare
The fox is stealing a chicken.
La volpe ruba i pulcini.

steamship [STIM*ship*] *n.* • piroscafo, il
The steamship arrived in New York.
Il piroscafo è arrivato a New York.

step [STEP] *n.* • passo, il
How many steps are there in the directions?
Quanti passi in quella direzione?

stepmother [STEPmədhər] *n.* • matrigna, la
   stepdaughter *n.* • figliastra, la
   stepfather *n.* • patrigno, il
   stepson *n.* • figliastro, il
May I introduce my stepmother to you?
Ti presento la mia matrigna.

steward [STUərd] *n.* • cameriere, il
   stewardess *n.* • hostess, l' *(f.)*
   steward (flight attendant) *n.* • oste
   dell'aereo, l' *(m.)*
The steward brings our drinks.
Il cameriere ci porta le bevande.

still [STIL] *adv.* • ancora
He still remembered my name after many years.
Si ricorda ancora il mio nome dopo tanti anni.

stingy [STINdʒi] *adj.* • avaro (-a)
He is too stingy to share his food with the others.
È troppo avaro per condividere il cibo con gli altri.

sting, to [STING] *v.* • pungere
These bugs sting!
Questi insetti pungono!

stir, to [STəR] *v.* • girare
Dad is stirring the soup.
Il babbo gira il brodo.

stocking [STAKing] *n.* • calza, la
Are these stockings dry?
Sono asciutte queste calze?

stomach [ST∂M∂k] *n.* • stomaco, lo
  stomach ache • mal di stomaco
My stomach is still full from dinner.
Ho ancora lo stomaco pieno dal pranzo.

stone [STON] *n.* • pietra, la
Let's throw stones in the lake.
Scagliamo pietre nel lago.

stop, to [STAP] *v.* • fermarsi
Let's stop at the gas station.
Fermiamoci a una stazione di rifornimeto.

store [STOR] *n.* • negozio, il
  book store • libreria, la
  department store • negozio d'abbigliamento
  store window • vetrina, la
Did you shop at the new store?
Hai fatto degli acquisti al nuovo negozio?

storm [STORM] *n.* • tempesta, la
Usually the wind blows during a storm.
Generalmente tira vento durante la tempesta.

story [STORi] *n.* • racconto, il
Tell me the story of how you met her.
Dimmi il racconto di come vi siete conosciuti.

stove [STOV] *n.* • fornello, il
The sauce is cooking on the stove.
Il ragu cuoce sul fornello.

strange [STREINDG] *adj.* • strano (-a)
  stranger *n.* • estraneo
Your voice sounds strange. Are you well?
La tua voce sembra strana. Stai bene?

straw [STRO] *n.* • paglia, la
The animals sleep on the straw.
Gli animali dormono sulla paglia.

strawberry [STR*O*beri] *n.* • fragola, la
Here is some strawberry jam for your bread.
Ecco la marmellata di fragole per metterla sul pane.

stream [STRIM] *n.* • ruscello, il
Little streams become great rivers.
Piccoli ruscelli diventano grandi fiumi.

street [STRIT] *n.* • via, la; strada, la
street cleaner • spazzino, lo
What is the name of this street?
Come si chiama questa strada?

strict [STR*I*KT] *adj.* • severo (-a)
These rules are very strict.
Queste regole sono molto severe.

string [STR*I*NG] *n.* • spago, lo
I need some string for my kite.
Mi serve dello spago per l'aquilone.

strong [STR*O*NG] *adj.* • forte *(m., f.)*
This athlete is very strong.
Quest'atleta è molto forte.

stubborn [ST*ə*b*ə*rn] *adj.* • caparbio (-a)
They say that goats are stubborn.
Dicono che le capre siano caparbie.

student [STUdnt] *n.* • studente, lo;
studentessa, la
These students go to the university.
Questi studenti frequentano l'università.

study, to [ST*ə*di] *v.* • studiare
We are studying Italian.
Studiamo l'italiano.

stupid [STUp*i*d] *adj.* • stupido (-a)
What a stupid thing to say!
Che cosa stupida!

subject [SƏBdgekt] *n.* • soggetto, il
What is the subject of this discussion?
Qual'è il soggetto della discussione?

suburb [SƏBərb] *n.* • sobborgo, il
My friend lives in the suburbs.
Il mio amico abita nel sobborgo.

subway [SƏBwei] *n.* • metropolitana, la
Do you want to ride the subway?
Prendi la metropolitana?

succeed, to [SƏKsid] *v.* • riuscire
   success *n.* • successo, il
She succeeds at her work.
Al lavoro ci riesce.

suddenly [SƏDnli] *adv.* • tutto ad un tratto
Suddenly he jumped up from his seat.
Tutto ad un tratto si alzò dal posto.

sugar [*SHUgər*] *n.* • zucchero, lo
Do you take sugar in your coffee?
Prendi zucchero col caffè?

suit [SUT] *n.* • vestito, il
Dad is wearing his blue suit today.
Il babbo oggi porta un vestito blu.

suitcase [SUTkeis] *n.* • valigia, la
   to pack one's suitcase • fare la valigia
How many suitcases are they bringing?
Quante valigie portano?

summer [SƏMər] *n.* • estate, l' *(f.)*
This summer we're spending our vacation in Canada.
Quest'estate faremo le vacanze in Canada.

sun [SƏN] *n.* • sole, il
  sunbath *n.* • bagno a sole, il
The cat is sleeping in the sun.
Il gatto dorme al sole.

Sunday [SƏNdei] *n.* • domenica *(f.)*
We are going to Grandma's on Sunday.
Domenica andremo dalla nonna.

sunflower [SƏNflauər] *n.* • girasole, il
They make oil from sunflowers.
Con i girasoli si fa l'olio.

supermarket [SUpərmarkət] *n.* •
  supermercato, il
This supermarket has its own bakery.
Questo supermercato contiene anche un forno.

sure [SHƏR] *adj.* • sicuro (-a)
Are you sure you can go?
Sei sicuro che puoi andare?

surgeon [SƏRdgən] *n.* • chirurgo, il
  surgery *n.* • intervento chirurgico, l' *(m.)*
The surgeon works at the hospital.
Il chirurgo lavora in ospedale.

surprise [sərPRAIZ] *n.* • sorpresa, la
  surprising *adj.* • sorprendente *(m., f.)*
Don't tell anyone because it's a surprise!
Non dirlo a nessuno, è una sorpresa.

swan [SWAN] *n.* • cigno, il
Swans have long necks.
I cigni hanno il collo lungo.

sweater [SWETər] *n.* • pullover, il
I'm cold! Where is my sweater?
Ho freddo! Dov'è il pullover?

Sweden [SWIdn] *n.* • Svezia, la
  Swede *n.* • svedese, lo
  Swedish *adj.* • svedese *(m., f.)*
I have friends in Stockholm, Sweden.
Ho amici a Stoccolma in Svezia.

sweep, to [SWIP] *v.* • scopare
My sister is sweeping the floor.
Mia sorella scópa il pavimento.

sweet [SWIT] *adj.* • dolce *(m., f.)*
This dessert is sweet.
Questa frutta è dolce.

swim, to [SW*I*M] *v.* • nuotare
  swimming pool • piscina, la
  swimsuit *n.* • costume da bagno, il
I learned to swim at summer camp.
Ho imparato a nuotare al campeggio.

swing [SW*I*NG] *n.* • altalena, l' *(f.)*
There are swings for the children in the park.
Nel parco ci sono le altalene per i bambini.

Switzerland [SW*I*TZərlənd] *n.* • Svizzera, la
  Swiss (person) *n.* • svizzero, lo
  Swiss *adj.* • svizzero (-a)
Bern is the capital of Switzerland.
Berna è la capitale della Svizzera.

T

table [TEIbəl] *n.* • tavola, la
  tablecloth *n.* • tovaglia, la
  to set the table • apparecchiare la tavola
The table is in the dining room.
La tavola è nella sala da pranzo.

tail [TEIL] *n.* • coda, la
The dog wags his tail when he is happy.
Il cane muove la coda (scodizzola) quando è felice.

tailor [TEIlər] *n.* • sarto, il
The tailor is making a suit.
Il sarto fa il vestito.

take, to [TEIK] *v.* • prendere
  to take a bath • fare il bagno
  to take a trip • fare un viaggio
  to take a test • dare un esame
  to take off • togliersi
We take the train at noon.
Prendiamo il treno a mezzogiorno.

I took my hat off of my head.
Io mi tolgo il cappello.

tale [TEIL] *n.* • racconto, il
  fairy tale • fiaba, la
Grandma entertained the children with her tales of long ago.
La nonna intrattiene i bambini con i racconti di una volta.

talk, to [TOK] *v.* • parlare
  talk *n.* • conversazione, la
  talkative *adj.* • loquace *(m., f.)*
That boy talks too much.
Il ragazzo parla troppo.

tall [TOL] *adj.* • alto (-a)
He must be tall if he can reach the ceiling.
Se tocca la volta deve essere alto.

tape [TEIP] *n.* • nastro, il
  cassette tape • cassetta, la
  tape recorder • registratore, il
He is listening to a tape of his favorite song.
Ascolta la cassetta della sua canzone preferita.

taste, to [TEIST] *v.* • assaggiare
Taste this cheese! It's really good!
Assaggia questo formaggio! È veramente buono!

taxi [TAKsi] *n.* • tassì, il
  taxi stand • stazione di tassì, la
We'll take a taxi to the hotel.
Prendiamo il tassì per andare all'hotel.

tea [TI] *n.* • tè, il
Put some milk in my tea, please.
Per favore metti un po' di latte nel tè.

teach, to [TICH] *v.* • insegnare
  teacher *n.* • professore, il; professoressa, la
My mother teaches high school.
Mia madre insegna al liceo.

team [TIM] *n.* • squadra, la
Our basketball team has twelve players.
La nostra squadra di pallacanestro ha dodici giocatori.

tear [TIR] *n.* • lacrima, la
She has tears in her eyes.
Ha le lacrime agli occhi.

tear, to [TEIR] *v.* • strappare
Don't tear the paper.
Non strappare la carta.

tease, to [TIZ] *v.* • annoiare
Don't tease your sister!
Non annoiare tua sorella!

teenager [TINeid*gər*] *n.* • adolescente, l' *(m., f.)*
His son is a teenager in high school.
Ha un figlio adolescente a scuola.

teeth (see also *tooth*) [TI*TH*] *n.* • denti, i
The dentist looks at my teeth.
Il dentista mi esamina i denti.

telephone [TEL*ə*fon] *n.* • telefono, il
telephone number • numero di telefono, il
telephone booth • cabina telefonica, la
The telephone rang five times.
Il telefono ha squillato cinque volte.

television; TV [TEL*ə*viz*hə*n; TI VI] *n.* •
televisione, la; TV, la
television set • televisore, il
TV channel • canale televisivo, il
TV news • telegiornale, il
Do you watch much television at night?
Guardi la televisione la sera?

At what time do you watch TV?
A che ora guardi la TV?

tell, to [TEL] *v.* • raccontare
Grandpa tells us a story every night.
Il nonno ci racconta una favola ogni sera.

ten [TEN] *n.; adj.* • dieci
There are ten years in a decade.
Ci sono dieci anni in un decennio.

tennis [TEN*i*s] *n.* • tennis, il
He plays tennis very well.
Gioca a tennis molto bene.

tent [TENT] *n.* • tenda, la
I like to sleep in a tent.
Mi piace dormire sotto la tenda.

terrible [TER*ə*b*u*l] *adj.* • terribile *(m., f.)*
The storm caused terrible destruction.
La tempesta ha causato una terribile distruzione.

test [TEST] *n.* • compito in classe, il; esame, l' *(m.)*
   to fail a test • essere bocciato
   to pass a test • riuscire all'esame
   to take a test • dare un esame
I have three tests tomorrow!
Ho tre compiti in classe domani!

thank, to [*THANGK*] *v.* • ringraziare
   thank you • grazie!
They thank the hostess before leaving.
Ringraziozno l'oste prima di partire.

that [*DHAT*] *demonstr. adj.* • quello (-a)
   that is • ciò è
   that's all • basta
   that's too bad! • peccato!
Please pass me that book over there.
Per favore passami quel libro.

the [*DHə*] *def. art.* • (sing.) il; lo; la; l'; *(pl.)* i; gli; le
I read the two books.
Ho letto i due libri.

theater [*THIətər*] *n.* • teatro, il
   movie theater • cinema, il
We see a play at the theater.
Al teatro vediamo un dramma.

their [*DHEIR*] *poss. adj.* • loro (-a)
Is this their own house?
È questa la loro casa?

them [*DHEM*] *pron.* • loro; li; le
I told them all to be quiet.
Ho detto loro di stare zitti.

then [*DHEN*] *adv.* • allora; poi
We'll get home, then we'll make dinner.
Andiamo a casa e poi prepariamo la cena.

there [*DH*EIR] *adv.* • là; lì; ci
  down there • laggiù
  over there; up there • lassù
  there is; there are • c'è; ci sono
Hello. Is your dad there?
Pronto. Tuo padre è là?

these [*DH*IZ] *demonstr. adj.* • questi (-e)
I recognize these children.
Riconosco questi bambini.

they [*DH*EI] *pron.* • essi; esse; loro
Where are they?
Dove sono (loro)?

thick [*TH*IK] *adj.* • spesso (-a)
This is a thick blanket.
È una coperta spessa.

thief [*TH*IF] *n.* • ladro, il
The thief escaped through the window.
Il ladro è fuggito attraverso la finestra.

thin [*TH*IN] *adj.* • sottile *(m., f.)*
The giraffe has thin legs.
La giraffa ha le zambe sottili.

thing [*TH*ING] *n.* • cosa, la
How are things?
Come si va?

I have too many things to do.
Ho troppe cose da fare.

think [*TH*INGK] *v.* • pensare
  to think about; think of • pensare a
I think we are late!
Penso che siamo in ritardo!

thirsty, to be [*TH∂R*sti] *v.* • avere sete
May I have a glass of water? I am still thirsty.
Posso prendere un bicchiere di acqua? Ho ancora sete.

thirteen [*thərt*-TIN] *n.; adj.* • tredici
There are thirteen candles on the cake.
Ci sono tredici candele sulla tórta.

thirty [*THƏRti*] *n.; adj.* • trenta
There are thirty days in September.
Ci sono trenta giorni a settembre.

this [*DHIS*] *demonstr. adj.* • questo (-a)
   this is • questo è
This man is my father.
Quest'uomo è mio padre.

those [*DHOZ*] *demonstr. adj.* • quelli (-e)
   those are • quelli sono
I want those apples.
Voglio quelle mele.

thousand [*THAUzənd*] *n.; adj.* • mille
My brother has a thousand dollars cash!
Mio fratello ha mille dollari in contanti!

thread [*THRED*] *n.* • filo, il
You need thread to sew.
Ci serve il filo per cucire.

three [*THRI*] *n.; adj.* • tre
The young child is three years old.
Il tuo bambino ha tre anni.

throat [*THROT*] *n.* • gola, la
Richard has a sore throat.
Riccardo ha un mal di gola.

throw, to [*THRO*] *v.* • lanciare
   throw rug • scendiletto, lo
Throw me a ball!
Lanciami la palla!

thumb [TH∂M] *n.* • pollice, il
I smashed my thumb.
Mi son fatto male il pollice.

thunder [TH∂Nd∂r] *n.* • tuono, il
My little sister is afraid of thunder.
La mia sorellina ha paura dei tuoni.

Thursday [TH∂RZdei] *n.* • giovedì *(m.)*
The class meets on Tuesday and Thursday.
Questa classe c'è il martedì e il giovedì.

ticket [TIk∂t] *n.* • biglietto, il
  round trip ticket • biglietto di andata e
    ritorno, il
  ticket office • biglietteria, la
Do you have the tickets for the play?
Hai i biglietti per il dramma?

tie [TAI] *n.* • cravatta, la
Do you like to wear a tie?
Ti piace portare la cravatta?

tiger [TAIg∂r] *n.* • tigre, la
There are some tigers at the zoo.
Ci sono alcune tigri allo zoo.

tight [TAIT] *adj.* • stretto (-a)
These shoes are too tight.
Queste scarpe sono troppo strette.

time [TAIM] *n.* • tempo, il
  a long time • molto tempo
  next time • prossima volta, la
  on time • in orario
  two at a time • due alla volta
  What time is it? • Che ora è?
How much time do we have?
Quanto tempo abbiamo?

tip [T*I*P] *n.* • mancia, la
We will leave a tip for the waitress.
Lasceremo la mancia alla cameriere.

tire [TA*I*R] *n.* • gomma, la
The car has a flat tire!
L'automobile ha una gomma bucata.

tired [TA*I*RD] *adj.* • stanco (-a)
I am tired after the game.
Dopo la partita sono stanco.

to [TU] *prep.* • a
I give the present to my sister.
Do il regalo a mia sorella.

toast [TOST] *n.* • pane abbrustolito, il
Helen puts butter on her toast.
Elena mette il burro sul pane abbrustolito.

today [tuDEI] *adv.* • oggi
Today is my birthday.
Oggi è il mio compleanno.

toe [TO] *n.* • dito del piede, il
My toes hurt from the tight shoes.
*Le dita del piede mi fanno male perché le scarpe sono
    strette.*

together [tuGED*H*ər] *adv.* • insieme
The two friends sit together.
I due amici si siedono insieme.

toilet [TO*Л*ət] *n.* • bagno, il (bathroom)
    toilet *n.* • gabinetto, il
Where is the toilet?
Dov'è il bagno?

tomato [təMEIto] *n.* • pomodoro, il
Tomatoes taste good with basil.
I pomodori sono buoni col basilico.

tomorrow [təMARo] *adv.* • domani
day after tomorrow • dopodomani
Where are we going tomorrow?
Dove andiamo domani?

tongue [TəNG] *n.* • lingua, la
The dog's tongue is pink.
La lingua del cane è rosea.

too [TU] *adv.* • anche
Monique wants to come, too.
Anche Monica vuole venire.

tooth [TU*TH*] *n.* • dente, il
to have a toothache • avere un mal di dente
toothbrush *n.* • spazzolino, lo
toothpaste *n.* • dentifricio, il
The dentist fixed my sore tooth.
Il dentista mi ha guarito il mal di dente.

tornado [torNEIdo] *n.* • vortice, il; ciclone, il
There are often tornadoes in the summer.
D'estate spesso ci sono cicloni.

touch, to [TəCH] *v.* • toccare
Don't touch the dog! He bites!
Non toccare il cane! Esso morde!

tour [TUR] *n.* • giro, il
tourism *n.* • turismo, il
tourist *n.* • turista, il
We are taking a tour of Melbourne.
Facciamo un giro di Melbourne.

toward [TWORD] *prep.* • verso
The dog is coming toward me.
Il cane viene verso di me.

towel [TAUəl] *n.* • asciugamano, l' *(m.)*
  bath towel • asciugamano da bagno, l' *(m.)*
I need a dry towel.
Mi serve un asciugasmano asciutto.

tower [TAUər] *n.* • torre, la
Giotto's Tower is famous.
La torre di Giotto è famosa.

town [TAUN] *n.* • paese, il; città, la
  in town • in città
  townhall *n.* • comune, il
This town has only one store.
Questo paese ha un solo negozio.

toy [TOɪ] *n.* • giocattolo, il
The child wants toys for his birthday.
Il bambino vuole giocattoli per il suo compleanno.

traffic [TRAfɪk] *n.* • traffico, il
Watch out for the traffic when you cross the street!
Attento al traffico quando attraversi la strada!

train [TREIN] *n.* • treno, il
  train station • stazione ferroviaria, la
What time does the train arrive?
A che ora arriva il treno?

translate, to [TRANSleit] *v.* • tradurre
He can translate English into German.
Lui puo tradurre dall'inglese al tedesco.

travel, to [TRAvəl] *v.* • viaggiare
  traveller *n.* • viaggiatore, il
I travel with my family every summer.
Ogni estate viaggio con la mia famiglia.

tree [TRI] *n.* • albero, l' *(m.)*
Let's go under the shade of this tree.
Andiamo sotto l'ombra di quest'albero.

trial [TRA*I*əl] *n.* • processo, il
The judge set the trial for November 8.
Il giudice ha fissato il processo per l'otto novembre.

triangle [TRA*I*anggəl] *n.* • triangolo, il
The triangle has three sides.
Il triangolo ha tre lati.

trip [TR*I*P] *n.* • viaggio, il
  on a trip • in viaggio
We are taking a trip.
Facciamo un viaggio.

trombone [tramBON] *n.* • trombone, il
John plays the trombone.
Giovanni suona il trombone.

trouble [TRəBəl] *n.* • guaio, il; disturbo, il
We are in trouble with the police.
Abbiamo dei guai con la polizia.

He is having trouble with his car.
Sta avendo disturbi con la macchina.

trousers [TRA*U*zərz] *n.* • pantaloni, i
Are these trousers too long?
Sono troppo lunghi questi pantaloni?

truck [TRəK] *n.* • camion, il
My uncle drives a truck.
Mio zio guida un camion.

true [TRU] *adj.* • vero (-a)
  truly *adv.* • veramente
Is this story true or false?
Questo racconto è vero o falso?

trumpet [TR∂Mp∂t] *n.* • tromba, la
My friend plays the trumpet.
Il mio amico sona la tromba.

trunk [TR∂NGK] *n.* • portabagagli, il
Let's open the trunk of the car.
Apriamo il portabagagli della macchina.

truth [TRU*TH*] *n.* • verità, la
Is she telling the truth?
Lei dice la verità?

try, to [TRA*I*] *v.* • provare
I am trying to write a letter in Italian.
Sto provando di scrivere una lettera in italiano.

Tuesday [TUZdei] *n.* • martedì, il
Tickets are half price on Tuesday.
I biglietti sono a metà prezzo il martedì.

tuna [TUn∂] *n.* • tonno, il
Buy a can of tuna to make sandwiches.
Compra un barattolo di tonno per preparare i panini.

turkey [T∂*R*ki] *n.* • tacchino, il
We eat turkey on holidays.
Mangiamo i tacchini durante le feste.

turn, to [T∂RN] *v.* • girare
  to turn on • accendere
  to turn off • smorzare
Turn the meat over and cook the other side.
Gira la carne per cuocerla dall'altra parte.

turtle [T∂*R*t∂l] *n.* • tartaruga, la
We saw a giant turtle at the zoo.
Allo zoo abbiamo visto una tartaruga gigantesca.

TV (see *television*)

twelve [TWELV] *n.; adj.* • dodici
My friend is twelve years old.
Il mio amico ha dodici anni.

twenty [TWENti] *n.; adj.* • vénti
It takes twenty minutes to go downtown.
Ci vogliono vénti minuti per andare al centro.

twice [TW*A*IS] *adv.* • due volte
He eats only twice a day.
Mangia solamente due volte al giorno.

twins [TW*I*NZ] *n.* • gemelli, i
My sister has twin boys.
Mia sorella ha i gemelli.

two [TU] *n.; adj.* • due
Our family owns two cars.
La nostra famiglia ha due macchine.

type, to [T*A*IP] *v.* • dattilografare
   typist *n.* • dattilografo, il
   typewriter *n.* • macchina dattilografica, la
I learned to type on the computer.
Ho imparato a dattilografare col computer.

typical [T*I*P∂k∂l] *adj.* • tipico (-a)
   typically *adv.* • tipicamente
Cold weather is not typical of summer.
Il freddo non è tipico d'estate.

U

ugly [∂Gli] *adj.* • brutto (-a)
Purple is an ugly color for a house.
Violetto è un brutto colore per la casa.

umbrella [∂mBREL∂] *n.* • ombrello, l' *(m.)*
It's raining! Where is the umbrella?
Piove! Dov'è l'ombrello?

unbelievable [ənbəLIVəbəl] *adj.* •
  incredibile *(m., f.)*
That's an unbelievable story.
È un racconto incredibile.

uncle [ƏNGkəl] *n.* • zio, lo
Where do your aunt and uncle live?
Dove abitano tua zia e tuo zio?

uncomfortable [ənKƏMFtərbəl] *adj.* •
  scomodo (-a)
This chair is uncomfortable.
Questa sedia è scomoda.

under [ƏNdər] *prep.* • sotto
The dog is under the table.
Il cane sta sotto la tavola.

understand, to [əndərSTAND] *v.* • capire
I understand German, but I can't write it.
Capisco il tedesco, ma non so scriverlo.

unexpected [ənekSPEKtəd] *adj.* • inatteso (-a)
This invitation is unexpected.
Questo invito è inatteso.

unfortunately [ənFORchənətli] *adv.* •
  sfortunatamente
Unfortunately, we have no car.
Sfortunatamente, non abbiamo la macchina.

unhappy [ənHApi] *adj.* • infelice *(m., f.)*
She is unhappy when she is alone.
È infelice quando sta sola.

united [juNAItəd] *adj.* • unito (-a)
  to unite *v.* • unirsi
  United Nations • Nazioni Unite, le
We are united in our desire for peace.
Siamo uniti nel desiderio per la pace.

United States [*j*uN*AI*t*ə*d STEITS] *n.* • Stati
Uniti, gli
My family lives in the United States.
La mia famiglia vive negli Stati Uniti.

university [*j*uni*Və*R*sə*ti] *n.* • università, l' *(f.)*
There is a university in my home town.
Nella mia città c'è l'università.

unknown [*ə*nNON] *adj.* • ignoto (-a)
The thief's identity was unknown.
L'identità del ladro è ignota.

until [*ə*nT*I*L] *prep.* • fino a
I study until four o'clock.
Studio fino alle quattro.

unusual [*ə*n*JU*z*h*u*ə*l] *adj.* • insolito (-a)
Garlic is an unusual flavor for ice cream.
L'aglio è un sapore insolito per gelato.

up [*ə*P] *adv.* • su; sopra
  upstairs *adv.* • di sopra
The cat climbed up the tree.
Il gatto è salito sull'albero.

Our bedrooms are upstairs.
Le nostre camere sono di sopra.

us [*ə*S] *pron.* • noi; ci
This present is for both of us.
Questo regalo è per noi due.

use, to [*J*UZ] *v.* • usare
  useful *adj.* • utile *(m., f.)*
  useless *adj.* • inutile *(m., f.)*
  used car • macchina d'occasione, la
I used the dictionary to look up words.
Ho usato il dizionario per cercare i vocaboli.

usual [JUzhuəl] *adj.* • solito (-a)
This isn't my usual seat.
Questo è il mio solito posto.

V

vacation [veiKEIshən] *n.* • vacanze, le
on vacation • in vacanze
to take a vacation • andare in vacanze
We take a vacation every summer.
Andiamo in vacanze ogni estate.

vacuum cleaner [VAKjum KLINər] *n.* •
aspirapolvere, l' *(m.)*
to vacuum *v.* • passare l'aspirapolvere
The vacuum cleaner gets the dirt out of the rugs.
L'aspirapolvere pulisce i tappeti.

Who vacuums at your house?
Chi passa l'aspirapolvere a casa tua?

valley [VALi] *n.* • valle, la
There is a pretty valley between the mountains.
C'è una bella valle tra le montagne.

van [VAN] *n.* • pulmino, il; furgoncino, il
We take our own van to deliver the merchandise.
Prendiamo il furgoncino per distribuire le merci.

vanilla [vəNILə] *n.* • vaniglia, la
Grandma wants some vanilla ice cream.
La nonna vuole un po' di gelato alla vaniglia.

vase [VEIS] *n.* • vaso, il
Put the flowers in this vase.
Metti i fiori in questo vaso.

vegetable [VE*DG*t*ə*b*ə*l] *n.* • legume, il
Which vegetables do you prefer?
Quali legumi preferisci?

very [VERi] *adv.* • molto
very much • moltissino
This soup is very good!
Questo brodo è molto buono.

veterinarian [vet*ərə*NEIRi*ə*n] *n.* •
veterinario, il
Veterinarians take care of animals.
Il veterinario cura gli animali.

video cassette recorder (VCR) [V*I*Dio k*ə*SET
ri KORD*ə*r] *n.* • magnetoscopio, il
video cassette *n.* • video-cassetta
We watched the movie on the VCR.
Abbiamo visto il cinema sul magnetoscopio.

view [V*J*U] *n.* • veduta, la
There is a fine view from the mountain top.
C'è una magnifica veduta dalla cima della montagna.

village [V*I*L*ə*dg] *n.* • villaggio, il
The church is in the center of the village.
La chiesa si trova nel centro del villaggio.

violet [VA*I*əl*ə*t] *n.* • violetta, la (flower);
violetto, il (color)
The little girl is picking some violets.
La bambina raccoglie le violette.

violin [va*i*əL*I*N] *n.* • violino, il
Do you like violin music?
Ti piace la musica del violino?

visit, to [V*I*Zit] *v.* • visitare; fare una visita a
visit *n.* • visita, la
visitor *n.* • visitatore, il

We are visiting my sister's school.
Visitiamo la scuola di mia sorella.

voice [VO*I*S] *n.* • voce, la
The singer has a beautiful voice.
Il cantante ha un bella voce.

volcano [volKEIno] *n.* • vulcano, il
There are volcanoes on this island.
In quest'isola ci sono i vulcani.

volleyball [VALibol] *n.* • palla a volo, la
   to play volleyball • giocare a palla a volo
We played volleyball on the beach.
Abbiamo giocato a palla a volo sulla spiaggia.

vote, to [VOT] *v.* • votare
Did you vote in the last election?
Hai votato nell'elezione scorsa?

W

waist [WEIST] *n.* • vita, la
She wears belts to show off her small waist.
Lei porta una cintura per mostrare la sua piccola vita.

wait, to [WEIT] *v.* • aspettare
   waiting room • sala d'aspetto, la
I'm going to wait in the anteroom.
Aspetterò nella sala d'aspetto.

waiter [WEItər] *n.* • cameriere, il
   waitress *n.* • cameriera, la
We left a tip for the waiter.
Abbiamo asciato la mancia al cameriere.

wake up, to   [WEIK ∂P]   *v.*   •   svegliarsi
Patrick wakes up at 7:00 a.m.
Patrizio si sveglia alle sette.

walk, to   [WOK]   *v.*   •   camminare
   take a walk   •   fare una passeggiata
We have been walking for three hours.
Camminiamo da tre ore.

wall   [WOL]   *n.*   •   muro, il; parete, la
There is a mirror hanging on the wall.
C'è uno specchio appeso alla parete.

wallet   [WOL∂t]   *n.*   •   portafoglio, il
He puts money in his wallet.
Lui mette i soldi nel portafoglio.

want, to   [WANT]   *v.*   •   volere
We want to come with you.
Vogliamo venire con voi.

war   [WOR]   *n.*   •   guerra, la
These people are demonstrating against war.
Questa gente fa dimostrazione contro la guerra.

warm   [WORM]   *adj.*   •   caldo (-a)
   it is warm   •   fa caldo
   to be warm (person)   •   avere caldo
This blanket is very warm.
Questa coperta è molto calda.

wash, to   [WOSH]   *v.*   •   lavare
   to wash (oneself)   *v.*   •   lavarsi
   washing machine   •   lavatrice, la
We must wash the dirty car.
Dobbiamo lavare la macchina sporca.

watch   [WACH]   *n.*   •   orologio, l' *(m.)*
Do you wear your watch on your left wrist?
Porti l'orologio sul polso sinistro?

watch, to [WA*CH*] *v.* • guardare
  to watch (over) *v.* • sorvegliare
We are watching a new show on T.V.
Guardiamo un nuovo programma alla televisione.

water [WAt*ə*r] *n.* • acqua, l' *(f.)*
  mineral water • acqua minerale, l' *(f.)*
I'm thirsty. May I have a glass of water?
Ho sete. Posso avere un bicchiere di acqua?

watermelon [WAt*ə*rmel*ə*n] *n.* • cocomero, il
Watermelons are very large.
I cocomeri sono molto grandi.

wave [WEIV] *n.* • onda, l' *(f.)*
The waves become huge in the storm.
Le onde ingrandiscono durante la tempesta.

way [WEI] *n.* • strada, la
We are going the same way; let's walk together.
Facciamo la stessa strada; camminiamo insieme.

we [WI] *pron.* • noi
We would go to the beach every day.
Noi andavamo alla spiaggia ogni giorno.

weak [WIK] *adj.* • debole *(m., f.)*
The baby birds are weak.
Gli uccellini sono molto deboli.

wealthy [WEL*th*i] *adj.* • ricco (-a)
This wealthy family is very generous.
Questa famiglia ricca è molto generosa.

wear, to [WEIR] *v.* • portare
He is wearing his blue sweater.
Lui porta la maglia azzurra.

weather [WE*dh*ər] *n.* • tempo, il
What is the weather like today?
Come è il tempo oggi?

wedding [WEd*ing*] *n.* • matrimonio, il
There is a wedding at the church today.
C'è un matrimonio in chiesa oggi.

Wednesday [WENZdei] *n.* • mercoledì *(m.)*
Wednesday is third day of the work week.
Mercoledì è il terzo giorno della settimana.

week [WIK] *n.* • settimana, la
  weekend *n.* • week-end, il
What are the days of the week in Italian?
Quali sono i giorni della settimana in italiano?

weigh, to [WEI] *v.* • pesare
  to gain weight • aumentare peso
  to lose weight • perdere peso
  weight *n.* • peso, il
The grocer weighs the fruit.
Il negoziante pesa la frutta.

welcome [WELkəm] *n.* • benvenuto, il
  you're welcome • benvenuto (-a)
Welcome to our home!
Benvenuti a casa nostra!

well [WEL] *adv.* • bene
  I am well • sto bene
  as well as • tanto bene quanto
  well-behaved • educato (-a)
Mary plays the piano very well.
Maria suona il piano molto bene.

west [WEST] *n.* • ovest; occidente, l' *(m.)*
California is on the west coast of the U.S.
California si trova all'ovest degli Stati Uniti.

wet [WET] *adj.* • bagnato (-a)
My hair is still wet from the shower.
I miei capelli sono ancora bagnati dalla doccia.

what [(H)WƏT] *adj.; pron.* • che, quale; che, che cosa
What's the matter with you? • Che cos'hai?
What time is it?
Che ora è?

What train do you want to take?
Con quale treno vuoi partire?
wheat [(H)WIT] *n.* • grano, il
The bread is made with wheat flour.
Il pane si fa col farina di grano.

wheel [(H)WIL] *n.* • ruota, la
steering wheel • volante, il
wheelchair *n.* • sedia mobile, la
wheelbarrow *n.* • carriola, la
A bicycle has two wheels.
Una bicicletta ha due ruote.

when [(H)WEN] *adv.; conj.* • quando
Tell me when you want to leave.
Dimmi quando vuoi partire.

where [(H)WEIR] *adv.* • dove
where from • di dove
Where are my shoes?
Dove sono le mie scarpe?

whether [(H)WE*dhər*] *conj.* • se
John doesn't know whether he can go or not.
Giovanni non sa se può andare o no.

which [(H)W*ICH*] *adj.* • quale
Which book do you want?
Quale libro vuoi?

while [(H)WA*I*L] *conj.* • mentre
She plays while I work.
Lei gioca mentre io lavoro.

whistle, to [(H)WISəl] *v.* • fischiare
I am teaching my little brother to whistle.
Insegno il mio fratellino a fischiare.

white [(H)WAIT] *adj.* • bianco (-a)
The paper is white.
La carta è bianca.

who [HU] *pron.* • chi
Who wants to play soccer?
Chi vuole giocare a calcio?

whole [HOL] *adj.* • tutto (-a); intero (-a)
He is going to stay with us a whole month.
Starà con noi l'intero mese.

Tell me the whole truth.
Dimmi tutta la verità.

whom [HUM] *pron.* • che
The man whom we saw at the station teaches in my
    school.
*L'uomo che abbiamo visto alla stazione insegna nella mia
    scuola.*

why [(H)WAI] *adv.* • perché
Why are you so sad?
Perché sei così triste?

wide [WAID] *adj.* • largo (-a)
The Grand Canyon is very wide.
Il "Grand Canyon" è molto largo.

wife [WAIF] *n.* • moglie, la
His wife's name is Madeleine.
Sua moglie si chiama Maddalena.

wild [WAILD] *adj.* • selvatico (-a)
There are many wild animals in the jungle.
Ci sono molti animali selvatici nella giungla.

win, to [W*I*N] *v.* • vincere
You will win often if your team plays together.
Vincerete spesso se la squadra gioca insieme.

wind [W*I*ND] *n.* • vento, il
  windmill *n.* • mulino a vento, il
The wind is blowing from the north.
Il vento soffia dal nord.

window [W*I*Ndo] *n.* • finestra, la
  store window • vetrina, la
  window display • mostra, la
  window pane • vetro, il
Look out the window and see if he's here.
Guarda dalla finestra e vedi se c'è.

wine [W*AI*N] *n.* • vino, il
This red wine comes from Italy.
Il vino rosso viene dall'Italia.

wing [W*I*NG] *n.* • ala, l' *(f.)*
The bird flies with its wings.
L'uccello vola con le ali.

winter [W*I*Ntər] *n.* • inverno, l' *(m.)*
In winter we go skiing.
D'inverno andiamo a sciare.

wise [W*AI*Z] *adj.* • saggio (-a)
We asked advice of the wise old man.
Ci siamo consigliati dal vecchio saggio.

wish, to [W*I*SH] *v.* • desiderare
  wish *n.* • desiderio, il
  best wishes! • auguri!
What do you wish to order, sir?
Signore, cosa desidera ordinare?

with [W*I*TH] *prep.* • con
Joelle is going dancing with her friends.
Joelle va a ballare con gli amici.

without [with*AUT*] *prep.* • senza
Let's go without him.
Andiamo senza di lui.

wolf [W*U*LF] *n.* • lupo, il
Are you afraid of wolves?
Hai paura dei lupi?

woman [W*U*m∂n] *n.* • donna, la
That woman is my teacher.
Quella donna è la mia professoressa.

wonderful [W∂Nd∂rf*u*l] *adj.* • magnifico (-a)
My mother is a wonderful cook.
Mia madre è una cuoca magnifica.

wood [W*U*D] *n.* • legno, il
  wooden *adj.* • di legno
  woods *n.* • bosco, il
The furniture is made of wood.
Questi mobili sono di legno.

wool [W*U*L] *n.* • lana, la
  woolen *adj.* • di lana
Where is my wool sweater?
Dov'è la mia maglia di lana?

word [W∂RD] *n.* • parola, la
I looked up the word in the dictionary.
Ho cercato la parola nel dizionario.

work [W∂RK] *n.* • lavoro, il
  to work *v.* • lavorare
  to work (things) *v.* • funzionare
The scientists do important work.
Gli scienziati fanno un lavoro importante.

world [W∂RLD] *n.* • mondo, il
Someday I want to travel around the world.
Un giorno viaggerò per tutto il mondo.

worm [WƏRM] *n.* • verme, il
We use the worms for bait.
Mi servo dei vermi come esca.

worried [WƏRid] *adj.* • preoccupato (-a)
Paul is worried about his grades.
Paolo è preoccupato riguardo i suoi punti.

write, to [RAIT] *v.* • scrivere
Janine is writing a letter to her pen pal.
Giovanna scrive una lettera alla sua corrispondente.

wrong [RONG] *adj.* • sbagliato (-a)
  to be wrong • avere torto
  What's wrong? • Che c'è di male?
Your addition here is wrong.
La tua addizione è sbagliata.

X

xylophone [ZAIləfon] *n.* • silofono, il
A xylophone makes a sound like bells ringing.
Il silofono ha il suono come quello della campana.

Y

year [JIR] *n.* • anno, l' *(m.)*
  New Year's Day • Capodanno, il
I am in my first year of Italian.
È il primo anno che studio l'italiano.

yellow [*J*Elo] *adj.* • giallo (-a)
Mary has a yellow blouse.
Maria ha una camicetta gialla.

yes [*J*ES] *adv.* • sì
Yes, I would like some dessert!
Sì, vorrei un po' di frutta!

yet [*J*ET] *adv.* • ancora
Aren't they here yet?
Non sono ancora qui?

you [*J*U] *pron.* • tu, voi; lei
Do you have a present for me?
Tu hai un regalo per me?

You are very kind.
Lei è molto gentile.

young [*J*əNG] *adj.* • giovane *(m., f.)*; piccolo (-a)
young man • giovane, un
young woman • giovane, una
youth *n.* • gioventù, la
He is too young to drive.
È troppo piccolo per guidare.

your [*J*OR] *adj.* • tuo (-a)
Where are your notebooks?
Dove sono i tuoi quaderni?

Z

zebra [ZIbrə] *n.* • zebra, la
Zebras have black and white stripes.
Le zebre hanno strisce bianche e nere.

zero [ZIro] *n.* • zero, lo
Two minus two is zero.
Due meno due fa zero.

zoo [ZU] *n.* • zoo, lo
You see all sorts of animals at the zoo.
Allo zoo si possono vedere tante specie di animali.

APPENDICES/*APPENDICE*

Italian Names—*Nomi*

Masculine *(maschili)*

Adam	*Adamo*	Julius	*Giulio*
Adolph	*Aolfo*	Joseph	*Giuseppe*
Augustine	*Agostino*	John Paul	*Gian Paolo*
Alfonse	*Alfonso*	John Peter	*Gian Pietro*
Alfred	*Alfredo*	Luke	*Luca*
Benedict	*Benedetto*	Michael	*Michele*
Bartholomew	*Bartolomeo*	Marc	*Marco*
Bernard	*Bernardo*	Matthew	*Matteo*
Charles	*Carlo*	Nicholas	*Nicola*
Christopher	*Cristoforo*	Noel	*Natale*
Carmine	*Carmine*	Oliver	*Oliviero*
Claudius	*Claudio*	Patrick	*Patrizio/Pasquale*
Conrad	*Corrado*	Paul	*Paolo*
Daniel	*Daniele*	Peter	*Pietro*
David	*Davide*	Raphael	*Raffaele*
Dominick	*Domenico*	Robert	*Roberto*
Edward	*Edoardo*	Roger	*Ruggiero*
Ernest	*Ernesto*	Roland	*Orlando*
Eugene	*Eugenio*	Rudolph	*Rodolfo*
Francis	*Francesco*	Sal	*Salvatore*
Ferdinand	*Ferdinando*	Stephen	*Stefano*
George	*Giorgio*	Thomas	*Tommaso*
Gerald	*Gerardo*	Hugh	*Ugo*
Gabriel	*Gabriele*	Vincent	*Vincenzo*
John	*Giovanni*	William	*Guglielmo*

Feminine *(femminili)*

Ada	*Ada*	Claudia	*Claudia*
Agatha	*Agata*	Dawn	*Alba*
Agnes	*Agnese*	Diane	*Diana*
Ann	*Anna*	Dinah	*Dina*
Beatrice	*Beatrice*	Elizabeth	*Elisabetta*
Catherine	*Caterina*	Emily	*Emilia*
Catherine	*Rina*	Emily	*Mimma*
Caroline	*Carolina*	Frances	*Francesca*
Christine	*Cristina*	Gabriella	*Gabriela*
Christine	*Titina*	Giselle	*Gisella*
Christine	*Tina*	Grace	*Grazia*
Claire	*Chiara*	Hadrian	*Adriana*

Helen	*Elena*	Paula	*Paola*
Joann	*Giovanna*	Patricia	*Patrizio*
Josephine	*Giuseppina*	Phyllis	*Filomena*
Josephine	*Pina*	Rachel	*Rachele*
Laura	*Laura*	Roxann	*Rosanna*
Lily	*Gigliola*	Roxann	*Rossana*
Lucy	*Lucia*	Sophie	*Sofia*
Luise	*Luisa*	Susan	*Susanna*
Lydia	*Lidia*	Sylvia	*Silvia*
Margaret	*Margherita*	Theresa	*Teresa*
Margaret	*Rita*	Wilma	*Wilma*
Martha	*Marta*	Yvonne	*Ivonne*
Mary	*Maria*		

Family Members—*I membri della famiglia*

parents	*i genitori*
mother, mom	*la madre, mamma*
father, dad	*il padre, papà*
son/daughter	*il figlio/la figlia*
brother/sister	*il fratello/la sorella*
grandmother/grandfather	*il nonno/la nonna*
grandson/granddaughter	*il nipote/la nipote*
uncle/aunt	*lo zio/la zia*
nephew/niece	*il nipote/la nipote*
cousin	*il cugino/la cugina*
father-in-law	*il suocero*
stepfather	*il patrigno*
mother-in-law	*la suocera*
stepmother	*la matrigna*
brother-in-law	*il cognato*
stepbrother	*il fratellastro*
sister-in-law	*la cognata*
stepsister	*la sorellastra*
son-in-law	*il genero*
stepson	*il figliastro*
daughter-in-law	*la nuora*
stepdaughter	*la figliastra*

The Body—*Il corpo*

ankle	*la caviglia*	cheek	*le gote (f.p.)*
arm	*il braccio*	chest	*il petto*
back	*il dosso*	chin	*il mento*
beard	*la barba*	ear	*l'orecchio*
blood	*il sangue*	elbow	*il gomito*
bone	*l'osso (m.)*	face	*il viso*
buttock	*il sedere*	finger	*il dito*

fingernail	*l'unghia*	muscle	*il muscolo*
fist	*il pugno*	mustache	*i baffi (m.p.)*
foot	*il piede*	neck	*il collo*
forehead	*la fronte*	nose	*il naso*
hair	*i capelli (p.)*	shoulder	*la spalla*
hand	*la mano*	skin	*la pelle*
head	*la testa*	stomach	*lo stomaco*
heart	*il cuore*	toe	*il dito del piede*
hips	*le anche (p.)*	tongue	*la lingua*
knee	*il ginocchio*	tooth	*il dente*
leg	*la gamba*	waist	*la vita*
lips	*le labbra (p.)*	wrist	*il polso*
mouth	*la bocca*		

Countries—*Nazioni*

Australia	*l'Australia*	Holland	*l'Olanda*
Austria	*l'Austria*	Iceland	*l'Islanda*
Belgium	*il Belgio*	Ireland	*l'Irlanda*
Bolivia	*la Bolivia*	Italy	*l'Italia*
Brazil	*il Brasile*	Japan	*il Giappone*
Canada	*il Canada*	Korea	*la Korea*
China	*la Cina*	Mexico	*il Messico*
Denmark	*la Danimarca*	Morocco	*il Marocco*
Egypt	*l'Egitto*	Norway	*la Norvegia*
England	*l'Inghilterra*	Portugal	*il Portogallo*
Finland	*la Finlandia*	Russia	*la Russia*
France	*la Francia*	Scotland	*la Scozia*
Germany	*la Germania*	Spain	*la Spagna*
Great Britain	*la Gran Bretagna*	Sweden	*la Svezia*
Greece	*la Grecia*	Switzerland	*la Svizzera*
Haiti	*l'Haiti (m.)*	U.S.A.	*gli Stati Uniti*

Nationalities—*Nazionalita*

American	*americano(a)*	Finlander	*finlandese*
Australian	*australiano(a)*	French	*francese*
Austrian	*austriaco(a)*	German	*tedesco(a)*
Belgian	*belga*	Greek	*greco(a)*
Bolivian	*bolivio(a)*	Icelander	*islandese*
Brazilian	*brasileno(a)*	Irish	*irlandese*
British	*britannico(a)*	Italian	*italiano(a)*
Canadian	*canadese*	Japanese	*giapponese*
Chinese	*cinese*	Korean	*coreano(a)*
Danish	*danese*	Mexican	*messicano(a)*
Dutch	*olandese*	Moroccan	*marocchino(a)*
Egyptian	*egiziano(a)*	Norwegian	*morvegese*
English	*inglese*	Portuguese	*portoghese*

Food

Russian	*russo(a)*	Swedish	*svedese*
Scottish	*scozzese*	Swiss	*svizzero(a)*
Spanish	*spagnuolo(a)*		

Food—*L'alimento*

broccoli	*i broccoli*	omelet	*la frittata*
cake	*la torta*	pepper	*il pepe*
celery	*il sedano*	rice	*il riso*
chicken	*il pollo*	salad	*l'insalata*
coffee	*il caffè*	salt	*il sale*
cream	*a crema*	sandwich	*il panino*
fish	*il pesce*	sausages	*la salsiccia/*
french fries	*le patate fritte*		*il salame*
ham	*il prosciutto*	soft drink	*la bevanda*
ice cream	*il gelato*	soup	*il brodo*
jam	*la marmellata*	steak	*la bistecca*
mushroom	*il fungo*	tea	*il te*
mustard	*la mostarda*	toast	*il toast*
noodles	*le fettuccine*		

Sports—*Lo sport*

boxing	*la boxe*	jogging	*lo jogging*
car racing	*l'automobilismo*	sailing	*il veleggio*
downhill skiing	*lo sci*	skating	*il pattinaggio*
		swimming	*il nuoto*
cycling	*il ciclismo*	tennis	*il tennis*
gymnastics	*la ginnasteca*	volleyball	*la palla a volo*
hockey	*l'hockey*	weight lifting	*il sollevamento pesi*
horseback riding	*l'ippica*	wrestling	*la lotta libera*

At the Zoo—*Allo zoo*

alligator	*il coccodrillo*	lizard	*la lucertola*
bear cub	*l'orsacchiotto*	ostrich	*lo struzzo*
camel	*il cammello*	panda	*il panda*
deer	*il cervo*	parrot	*il pappagallo*
eagle	*l'aquila*	peacock	*il pavone*
elephant	*l'elefante*	penguin	*il pinguino*
flamingo	*il fenicottero*	polar bear	*l'orso polare*
fox	*la volpe*	rhinoceros	*il rinoceronte*
giraffe	*la giraffa*	seal	*la foca*
gorilla	*il gorilla*	tiger	*la tigre*
hippopotamus	*l'ippopotamo*	turtle	*la tartaruga*
jaguar	*la pantera*	walrus	*il tricheco*
leopard	*il leopardo*	wolf	*ilpo*

Months of the Year—*I mesi dell'anno*

January	*gennaio*	July	luglio
February	*febbraio*	August	agosto
March	*marzo*	September	settembre
April	*aprile*	October	ottobre
May	*maggio*	November	novembre
June	*giugno*	December	dicembre

Days of the Week—*giorni della settimana*

Sunday	*domenica*	Thursday	*giovedì*
Monday	*lunedì*	Friday	*venerdì*
Tuesday	*martedì*	Saturday	*sabato*
Wednesday	*mercoledì*		

Numbers—*I numeri*

0	zero	*zero*	17	seventeen	*diciassette*	
1	one	*uno*	18	eighteen	*diciotto*	
2	two	*due*	19	nineteen	*diciannove*	
3	three	*tre*	20	twenty	*venti*	
4	four	*quattro*	30	thirty	*trenta*	
5	five	*cinque*	40	forty	*quaranta*	
6	six	*sei*	50	fifty	*cinquanta*	
7	seven	*sette*	60	sixty	*sessanta*	
8	eight	*otto*	70	seventy	*settanta*	
9	nine	*nove*	80	eighty	*ottanta*	
10	ten	*dieci*	90	ninety	*novanta*	
11	eleven	*undici*	100	one hundred	*cento*	
12	twelve	*dodici*	200	two hundred	*due cento*	
13	thirteen	*tredici*	1000	one thousand	*mille*	
14	fourteen	*quattordici*	2000	two thousand	*due mila*	
15	fifteen	*quindici*	10000	ten thousand	*dieci mila*	
16	sixteen	*sedici*				

Temperature—*Temperatura*

	Fahrenheit	*Centigrade/Centigradi*
Water freezes *L'acqua gela*	32°	0°
Water boils *l'acqua bolle*	212°	100°

To convert Centigrade into Fahrenheit:
Per cambiare i gradi Centigradi in gradi Fahrenheit:
$(C° \times 9) / 5 + 32 = F°$
To convert Fahrenheit into Centigrade:
Per cambiare i gradi Fahrenheit in gradi Centigradi:
$(F° - 32) \times 5/9 = C°$

Weights and Measures

Weights and Measures—*Pesi e misure*

millimeter	(mm)	*millimetro*
centimeter	(cm)	*centimetro*
meter	(m)	*metro*
kilometer	(km)	*kilometro*
inch	(in)	*pollice*
foot	(ft)	*piede*
mile	(mi)	*miglio*
gram	(g)	*grammo*
kilogram	(kg)	*kilogrammo*
ounce	(oz)	*oncia*
pound	(lb)	*libbra*
metric ton	(t)	*tonnellata metrica*
liter	(l)	*litro*
gallon	(gal)	*gallone*
acre	(ac)	*l'acro*
hectare	(ha)	*ettaro*

LINEAR/	1 in	=	2.54	cm
DISTANZA	1 ft	=	30.48	cm
	1 yd	=	.914	m
	1 mi	=	1.610	km
	1 mm	=	.03937	in
	1 cm	=	.3937	in
	1 m	=	3.2808	ft = 1.0936 yd
	1 km	=	.621	mi
WEIGHT/	1 oz	=	28.3495	grams
PESI	1 lb	=	.4536	kg
	1 short ton	=	907.18	kg
	1 g	=	.035	oz
	1 kg	=	2.204	lb
	1 t	=	1.1023	short tons
VOLUME/	1 oz	=	29.58	ml
VOLUME	1 qt	=	.9464	l
	1 gal	=	3.7854	l
	1 cubic in	=	16.39	cubic cm
	1 cubic ft	=	.0283	cubic m
	1 cubic yd	=	.7646	cubic m
	1 ml	=	.0348	oz
	1 l	=	1.0567	qt
	1 l	=	.2642	gal
	1 cubic cm	=	.0610	cubic in
	1 cubic m	=	35.315	cubic ft
	1 cubic m	=	1.3080	cubic yd
AREA/	1 ac	=	.4047	ha
AREA	1 ha	=	2.4711	ac

TOP 10 MISTAKES TO AVOID

You can improve your written Italian by being careful to avoid these 10 common mistakes made by learners. Each mistake is illustrated by example sentences from the dictionary.

1. Use the correct article!

All Italian nouns are either masculine or feminine gender (see page xii). Make sure that the article (*a, an, the*) matches the gender of the noun (see pages xii–xiii). You'll notice some patterns that indicate gender, but watch out for exceptions.

> The young couple adopted a baby.
> *La coppia giovane ha adottato un bambino.*

> I hold the umbrella over my head.
> *Tengo l'ombrello sopra la testa.*

> We are out of shampoo.
> *Abbiamo finito lo shampoo.*

Test yourself! To check your answers, simply look up the complete example in the dictionary (the entry word is in bold).

The nurse is very **gentle**.

_____ *infermiera è molto gentile.*

They have a big **apartment**.

Hanno _____ *appartamento grande.*

The Golden Gate **Bridge** is in San Francisco.

_____ *ponte Golden Gate si trova a San Francisco.*

The singer (*m.*) has a beautiful **voice**.

_____ *cantante ha* _____ *bella voce.*

The guide **point**s out Giotto's Tower to us.

_____ *guida ci indica* _____ *Campanile di Giotto.*

He **cut**s his meat with a knife.

Taglia _____ *carne con* _____ *coltello.*

The **calf** follows its mother.

_____ *vitello segue la madre.*

2. Remember that adjectives must agree in gender with the nouns they describe!

Just as all Italian nouns are either masculine or feminine, any adjectives that describe them must match the gender of the noun. But note: some adjectives have the same form for masculine and feminine.

> A cobra is a dangerous snake.
> *Il cobra è un serpente <u>pericoloso</u>.*

> My grandmother is kind and generous.
> *La mia nonna è <u>gentile</u> e <u>generosa</u>.*

Test yourself! To check your answers, simply look up the complete example in the dictionary (the entry word is in bold).

The boy gave an **honest** answer.

Il ragazzo ha dato una risposta _____.

This **parrot** is a beautiful bird.

Questo pappagallo è _____.

My grandpa's beard is **gray**.

La barba del nonno è _____.

My **rich** uncle owns five cars.

Il mio _____ zio ha cinque macchine.

I get off at the **last** stop on the bus line.

Scendo all'_____ fermata dell'autobus.

She is the **only** person who speaks Italian here!

È l'_____ persona che parla italiano qui.

Checking the map is a good **idea**.

Consultare la cartina è una _____ idea.

---

3. Be sure to position the adjective correctly!

Many adjectives in Italian follow the nouns they describe. But study the examples in the dictionary: some adjectives precede the noun, as they do in English.

> I live near the Atlantic Ocean.
> *Abito vicino all'oceano <u>Atlantico</u>.*
>
> We have a long assignment for history class.
> *Noi abbiamo un <u>lungo</u> compito nella classe di storia.*
>
> They have a new red car.
> *Hanno una <u>nuova</u> macchina <u>rossa</u>.*

Test yourself! To check your answers, simply look up the complete example in the dictionary (the entry word is in bold).

He is wearing his **black** shoes.

Porta le scarpe _____.

Look at the **beautiful** flowers in the garden!

Guarda le _____ *nel giardino.*

There is an old **film** playing at the theater.

Al cinema danno un _____.

The American **flag** is red, white, and blue.

La _____ *è rossa, bianca e azzurra.*

He has a quick **mind**.

Ha una _____.

There's **nothing** more important than good health.

Non c'è niente più importante della _____.

They celebrate every year with a big **parade**.

Celebrano ogni anno con una _____.

4. Watch out for contractions!

Italian contains several contractions of articles with prepositions to be wary of, for example: *in + il = **nel***; *di + il = **del***, *su + il = **sul***, and their variants.

> The mother puts her baby in the cradle.
> *La madre mette il bambino <u>nella</u> culla.*

> Don't fall on the ice.
> *Non cadere <u>sul</u> ghiaccio.*

> I need my glasses to read this.
> *Ho bisogno <u>degli</u> occhiali per leggere questo.*

> There's a map of Italy on the wall.
> *C'è una carta geografica <u>dell'</u>Italia <u>sulla</u> parete.*

Test yourself! To check your answers, simply look up the complete example in the dictionary (the entry word is in bold).

I won the first prize in the **contest**.
Ho vinto il primo premio _____ gara.

Admission to the museum is **free** on Mondays.
Il lunedì l'entrata _____ museo è gratis.

Marie **lay**s her books on the table.
Maria mette i libri _____ tavolo.

We traveled **south** from Texas into Mexico.
Abbiamo viaggiato verso sud _____ Texas _____ Messico.

The **lizard** is sleeping on the rock.
La lucertola dorme _____ pietra.

There is a seesaw in the **park**.
C'è un'altalena _____ parco.

---

5. And don't forget about number, either!

Italian articles and adjectives also need to agree in number with the nouns they describe. So check whether the noun is singular or plural, and make sure the article and adjective match.

> Medical students study the human body.
> *<u>Gli</u> studenti <u>medici</u> studiano il corpo umano.*

> Police officers are very brave.
> *<u>I</u> poliziotti sono molto <u>coraggiosi</u>.*

> Do you think that ghosts are frightening?
> *Pensi che <u>i</u> fantasmi siano <u>spaventosi</u>?*

Test yourself! To check your answers, simply look up the complete example in the dictionary (the entry word is in bold).

Police officers are very **brave**.

_____ *poliziotti sono molto* _____.

Walt Disney created many **cartoon**s.

Walt Disney ha creato _____ *cartoni*

_____.

These old streets are **narrow**.

Queste _____*strade sono*

_____.

My parents have **many** friends.

I miei genitori hanno _____ *amici.*

The new part of town has **modern** buildings.

Il nuovo quartiere ha costruzioni _____.

I like **old** movies from the 1930s.

Mi piacciono _____ *film del 1930.*

---

6. Pay attention to verb conjugations: you can't just use the infinitive!

English verbs barely change in the present tense, but in Italian, the verb form differs significantly according to who is performing the action. Watch out for irregular verbs, and remember that the subject pronoun is often omitted.

> I go to school at 8 A.M.
> *Vado a scuola alle otto di mattina.*
>
> You must be a good athlete to play soccer.
> *Si deve essere un buon atleta per giocare al calcio.*

Test yourself! To check your answers, simply look up the complete example in the dictionary (the entry word is in bold).

Paul **and** Veronica are going to the fair.
Paula e Veronica _____ al mercato.
(andare)

We eat dessert at the **end** of the meal.
_____ il dolce alla fine del pranzo.
(mangiare)

These **elephant**s come from Africa.
Questi elefanti _____ dall'Africa. (venire)

Do you **have** time to read this letter?
_____ tempo per leggere questa lettera? (avere)

When you run, your **heart** beats fast.
Quando _____ il cuore _____ più forte. (correre/battere)

You **seem** to be in a bad mood.
_____ di cattivo umore. (sembrare)

---

7. Don't overlook stress marks and small spelling differences!

The easiest way to drop marks in your Italian writing is to miss the small details: such as little differences in the spelling of near cognates, and omitting small but important accent or stress marks (see page xi).

Childhood is the age of innocence.
L'infanzia è l'età dell'innocenza.

My sister studies biology at the university.
Mia sorella studia biologia all'università.

Please give me a little more cake.
Per favore dammi un po' di torta in più.

Test yourself! To check your answers, simply look up the complete example in the dictionary (the entry word is in bold).

Freedom of religion is a basic right.
_____ *di* _____ *è un diritto fondamentale.*

Please pronounce your **name** for me.
Per favore _____ *il tuo* _____ *per me.*

An **Italian** restaurant should have espresso.
Un _____ *italiano dovrebbe avere il espresso.*

My **secretary** answers the phone.
Il mio _____ *risponde al* _____ .

Hello. Is your dad **there**?
Pronto. Tuo padre _____ *?*

8. Use the definite article before the possessive adjective!

A peculiarity of Italian is that possessive adjectives (my, your, her, etc.) are usually preceded by the definite article.

> I fear for my life when he is driving.
> *Temo per <u>la mia</u> vita quando lui guida.*

> Your behavior is becoming worse and worse.
> *<u>Il tuo</u> comportamento diventa sempre peggio.*

Test yourself! To check your answers, look up the complete example in the dictionary (the entry word is in bold).

My **birthday** is in April.

_____ *compleanno è in aprile.*

What is your **favorite** color?

Qual'è _____ *colore preferito?*

My little sister goes to **kindergarten**.

_____ *sorellina va all'asilo.*

Their wedding anniversary is in **June**.

_____ *anniversario di nozze è a giugno.*

Our teacher is **Miss** Pasko.

_____ *professoressa è la signorina Pasko.*

My parents have **many** friends.

_____ *genitori hanno molti amici.*

Our family owns **two** cars.

_____ *famiglia ha due macchine.*

My ski **instructor** is great!

_____ *istruttore di sci è bravissimo.*

9. Don't create compound nouns: use *"di"* instead!

Italian can't build nouns by stringing words together in the way English can; instead, you can often reverse the English word order and insert *di* in the middle. Nor does Italian use the possessive *'s*: insert *di* (or its combination with a personal pronoun) between the thing possessed and the possessor.

I would like to have a different credit card.
Mi piacerebbe un'altra <u>tessera di credito</u>.

The firefighter saved the child's life.
I pompieri hanno salvato la <u>vita del bambino</u>.

Test yourself! To check your answers, simply look up the complete example in the dictionary (the entry word is in bold).

There are three **piece**s of apple pie left.
Ci sono rimasti tre pezzi di _____.

The bread is made from **wheat** flour.
Il pane si fa col _____.

Giotto's **Tower** is famous.
La _____ è famosa.

We studied Newton's laws in **physics** class.
Nella _____ abbiamo studiato le _____.

There is a fine **view** from the mountain top.
C'è una magnifica veduta dalla _____.

My mother works in a **department store**.
Mia madre lavora in un _____.

I like this **artist**'s drawings.
Mi piacciono i _____.

10. Don't translate English into Italian literally!

Watch out for idiomatic expressions in Italian, particularly terms that use **avere** and **fare**; these rarely match English word-for-word.

> My little brother is frightened of spiders.
> *Il mio fratellino ha paura dei ragni.*

> The little boy needs help getting dressed.
> *Il bambino ha bisogno di aiuto per vestirsi.*

> This morning I went shopping.
> *Sta mattina ho fatto gli acquisti.*

Test yourself! To check your answers, simply look up the complete example in the dictionary (the entry word is in bold).

We are **hungry** in the morning before breakfast.
La mattina _____ prima della colazione.

When John is in a hurry, he is **impatient**.
Quando Giovanni _____, è impaziente.

If I am **sleep**y, I go to bed.
Se _____, vado a letto.

I don't know who is **right**.
Non so chi _____.

I can't walk because my feet **hurt**.
Non posso camminare perché i piedi mi

_____.

May I have a glass of water? I am still **thirsty**.
Posso prendere un bicchiere di acqua?
_____ ancora _____.

Notes

Notes

Notes

Notes

Notes

Notes

CPSIA information can be obtained
at www.ICGtesting.com
Printed in the USA
JSHW010245230819
1181JS00008B/102